이 책은 1997년 대한민국 최초로 창간된 페미니즘 잡지, 페미니스트저널 이프의 창간호이며
텀블벅을 통해 모금된 후원금으로 제작되었습니다.
2017년 1997년 이프 창간호의 제작이 가능하도록 텀블벅을 [ ] 신 분들께 다시 한번 깊이 감사드립니다.

-1122- 18.44m 37 702**** 9107 95*** [ ]sse audtjsdl**** baby**** Bengi bless blossom Bonjeong Ana Gu Bujin Kim butterc[ ] chanel**** cheese chi**** cider**** cloudy**** Daisy Dam Danwon Cho dbfgust**** dd deeps [ ]ky dol dudtjs**** dy Easyoung ekfwo**** Elisegold fancify fbdmsd**** fm디자인학도 funny**** g Grace Greer Wolston Hailey halfmxxn HARU haru Havyn Heesuk Chai Hobeom LeeAn HOMEDUCK http 404 HyoJin Shin icarusisimo J Jaekyung Im Jang Hansaem JAR jeboistout JeoJeo Jieun Kim Jihoon Kim Jimin Kim Jinsol Park Jjjjjn jjug**** Joyeon Baek Juh Juhee Lee juliana slki Jungrye Min kanghoo keennyoung Ko Woon Lee KOI koodah l**** lalalal LeeSunAh leo**** LILITH lind**** lomo**** Lyn Lee MarieMahJungYun Marina me MIDORI Miserere mmrk muein Na Nuri nani_ nop OOlOllO pitapat0506 Pp1so RANDY Rim Rory ROU RRrr sano SEUNGHOON SONG shima Silver Simon Lee SimpleLambda SM smkm212 Snskxndj sondre STELLA Stella_Hwang streamie Subigeon SUPERBEAR TAE tamra**** truth vanakim vicky vmine wateriswet YOUKYOUNGMON Youngeun Yuri Kim ze zollida 가네샤 가으헤 강시내 강우림 강정아 개꽃 갱 고고윤탱 고무심장 고여울 고은 고정현 곤양이 곰곰 곰슬 공간나날 공구이구 곽기연 곽민해 곽민혜 관동대학교 국어교육과 누군가 구세나 구제불능 권대호 권수현 권용원 권윤회 권창섭 권혁범 권혜상 귀뚜리 귀요민 그대로있어도돼 긴서 김남희 김다정 김동주 김리나 김민경 김민규 김보람 김보미 김보현 김볼피 김서영 김선화 김소영 김소정 김소정 김소현 김아현 김애경 김양반 김여운 김영화 김원중주근깨 김유영 김유현 김은영 김자연 김정은 김주희 김지후 김진선 김찬기 김파랑 김하나 김하영 김한슬 김현미 김현정 김홍주 김효진 김희경 나경희 난내가좋아 날씬때지 남윤아 냥명냥멍 놈놈놈 다니엘 한스 단지꿈 달무지개 달해 닳닳 당당언니 덕순들레 도담 두부콩 디버거용 딜레탕트 똥또로롱띵 라벨로 라온 라흐쉬나 레이 룰루랄라 류혜영 림유 마태운 만두 만지 망고 모야몽 모카 묘차 무명 무채색 뮬란 미르비 미지의세계 민겨울 민경은 민트카카오 박다솜 박다희 박동악 박미현 박민선 박베어 박소희 박슬기 박연수 박예원 박은화 박재은 박정근 박태근 박혜인 반짝반짝빛나는 밤별 밥 방가 배고파 배은희 배지현 배혜진 백수진 베르에 보연짜응 부블린 북엇국 블루캣 블루홀 빅스 쪼아 빙봉 빽뚱 뽕 뿌리 ㅅㄷㅅ ㅅ르 사과학 사르미남 삶은달걀 새결 새우볶음 색과 결 샛별 샤룻 서미숙 설나 섬 성유선 성유진 소금 소다린 소영 손은주 송 송다혜 송단 송민선 송은정 쇼코 스루기 스르르 스카 신가람 신나 신소영 신현경 신혜정 쌔김 ㅇㅇ 아이나 안녕 안수정 안혜린 앙스날띠 양새나 양원영 양정민 여행주의자 연 연화 오동 오세안무역불주먹 아기다람쥐 오얏 오유정 오잉잉 오주희 오채연 완시 울라낄레 울랄라 윅드 유도연 유숙열 윤 윤다빈 윤다슬 윤다정 윤보경 윤선희 윤수 윤연 윤울림 윤자용 윤정민 윰윰2 으아니 은영 이광희 이나 이다인 이성례 이세연 이수연 이수윤 이수정 이예현 이윤희 이은영 이정은 이정화 이주아 이주현 이주호 이지선 이지선 이지선 이지영 이지윤 이지혜 이진영 이진희 이포도 이한솔 이현초 이호진 이홍우 이후경 이희선 인 인간 임소율 임수아 임수지 임승주 임은주 임은진 임정현 임주연 임지수 임하연 ㅈㅇ 장다인 장명옥 장미A 장유경 장지혜 장파 전승민 전지은 전지현 전현지 전홍기혜 정 정다은 정다혜 정대만 정두리 정복이 정서연 정선민 정세영 정수지 정수진 정수향 정윤수 정윤종일 정지운 정지윤 정진세 정포피 정해준 제소윤 제예진 제하나 젠시 조선희 조수옥 조여진 종이별 주고파 주르라 주해은 쥐야다 지슈 지영민 지은 진소 참참참 채밝음 책지렁이 청년연합BOUNDLESS 초두 초인종 최김한울 최선우 최수영 최영인 최우혁 최은영 최지연 최진 최진영 최혜진 카리나 쿄하는너부리 쿵짝프로젝트 쿵쾅쿠오캉 크렐로 타라토노트ㅋㅋㅋ 터울 텃발농장주인 테루 파프리카 포포냥 푸르미 피르 하늘색 하선주 하품과기지개 하하하 한별 한수현 한예인 한윤정 행복이 허미숙 허지예 허지윤 허지현 현정 호떡 호랑 홍도화 홍서연 홍이 홍이슬 황순규 황은율 황지수 회색연필 희깅 희한 흰망고

페미니스트저널 **if**

97년 | 여름 | 창간호

목 차

if SPIRIT

페미니스트저널

만든사람들

발행
도서출판 이프

발행인
윤석남

편집장
박미라

아트디렉터
제미란

포토디렉터
조여권

일러스트
김경희

편집위원
김신명숙 김영선 김재희 김혜경
손자희 오숙희 유숙렬 유지나 이혜경

광고기획편집위원
김숙진

사진편집자문
박영숙

디자인
연이문화사

인쇄소
고려서적

배본처
도서출판 푸른숲

위 내용은 1997년 이프 창간호 제작정보입니다.
2017년도 제작된 이프 창간호 소장판에 대한 보다 자세한 정보는
이 책의 마지막 페이지를 참고해주세요.

웃자!

우리는 이제까지 너무나 많은 눈물을 흘려왔다. 그러나 이젠 웃고 싶다. 웃음은 우리를 기쁘고 행복하게 만든다. 폭발하는 침묵처럼, 치솟아오르는 분수처럼 그렇게 웃고 싶다. 자, 웃자!

우리는 여자로 태어나 이 세상을 살아오면서 우리의 내면에서 자연스럽게 자라온 하나의 욕망을 지니게 되었다. 그리고 알게 되었다. 우리 모두 똑같은 욕망을 지니고 있으며 그 욕망이 파괴적이라는 것을. 뒤집고 싶다. 이 세상을 한번 신나게 뒤집어 버리고 싶다. 궁금하지 않은가? 어떻게 될까?

놀자!

우리는 그동안 눈물과 고통에만 익숙해 왔다. 여자로 이 세상을 산다는 것은 고통과 인내, 희생의 지겨운 학습과정에 다름 아니었다. 그리고 그 과정은 우리의 몸과 마음을 중독시켜 마침내 노예의 평안을 선사했다. 이젠 싫다. 즐겁고 싶다. 재미있고 싶다. 놀고 싶다. 그리하여 여자들을 즐겁게 만들고 싶다.

제호 : 잡지의 장르를 설명하는 페미니스트저널과 고유이름 'IF'를 합해서 만들었다. IF는 페미니스트들이 '만약에'라고 가정해본 세상을 의미할 수도 있고, 또 우리가 추구하는 페미니즘이 완결된 어떤 것이 아니라 변화하고 발전하는 부정형(不定形)의 페미니즘(infinite feminism)이라는 의미에서 이니셜로 읽을 수도 있다. 그 외에도 I'm Feminist 또는 I'm Female로도 해석할 수 있다.

표지 : IF는 당분간 여성의 육체를 표지에 내보내기로 했다. 창간호는 여성파워의 원천이연서 동시에 여성종속의 근거로 악용당한 임신부의 나신으로 결정했다. 표지에 쓰여진 작품은 사진작가 박영숙씨의 〈하늘 어머니〉.

왜 지금 페미니즘인가?

『페미니스트저널 IF』를 세상에 내놓으며

페미니즘에 대한 남성들 특히 지식인 남성들의 공격과 비난이 시대현상처럼 번지고 있다. 그리고 그 공격은 거의 예외없이 무지하고 악의적이다. 이 시대 페미니즘 또는 페미니스트라는 말은 '더러운 꼬리표'가 되고 말았다. 온 세상이 다 페미니즘의 사고체계와 주장대로 진행되고 있는데도 이 사회에서 페미니스트라는 이름표를 붙이는 것은 금기가 되고 말았다. 참으로 이상하지 않은가? 중세에 불었던 마녀사냥의 광풍처럼 21세기의 미명을 코앞에 두고 있는 지금 한국에서 페미니스트 사냥이 시작되고 있는 것이다.

그들은 왜 페미니즘을 공격하는가? 페미니즘을 공격하는 사람들이 반드시 남성만은 아니다. 여성들조차 그것이 자신의 '음전한' 여성성을 보증하는 방패라도 되는 양 "저는 페미니스트는 아니지만…"이라는 단서를 달곤 한다. 페미니스트는 죄인이 아니다. 그런데 왜 페미니즘은 같은 여성으로부터도 공격을 받아야 하는가?

페미니즘이란 도대체 무엇인가? 페미니즘은 다른 아무 것도 아니다. 그것은 여성도 인간이라는 여성의 인간선언일 뿐이다. 여자의 주인은 남편도 아이도 아닌 바로 여자 자신이라는 그 단순한 진실을 말하는 것이 어째서 그토록 많은 파문을 일으켜야 하는가?

페미니즘은 여성의 삶에 대한 주도권을 여성에게 줌으로써 양성관계의 변혁을 목적으로 한다. 궁극적으로는 모든 사람이 인간의 잠재성을 실현할 기회를 더욱 많이 가질 수 있게 하려는 것이다.

페미니즘은 단순한 이념이나 사상을 넘어선다. 그것은 남녀 관계의 변화를 통해 세계를 변혁하려는 사회이론이며 동시에 정치적 실천이다. 따라서 페미니즘은 우리 사회에서 자연스럽고 정상적이며 바람직하다고 인정되는 많은 것에 도전한다. 페미니스트들의 이러한 도전이 지금 비난과 저항에 부딪치고 있는 것이다.

"여성들이 진정으로 원하는 것은 무엇인가?" 저널을 준비하며 우리가 줄곧 매달려 온 질문이다.

여성들의 숨은 욕망을 찾아내기 위한 그동안의 토론과정은 미로게임과도 같이 지난하고 복잡했다. 결국 우리는 이 질문에 정답은 없다고 결론지었다. 여성들이 원하는 것은 하나의 절대진리도 아니며 또 그 답은 사람마다 다른 모습으로 나타날 수도 있기 때문이다. 그러나 우리는 중요한 발견을 했다. 그것은 여성들이 이제까지와는 다르게 새롭게 살고 싶다는 것이다.

여성은 오랜 세월 동안 남성욕망과 남성쾌락의 대상에 불과했다. 이제 여성은 스스로 주인이 되어 여성이란 무엇인가에 대한 질문을 새롭게 시작해야 한다.

우리는 자랑스럽게 선언한다.

"IF는 페미니스트저널이다."

박미라 편집장

만약에…

광화문 네거리에 있는
이순신 동상(사진 오철헌기자)에
한애규의 작품 〈지모신〉을 합성했다.

만약에…

▼ 개막식 참가자들의 시선을 가장 많이 붙잡은 퍼포먼스 어우동, 〈바람과 함께 사라지다〉의 스칼렛, 니키타(왼쪽부터)는 모두 남성들이 만든 여성상이고 그들이 만든 인형에 불과한 존재들이다. 그러나 영화제가 끝나갈 즈음 여주인공은 '인간'이 되어 떠나고, 폐막식을 장식한 건 그들이 입고있던 옷뿐이었다.

◀ 개막식 사회자인 영화배우 방은진과 오숙희, 이날 둘은 명콤비를 이루며 자칫 딱딱해질 개막식을 편안하고 따뜻하게 만들었다.

▶ 개막식 입장을 기다리는 관객, 여성영화제에는 매회 엄청나게 관객이 모여들어 다시 돌아가는 관객이 적지 않았다.

▶ 여성영화제의 꽃을 피운 주역 이혜경 집행위원장

▶ 서울여성영화제의 행사규모는 크지 않았지만 관심을 가져주는 이들이 많았다. 개막식 때 박수치는 초청자들, 앞줄 오른쪽부터 박남옥 감독의 딸 이경주씨, 유현목 감독, 박철수 감독, 이혜경 집행위원장, 윤석남 추진위원장, 영화평론가이자 영화제 프로그램 디렉터 김소영 씨, 독일 여성영화 감독 폰 알레만, 미국 영화배급업자 데비 짐머만.

▼ 〈세친구〉 임순례 감독

▶ 〈낮은 목소리〉의 변영주 감독

▶ 여성영화제에 가면 무전기를 들고 뛰어다니는 여성 스태프들을 쉽게 만날 수 있다.

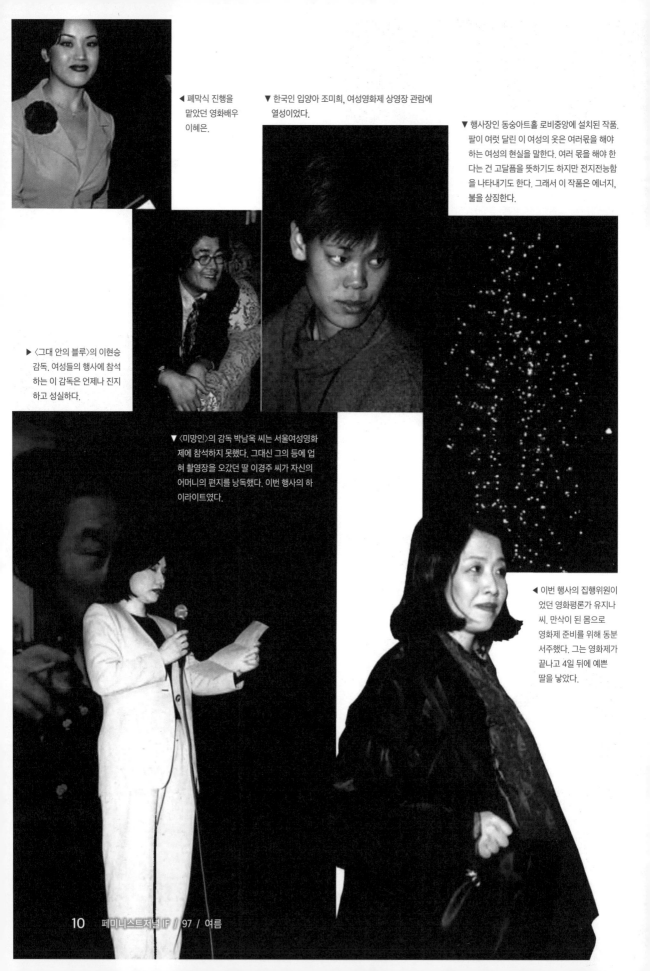

◀ 폐막식 진행을
맡았던 영화배우
이혜은.

▼ 한국인 입양아 조미희, 여성영화제 상영장 관람에
열성이었다.

▼ 행사장인 동숭아트홀 로비중앙에 설치된 작품.
팔이 여럿 달린 이 여성의 옷은 여러몫을 해야
하는 여성의 현실을 말한다. 여러 몫을 해야 한
다는 건 고달픔을 뜻하기도 하지만 전지전능함
을 나타내기도 한다. 그래서 이 작품은 에너지,
불을 상징한다.

▶ 〈그대 안의 블루〉의 이현승
감독. 여성들의 행사에 참석
하는 이 감독은 언제나 진지
하고 성실하다.

▼ 〈미망인〉의 감독 박남옥 씨는 서울여성영화
제에 참석하지 못했다. 그대신 그의 등에 업
혀 촬영장을 오갔던 딸 이경주 씨가 자신의
어머니의 편지를 낭독했다. 이번 행사의 하
이라이트였다.

◀ 이번 행사의 집행위원이
었던 영화평론가 유지나
씨. 만삭이 된 몸으로
영화제 준비를 위해 동분
서주했다. 그는 영화제가
끝나고 4일 뒤에 예쁜
딸을 낳았다.

▲ 단편영화 및 비디오 경선 우수상 수상자들. 왼쪽부터 〈있다〉의 박찬옥, 〈웰컴〉의 장희선, 〈한 겨울 이야기〉의 김시경.
각각 지하철 안의 성희롱, 남녀공용화장실 풍경, 신데렐라 컴플렉스에 관한 이야기를 담았다.
오른쪽 사진은 망중한을 즐기는 김소영 씨와 변영주 감독.

▼ 한국 무당과 서양마녀의 조우.
개막식과 폐막식을 장식했다.

▲ 검은 재킷에 청바지를 입은 사람이 영화제
사무국장 임성민 씨다. 영화제의 숨은 공로자.
그 옆에 영화평론가 변재란 씨.

◀ 모든 일정을 마치고 열린 쫑파티, 귀여운 춤을 추고 있는
한국 영화팀의 한승희 씨.

◀ 일본 와콜 아트센터 주최의 아트
프로젝트 〈ART LIFE 21 JOIN ME〉
에 출품한 대형 풍선에 새겨진 자신
의 모습 (관련기사 84~87쪽).

▲ 자신의 목에 걸려 있는 속박과 인습의 쇠사슬을 향해 곡괭이를
내리찍고 있는 이불.

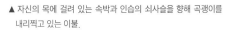

◀ 이불의 퍼포먼스 모습(사진 김영일).

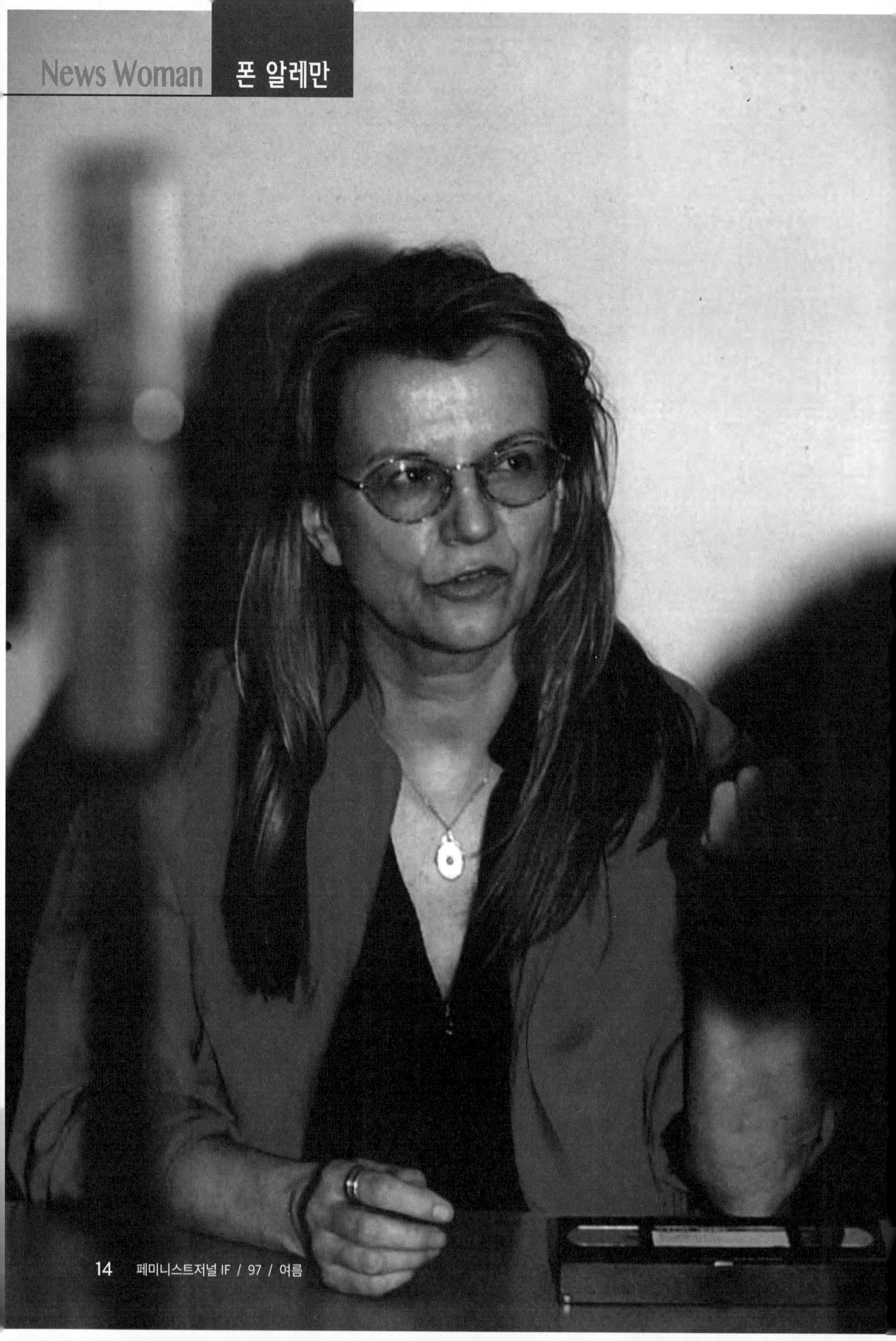

서울여성영화제서 만난 독일 페미니스트 감독
클라우디아 폰 알레만 (Claudia von Alemann)

아이를 안고 카메라 앞에 선
젊은 시절의 폰 알레만 감독
우리는 그와 〈미망인〉의
박남옥 감독이
'여성'이라는 이름으로
똑같이 닮아있음에 놀란다.

"서 독에서 우리 아버지는 공장 노동자였어. 밑바닥 사회의 가난한 동네에 살면서, 그렇지 않아도 동쪽 사투리 때문에 눈에 띄는데 이름에 폰 (von)이라고 하는 귀족칭호까지 붙이고 다니니 얼마나 우스꽝스럽니? 동네 아이들 놀리는 소리에 무척 시달리며 자랐어. 게다가 좌절감에 빠진 우리 아버지는 날로 침울하고 공격적이 되어 툭하면 칼을 들이대며 우리를 죽여 버리겠다고 으르렁댔지. 미친 놈이었어. 여성들은 그런 남편을 돌보다 스스로가 죽고 말지. 아이들은 그렇게 만신창이가 된 어머니를 돌보느라 기진해 버리고…"

종전 후 독일의 산업부흥기에 유년기를 보낸 클라우디아 폰 알레만은 이른바 '이유없는 반항'을 하던 대표적인 '무서운 아이들' 중 한 명이었다.

그리고 월남전은 60년대 서구 젊은이들에게 그들의 기성세대가 성취한 모든 것을 의심하고 거부하며 거기서 이탈하게 만든 결정적 사건이었다. 근대 과학정신에 뿌리를 둔 욕망과 성장위주의 경제모델, 이데올로기의 방편이 되어 버린 관료적 정치제도, 위선적이며 권위적인 가족과 종교의 윤리, 세계를 억압하며 절대우위를 점령한 서구문화는 동양정신의 순환과 조화, 깨달음과 해탈의 진리 앞에 60년대 서구의 젊은 지식인들을 초라하

고 부끄럽게 만들었다. 이상주의적 성향이 강한 그녀가 거기서 몰두한 것은 19세기 유럽에 풍미하던 공상적 사회주의였고 이러한 정치적 성향은 이후 그녀의 작품에 많은 흔적을 남긴다.

울름 영화학교의 개교와 함께 제1기생으로 입학한 클라우디아는, 이른바 뉴 저먼 시네마의 사상적 기수였던 알렉산더 클루게(Alexander Kluge)의 제자가 되어 파격적인 영상미학과 기법을 실험하고 개발하여 극도로 관념적이고 지적인 언어로 입문하지만, 68년 문화혁명 이후 사회개혁의 가장 본질적이며 효율적인 개념이 된 페미니즘의 원리를 다각도로 굴절시키고 전파하는 최전선에 가담하여 마가레테 폰 트로타, 헬케 산더 등과 함께 페미니즘 영화의 장을 연다.

이번 서울여성영화제에 출품한 〈리용으로의 여행〉 (1978-1980 제작)에서 역사학도인 여주인공은 화가 고갱의 할머니로 더 알려진 플로라 트리스탕의 행적을 추적한다. 그 외에도 〈다음 세기는 우리의 것〉(1986-1988 제작), 〈튀링엔으로의 귀향〉(1991 제작)이 모두 남성사(history)에 잊혀진 혹은 거기에 묻혀버린 기억 (herstory)를 찾아가면서 이를 기계로 재생시킨 작업이다. (사진/조여권 글/김재희)

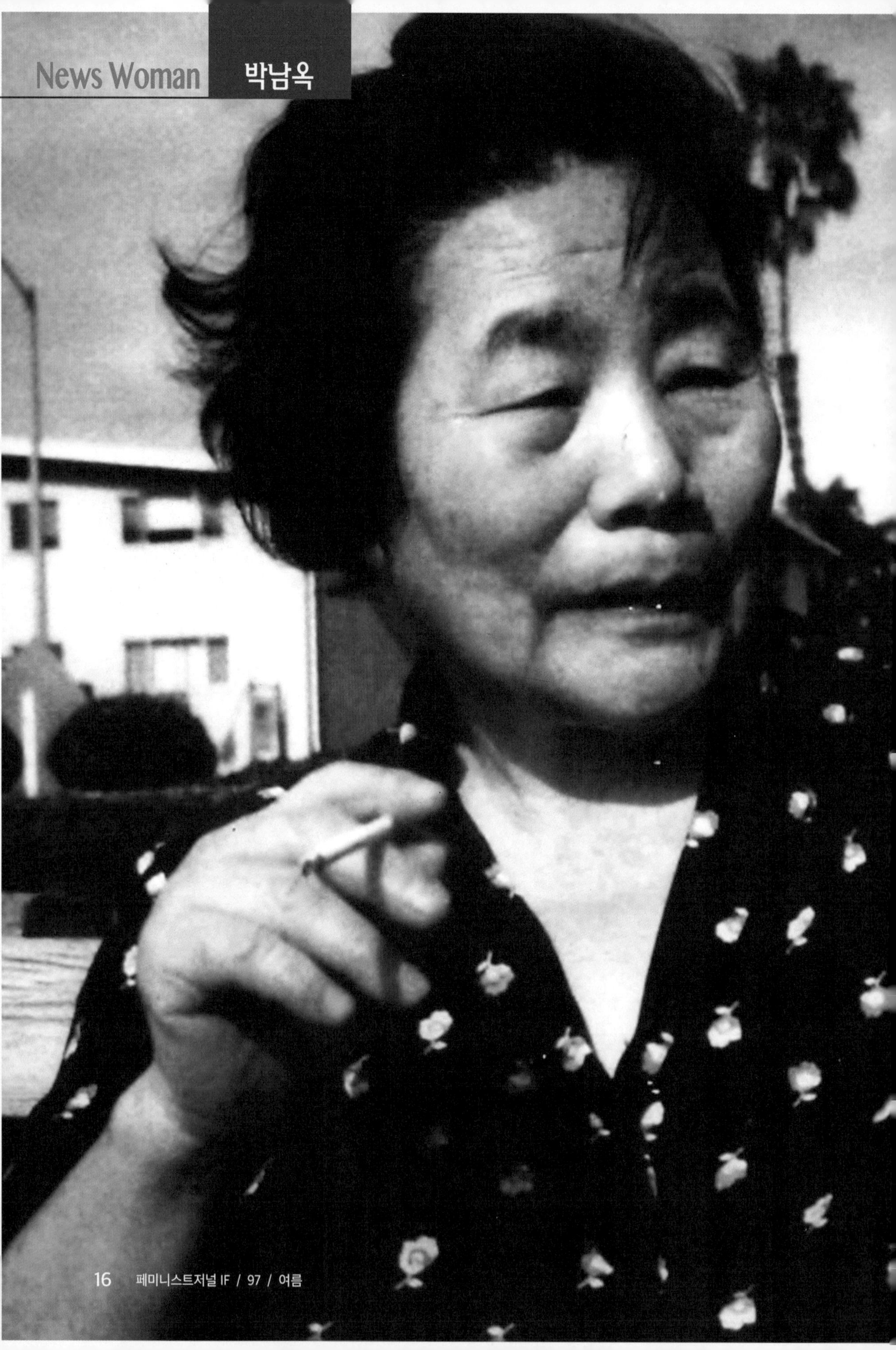

아이 업고 "레디 고!"
여성감독 1호 박남옥씨

50년대에 여자가
영화감독으로 산다는 것.
이번 서울여성영화제를 계기로
우리는 자랑스러운
여성영화인 한 명을 얻었다.

우 리 영화계에 여성감독이 몇 있다. 열손가락 안에 꼽힐 만큼 적은 숫자, 일곱 명이란 아쉬움이 남지만 혹자는 "일곱 명이나 돼?" 자못 놀라면서 "임순례, 변영주, 이미례… 또 누구?" 하고 되물을지 모른다.

지금은 로스앤젤레스 한 아파트에서 혼자 사는 일흔 다섯의 박남옥 할머니. 그가 이 귀한 명단에 드는 사람이다. 그것도 우리나라 '최초의 여성감독'이라는 화려한 이름으로.

영화잡지 〈씨네 21〉에서 찾아낸 박남옥 할머니는 지금부터 42년 전인 1955년도에 서른셋의 나이로 '고무신 신고 아이 업고 레디 고!'를 외치며 〈미망인〉이란 영화를 만든 주인공이다. 제1회 서울여성영화제에서 그의 작품이 개막 상영작으로 우리 앞에 선을 보이기 전까지 그의 영화를 본 적도 그 이름을 들은 적도 없던 우리는 놀라움과 자랑스러움이 가슴에 밀려드는 걸 느꼈다.

그 여자, 박남옥 할머니는 서울여성영화제 초청명단에 올라 수년 만에 서울에서 볼 수 있을 것으로 우리 여성영화팬들의 가슴을 들뜨게 했지만 아쉽게 불발에 그쳤다.

영상자료원에 '네가를 뜨지 않은 포지필름' 상태로 보관 중이던 그의 영화 〈미망인〉이 서울여성영화제를 계기로 수십 년 만에 햇빛을 보게 되자 "한없이 기쁘고 또 부끄럽다"고 했었다. 그를 직접 만나지는 못했지만 서울여성영화제를 계기로 〈미망인〉은 '최초의' 여성감독의 작품으로 확실히 기억하게 되었다. 그의 이름 석자 박남옥과 함께.

이제 그는 당시 백일도 안 돼 엄마 등에 업혀 빗속 촬영장을 오갔던 딸 경주의 극진한 보살핌을 받으며 그의 소망대로 '조용한 노후'를 맞고 있다. (글/박혜숙)

〈이중섭미술상〉 첫 여성수상자
설치미술가 윤석남씨

윤화백 화실에서 발견한
그녀의 이름없는 작품 하나. (일부)

지난해말 제8회 〈이중섭미술상〉 수상자로 윤석남화백이 선정되었다. 보수적 성향의 이 상이 페미니스트 시각을 지닌 윤화백에게 돌아간 것은 몇가지 점에서 '파격'이었다.

이중섭화백은 어려운 시절 가족의 끈끈한 정으로 휴머니티를 표현했던 화가다. 그러나 윤석남화백은 비록 '가족', '어머니'라는 같은 주제를 다뤄왔지만 어떤 면에서는 가족해체주 성향도 없지 않았기 때문이다.

그래서 그의 수상소감도 "미술계가 변하고 있음을 느낀다. 급진성이 이제는 신선하다고 받아들여지고 있다"며 다소 부담스러움을 내비친 뒤 "그러나 이번 수상은 이 상이 상징하는 가족의 제한적 의미를 확장할 수 있는 계기가 될 것으로 기대한다"며 수상의 의미를 되짚은 바 있다.

윤화백은 미술의 정규과정을 거치지 않았다. 미술에 대한 열정만을 간직하다 마흔에 붓을 든 이후 86년 최초의 페미니스트 전시회로 불리는 〈반에서 하나로〉, 88년 〈여성해방시와 그리고 만남〉전 등을 통해 미술의 지평을 넓혀왔다. 한 미술평론가는 '80년대가 낳은 여성형상화의 최고의 연금술사'란 평을 했다.

그의 작품에는 여성주의적 시각이 강하게 투영되어 왔다. 그러나 윤화백은 "이제 강성의 여성주의적 시각을 솔직히 초월하고 싶다"고 말한다. '예술도 유행이며 시대 언어'이고, 참여예술과 순수예술의 관계는 어느 한쪽으로의 규정보다 서로 넘나들 수 있다는 것이 그의 생각이기 때문이다.

88년 이중섭미술상이 제정된 이래 '여성'에게 처음 주어졌고, 설치미술분야에서도 윤화백이 최초였다. 그러나 이런 수상의 의미들보다 윤화백이 그려내는 모성의 양면성, 그리고 모든 사물에 보이는 보수와 진보의 변증법적 역학관계를 포착하려는 그의 '앞으로의' 작업에 주목해보아야 할 것이다. (사진/조여권 글/박혜숙)

진해에 뜬 여성운동계 '큰 별'
저술 몰두 위해 낙향한 이효재씨

여성들이 존경할만한 여성인물을 갖는다는 것은 얼마나 큰 행복인가. 우리는 그런 인물의 첫 번째 목록에 이효재선생을 올릴 수 있다. 백년에 한 번 나올까 말까한 거목으로 꼽히는 이효재선생을 우리는 이제 서울에서 뵙기 어려울 것 같다.

평생을 민주화운동과 여성운동에 몸바쳐온 여성운동계의 '버팀목'이자 '큰 별'인 이효재선생이 조만간 고향인 경남 진해로 내려간다. 이화여대 교수직에서 은퇴한 이후에도 왕성한 활동을 보였던 이효재선생은 "이제는 고향으로 돌아가 남은 시간을 저술 작업에 몰두하기 위해서"라고 귀향 이유를 밝혔다.

지난 봄에 한국정신대문제대책협의회(약칭 정대협) 공동대표로 『월간 여성동아』가 해마다 가장 탁월한 업적을 세운 여성에게 주는 여성동아 대상 제14회 수상자로 선정되었을 때 그는 "이 상의 영광을 여성계의 젊은 활동가들에게 돌리고 싶다"고 했다.

'일제의 처녀 공출 위험을 몸소 겪었던 정신대 세대'라는 이효재선생은 정신대 문제를 처음 여론화한 주역이자 정신대 실상을 국제적으로 알리는 데도 기여했다는 것이 선정 이유다.

그의 이름과 업적에 비해 이 상이 얼마나 '뒤늦은' 것인지, 그 어떤 상도 그의 업적을 제대로 평가할 수는 없을 것이다. 지난해 '정부가 주는 훈장'을 거부해 화제를 모으기도 했던 이효재선생은 그의 빛나는 업적에 비해 늘 뒷자리에 서 왔던 분이다.

진해 태생으로 이화여대 영문과를 다녔고 미국서 사회학 공부를 한 뒤 58년 모교로 돌아왔다. 이화여대 교수로 재직하면서 국내 여성학의 기반을 다졌고 여성민우회를 결성하고 여성단체연합 회장을 맡았고 한때 해직됐다 복직한 이력의 소유자이며 은퇴 이후에는 90년대에 정대협을 발족시키면서 잊힌 역사의 문제를 파헤치는 데 앞장서왔다.

이것이 그의 굵직한 삶의 궤적이지만 그가 한국여성의 지위향상에 끼친 저술상의 업적과 몸소 여성운동을 이끈 실천가로서 그의 몫이 얼마나 큰지는 일일이 열거할 수 없을 정도다.

평생 독신으로 '모계라인'을 고수해 온 그는 "가부장제 가정이 민주적 가정으로 변하지 않는 한 우리 사회의 민주화를 말할 수 없다"는 소신을 여전히 간직하고 있다.

이효재선생은 지난달 11일, 그의 애제자와 후학들과 오랫동안 꾸려온 한국여성사회연구회 회장직 사직을 마지막으로 주변을 모두 정리했다. 그를 따르는 숱한 후배, 제자들의 아쉬움을 뒤로 하고 낙향한 이효재선생의 덕망과 겸손하고 고매한 인품을 우리는 몹시도 그리워할 것이다.

그러나 이효재선생은 진해에서 몰두하게 될 저술 작업을 통해 '제2의 여성운동'을 시작할 것으로 기대된다.

(사진/조여권 글/박혜숙)

〈올해의 여성운동상〉 수상
여성신문사 이계경 사장

깨인 여성들이 명예롭게 여길만한 상이라면 단연 한국여성단체연합이 주는 '올해의 여성운동상'이 꼽힌다. 이 상을 '대안적 여성언론 매체'를 이끌어온 여성신문사 이계경(48) 사장이 탔다.

수상 이유는 기성언론에 대항한 여성신문 창간과 최고의 인기프로그램이 된 〈열린 음악회〉, 평등부부상 제정 등 새로운 여성문화 양식을 끊임없이 만들어 온 9년간의 공로 '인정'이다.

"창간 당시 주위 언론관계자들이 '1년만 버텨도 기적'이라고들 했다. 처음 몇 년 간 독자층이 한정돼 경영이 매우 어려웠다. 그러나 '여자들이 하는 일은 늘 그래'라는 비웃음을 듣지 않으려고 오기로 버텼다"는 게 그의 고백.

이계경 사장의 이번 수상은 그로서도 참으로 '각별한' 상이다. 여성신문은 그의 말대로 '여성의 대변자 역할'을 했고 특히 여성문제를 대중화한 몫도 크기 때문이다.

그러나 1년만 버텨도 '기적'이란 우려를 씻고 수차례 '폐간 위기'를 넘겨온 사실만으로 그는 여성운동상을 몇 번 받고도 남음이 있다. 10만원~20만원이 아쉬운 상황에서조차 성차별적이거나 여성을 상품화하는 광고를 싣지 않는다는 회사 방침 때문에 광고 필름을 되돌려 줘야 했다. 또 한때 직원 월급을 제대로 주지 못할 만큼의 경영 압박도 있었고, 애초의 편집방향 고수냐, 생활지로 바꿀 것이냐의 심각한 갈등 등 그가 걸어온 길은 그야말로 '가시밭길'.

그러나 아직도 여성신문이 적자를 면치 못해 그의 가시밭길이 끝나지 않았다는 건 아쉬움이다.

이계경 사장은 3월 9일 수상식장에서 "이제야 그간의 노력을 인정받은 것 같아 기쁘다"고 했다. 각계로부터 쏟아진 축하와 격려성 전화로 요즘 이계경사장은 훨씬 '힘 있고 활기차다'는 게 주변에서 들리는 소식이다.

그의 장점은 쓰러질듯 약해보이면서도 끝내 일어서는 오뚝이 같은 오기와 반짝이는 기획 아이디어, 여성운동을 향한 진실한 애정 그리고 깨끗한 마음이다. 모처럼 이번 수상을 계기로 심기일전, 여성신문과 함께 그의 가시밭길 인생이 탄탄대로를 걷기를 희망해본다. (글/박혜숙)

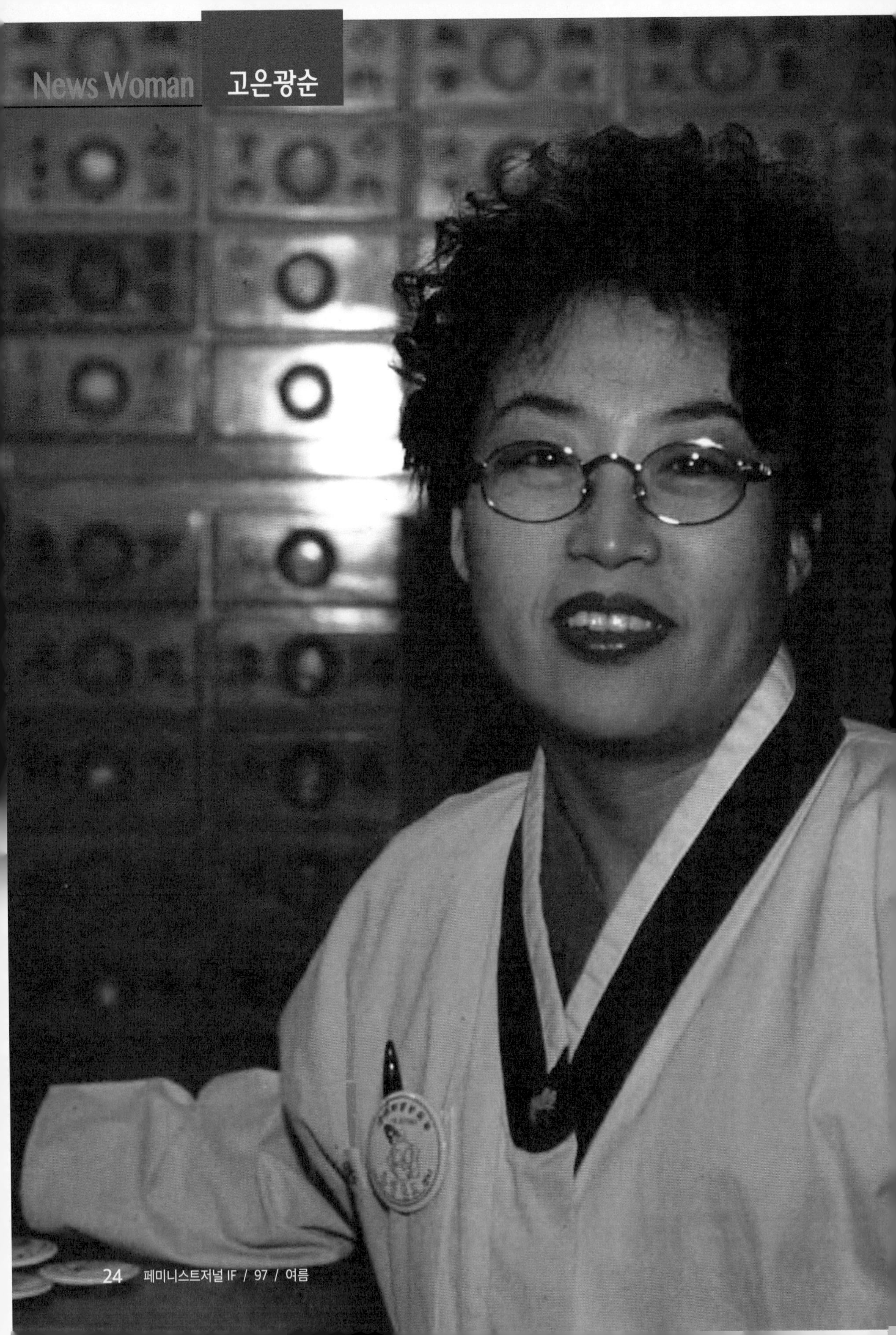

'부모성 함께 쓰기 운동' 앞장
한의사 고은광순씨

서 초구 우면동에서 홍명한의원을 경영하는 한의사 고은광순씨가 요즘 부모성 함께 쓰기 운동으로 남자들의 '간담'을 서늘케 하는 여자로 거듭 나고 있다. '부모성 함께 쓰기 운동' 간사로 중추 역을 맡으면서 래디컬하고 근본적인 문제제기를 마구 쏟아내고 있기 때문이다.

오랜 가부장적 문화가 한국에서 낳은 최대의 병폐, '남아선호=여아낙태' 등식의 성립을 깨기 위한 근본적 대안으로 부모성 함께 쓰기 운동이 최고의 '처방전'이라는 게 그의 주장이다.

'부모성 함께 쓰기 운동'이 알려지면서 찬반격론이 벌어지고 일부에서는 '혈통 파괴운동'이니 '일부 여성들이 극렬한 방식으로 남녀대결구도로 몰고 가는 것 아니냐'는 우려 섞인 반론을 펼치고 있다. 이에 대해 고은광순씨는 "여아의 낙태 현실을 극복하기 위한 근본적 대안"이라며 이 운동을 가부장제 부조리를 치료하기 위한 '문화운동'이라고 답변하고 있다.

최근 고은광순씨는 이 운동의 실무책임자로 '부모성 함께 쓰기 운동'에 쏟아지는 각종 반론과 의문에 대해 신문, PC통신을 통해 응답하는 활동을 벌이고 있다. 고은광순씨는 특히 엄마성도 함께 쓰게 됨으로써 있을 수 있는 '4자복성'의 문제나 수백 개 성씨가 만들어내는 '발음상의 문제'에 대해서 일관된 규칙을 따르면 아무런 혼란이 없다고 설명한다.

이미 '부모성 함께 쓰기 운동'의 문제점을 거론한 남성들로부터 "실천에는 난제가 많지만 남아선호나 성비 파괴, 상속제도 등에 선언적인 효과를 거둘 수 있을 것"이라는 긍정적 반응을 얻어내기도 했다. 앞으로 고은광순씨의 '부모성 함께 쓰기 운동'을 통해 우리의 제례문화, 명절문화 등이 양성중심의 문화로 변화되기를 기대하고 있다. (사진/조여권 글/박혜숙)

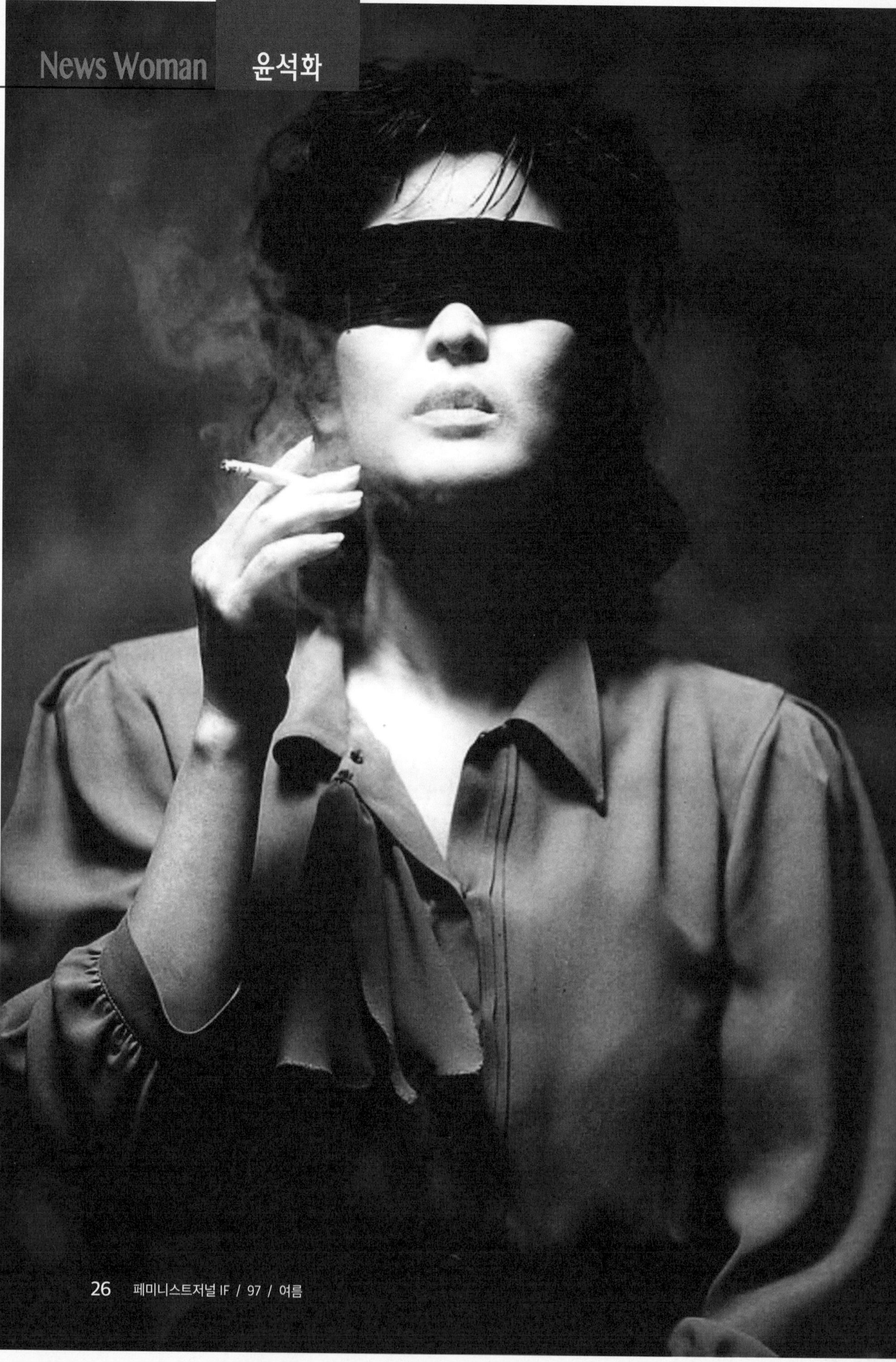

여간첩 김수임 된 명성황후
1년 만에 무대 서는 윤석화씨

'끼' 와 열정으로 똘똘 뭉쳐진 연극배우 윤석화씨가 〈명성황후〉 이후 1년여 만에 다시 무대에 섰다. 지난달 29일부터 동숭홀에서 막이 오른 전설적 스파이 김수임 재현에 나선 윤석화씨는 '이념'에 희생된 한 여성의 비운의 삶을 온몸으로 불사르고 있다.

"김수임을 프로 스파이로 보는 시각도 있어요. 그러나 그는 이념 이전에 사랑을 택한 지극히 인간적인 사람이었다"는 게 김수임을 재현해내는 윤석화씨의 해석이다. 김수임은 해방 직후 미군헌병사령관과 동거하던 한국판 마타하리로 애인인 남로당 거물 이강국과 남로당원 이중업을 북으로 탈출시키고 비밀을 넘겨줬다는 간첩혐의로 6·25때 사형당한 인물이다.

〈나, 김수임〉의 주역을 맡고 가장 어울리는 김수임 역을 위해 〈명성황후〉의 뉴욕공연 길에 50년 전 스타일의 핸드백과 모자, 속옷, 가스등 같은 소품까지 직접 구해오는 억척을 보여준 바 있다.

지금 그는 이데올로기에 희생당한 한 여성의 재현에 온통 사로잡혀 있다. 연기생활 20년이 넘는 베테랑이지만 새 역을 맡으면 늘 '악몽'을 꾼다는 그에게서 '프로' 냄새를 맡는 건 어렵지 않다.

작년 5월 〈명성황후〉를 끝으로 "아이 만들기에 전념하겠다"며 활동을 중단했던 윤씨는 아직 '성과'는 없지만 홍콩에 근무 중인 남편과도 충분한 밀월을 즐겼다고 한다.

〈덕혜옹주〉, 〈명성황후〉에서 〈김수임〉으로 이어지는 그의 연기매력을 동숭홀에서 흠뻑 취해볼 수 있다. 이번 공연은 특히 연출가 한태숙, 제작자 김옥랑, 무대미술 김효선, 의상 노라노, 박선영씨로 이어지는 여성 스태프들의 포진으로 주목을 끌고 있다. (글/박혜숙)

결혼과 이혼이라는 화두를 푼다, 연극 〈이혼해야 재혼하지〉의 박혜숙씨

그간 〈무소의 뿔처럼 혼자서 가라〉〈여자는 무엇으로 사는가〉〈아마조네스의 꿈〉등의 작품에 출연하면서 여성연극의 캐릭터를 창조하고 있는 배우 박혜숙씨가 5월 3일부터 대학로 정보소극장에서 공연되는 〈이혼해야 재혼하지〉라는 연극에 출연한다.

이혼이라는 상황을 통해 자신의 삶을 적극적으로 사고하고, 고통을 이겨내며, 선택해 나가는 한국 여성의 모습을 보여주겠다는 포부로 이 연극에 임하는 박혜숙씨 본인은 아직 결혼을 하지 않은 미혼이다.

"결혼도 안한 사람으로 결혼, 이혼, 재혼에 관한 연극에 쭉 출연하게 되었는데요. 이혼하지 않아도 독신으로, 스트레스를 많이 받습니다. 독신자와 이혼자를 보는 외부의 시선에는 비슷한 점이 많거든요. 이를테면 사회 적응력이 없거나 성격상의 결함이 있을 거라는 추측, 잘난 척한다고 오해하는 것이 그렇지요. 혼자 사는 어려움은 다 똑같은 거 같아요."

작년 여름부터 결혼과 이혼에 관한 공부를 했다고 웃는 그는 젊음과 외모가 전부가 아닌 페미니스트로서의 자아를 연기에 풀어내려고 애쓰는 노력하는 배우임에 틀림없다.

이번 공연은 명계남씨가 대표로 있는 공연기획 〈이다〉의 〈토종암탉시리즈〉 제1편으로 코믹한 연기로 인상 깊은 김선화씨와 공동 출연한다. (글/김영선)

지 식 인

남성의
성희롱

왜 성희롱인가

왜 우리는 '지식인 남성의 성희롱'이라는 주제를 『페미니스트저널 IF』의 창간특집으로 기획하게 되었는가? 우리는 페미니즘을 남성혐오사상이라고 생각하는 사람이 많은 것을 알고 있다. 또 지식인 남성의 성희롱이라는 주제가 그러한 오해를 답습할 소지가 다분하다는 것도 잘 알고 있다.

그러나, 그럼에도 불구하고, 우리의 창간특집은 '지식인 남성의 성희롱'으로 결정됐다. 그것은 이러한 문제제기가 반드시 필요하다는 상황인식에서 비롯됐다. 이 특집은 페미니즘에 대한 남성들의 무지에서 비롯되는 오해, 또 그로 인해 드러나는 그들의 후안무치한 남성우월주의에 대한 정당한 분노에서 기획되고 쓰여졌다.

여성은 우리 문화의 모든 산물, 특히 예술작품에서 주요한 위치를 점해왔다. 여성이 등장하지 않는 소설, 영화, 연극, 미술, 노래는 없다고 해도 과언이 아닐 정도다. 그리고 아직까지 이들 예술작품의 생산자들은 대부분 남성이었다. 여자는 남자의 상상력 속에, 그들이 만들어내는 예술작품에, 그들의 일터와 그들의 집, 즉 남자의 모든 시간, 모든 장소에 존재한다. 문화재현물을 둘러싼 남성과 여성. 그들은 어떤 모습으로 존재할까? 그리고 그것은 무슨 의미를 지닐까?

아직까지 남녀 간의 성문제는 사랑 또는 인간본성에 뿌리를 둔 이데올로기 문제 혹은 심리문제로 자연스러운 것으로 여겨졌다. 그러나 현대 페미니스트운동은 성(性)이 사회적 구성물이라는 전제에서 출발한다. 모든 성적인 담론과 행위들은 본능적이거나 자연스러운 것이 아니라 경제, 사회, 문화, 제도의 영향 속에서 만들어져서 한 사회에서 일정한 패턴, 즉 성의 각본(sexual script)을 형성하게 된다는 것이다.

자본주의, 가부장제 사회에서 성문제의 핵심은 뭐니뭐니해도 성폭력, 성희롱이다. 인간의 성적인 부분을 하나의 상품으로 취급하는 사회구조, 권력을 가진 자와 권력을 갖지 못한 자가 존재하는 위계적인 사회, 그리고 남성이 여성과 아이들을 거느리는 가부장제 사회의 특성을 극대화한 지점에 바로 성폭력과 성희롱이 존재한다고 많은 학자들은 주장한다. 결국 성희롱을 비롯한 성폭력은 권력을 가진 자가 상대적으로 권력을 갖지 못한 자에게 성을 이용해 권력의 횡포를 부리는 것 이상이 아니다.

일반적으로 우리사회에서 '성폭력'은 상대방의 의사에 반하면서 불쾌감, 공포, 불안을 주는 모든 성적인 행

위를 말하며, 강간에서부터 추행, 음란전화, 음란통신, 매춘, 포르노, 성희롱까지를 포함한다. 성희롱은 성적인 농담, 성적인 접촉, 성적인 시선, 성추행 등 강간보다 강도가 약한 행위를 의미하는데 주로 직장이나 학교 등 공적인 영역에서 발생한다고 보고 있다. 그러나 서구의 경우는 성폭력과 성희롱의 관계가 우리사회와 반대로 규정돼 있다. 성희롱(sexual harassment)의 사전적인 정의는 '남성이 원하지 않는 여성에게 성적으로 접근함을 말한다' (『페미니즘 이론 사전』, 메기 험 지음, 삼신각)이며, 이 성희롱 안에 강간 등의 성폭력을 포함시키는 것이다.

따라서 우리는 기존에 우리사회가 정의했던 성희롱 개념에서 벗어나 그 의미를 보다 확장시키려고 한다. 그렇지 않고서는 강간과 단순한 '희롱' 사이에 존재하는 수많은 성적인 강제들을 설명할 길이 없기 때문이다. 이를테면 문화, 예술매체에서의 성적인 담론들이 그렇다. 실제로 얼마 전 전여옥은 이문열이 쓴 소설 『선택』이 여성에 대한 성폭력에 다름 아니라고 주장했는데(조선일보 '97년 4월 23일자) 이는 상당히 흥미롭다. 지식인 남성들이 만든 소설과 영화와 이론서들이 여성을 성적으로 대상화하고 학대할 때 그리고 그것 때문에 불쾌함을 느끼는 여성들이 있다면 이런 행위를 뭐라고 규정지어야 하나.

우리는 여성의 몸과 여성의 육체에 관한 남자들의 모든 강제와 억압적인 참견을 성희롱이라고 정의한다. 성욕이나 섹스에 관련한 것 뿐 아니라 여성의 출산, 육아, 몸에 대한 아름다움까지, 그리고 이 모든 것에 대한 여성의 '생각'과 여성의 육체에 대한 자기결정권까지 성희롱이 가능한 영역으로 정했다. 여기까지 의미가 확장되면 사실은 생리적인 성(sex)뿐 아니라 사회적인 성(gender)까지 성희롱이 가능하다는 말이 된다. 말하자면 섹슈얼 하래스먼트(sexual harassment)가 아니라 젠더 하래스먼트 (gender harassment)가 된다는 것이다. 이 모든 것들에 대해 남성들이 자신의 사회적인 지위와 권위를 빌어 이러쿵저러쿵하면서 여성들의 숨통을 죄어온다면 그건 성희롱이다. 사회윤리와 도덕규범을 만들고 발언할 권력을 지닌 자들이 여성에 대해 좋다, 나쁘다로 가치 평가하는 일조차 성희롱이며, 성폭력이다.

실제로 그 심각성으로 보자면 문화예술매체의 성희롱은 길거리에서 한 여자가 당한 성희롱과는 비교하기가 무색할 만큼 강력하다. 인간의 본성(사실 알고 보면 남자들의 본성이다), 에로티시즘의 미학 운운하면서 창작해 낸 문학과 예술과 지식과 대중매체가 매일매일 수백, 수만 명의 여자와 남자에게, 어린이와 어른들에게 성폭력과 성희롱을 교육시키고 있다는 사실을 남성 지식인들은 알고나 있을까. 여자는 무릇 남자가 필요로 할 때 몸을 '대주는' 존재이고, 순결하거나 또는 그와 정반대로 섹스를 하고 싶어 안달을 하는 존재다. 강제로 '덮치면' 못이기는 체 따라주는 게 아름다운 성행위다, 어머니로서의 본분보다 인간으로서의 욕구가 우선시되는 여자는 여자도 아니다 등등을 호통쳐가며 가르침으로써 수많은 남자와 여자들이 그 성각본을 따라하고 있거나 그것 때문에 고통을 겪어야 한다는 사실을 말이다.

우리는 문학작품과 컴퓨터통신, 그리고 문화예술현장의 성희롱에 대해 고발하고 분석하려고 한다. 왜 그것이 아름다운 인간의 본성이 아니라 여성에 대한 성희롱인지 드러내고자 한다. 그리고 지식인들이 생산해낸 작품과 문화예술계의 전반적인 현실이 동떨어진 그 무엇, 사생활과 작품은 전혀 별개의 것이 아니라는 사실을 고발하고자 한다.

- 편 집 부

예술과 폭력 사이에서 꽃피는 남근의 명상

미국의 작가 노만 메일러는 "작가에게 남근은 펜이나 잉크보다 중요하다"고 주장했다. 한국의 남성작가들은 메일러처럼 직접적으로 발언하지는 않는다. 그러나 그들의 작품을 살펴본 결과 한국남성 작가들의 남근중심주의도 만만치 않았다.

이 글을 위해 송기원의 『여자에 관한 명상』, 이문열의 『선택』, 김원우의 『모노가미의 새얼굴』, 김완섭의 『창녀론』등 4개의 작품이 선택되었다. 이 특집을 위한 분석텍스트로 문학작품이 선택된 것은 문학이 인간 정신활동의 원형이면서 또 모든 예술의 텍스트가 될 수 있다는 판단 때문이다. 이들 작가들의 문학성이나 예술성을 따지는 것이 이 글의 목적이 아니므로 선별기준은 여성 또는 여성문제에 대한 작가의 견해가 잘 드러난 작품에 우선적으로 두었다.

30대에서 50대까지 이르는 이들 네 남성작가들은 현재도 왕성한 문필활동을 벌이고 있는 현역이라는 측면에서 우리 문화예술계를 좌지우지하는 주인 세대라 할 수 있다. 그들의 작가성향 또한 민중지향에서 보수주의까지 다양한 스펙트럼을 보이고 있으며, 지식인으로서의 사회적 위치도 최고수준의 대가로 대접받는 작가로부터 중견이라는 수식어가 붙는 작가, 또 뛰는 신세대까지 여러 계층의 지식인 유형을 대표하고 있다.

각기 다른 정치·사상적 견해와 예술취향을 보이고 있지만, 대체로 이들 네 남성들이 그들의 지식활동을 통해 그려내는 여성상은 한국 남성지식인들의 여성관을 상당 부분 대변한다고 보아도 무방할 것이다. 그렇다면 그들이 작품 속에서 그려내는 여성들은 누구인가?

1. 송기원 『여자에 관한 명상』- 처녀와 창녀

주인공 김윤호의 첫경험은 열일곱 살 때 강간으로 시작된다. 동네 건달들과 함께 주먹질과 주머니칼의 협박으로 포획한 처녀의 처리를 맡은 것이다. 김윤호의 성의 역사가 강간으로 시작된 것은 매우 상징적이다. 알지도 못하는 여자를 강간하며 사정하는 순간 어린 시절

본 미친년의 성기 '거대한 털투성이 입'과 조우하게 되고 그것은 곧 사생아라는 그의 출신의 치부로 환원되어 일생 동안 그의 성 체험마다 따라다니게 된다.

　제목에도 드러나듯이 이 소설에서 여성은 명상의 대상이다. 그렇다면 명상의 주체에 대한 의문이 여전히 남는다. 즉 누구의 명상인가가 문제가 되는 것이다. 이 소설을 다 읽게 되면 명상의 주체가 남근이라는 사실을 깨닫게 된다. 주인공에게 여자는 일곱 살 때 본 영순이의 자운영 꽃 같은 성기에서부터 출발, 털투성이 거대한 입으로 발전하며 그의 명상은 그의 성기(남근)를 털투성이 입에 박으면서 진행된다. 세상은 여자로 축소되고 다시 그 여자는 그녀의 성기로 축소된다. 당연히 그가 여자와 맺는 모든 관계는 그녀와의 성교로 집중되며 그의 여자 여정은 그를 사생아로 내놓은 어머니의 자궁에 대한 증오와 공포로부터의 탈출과정에 다름 아니다.

처녀해치우기

　"야, 마침내 해치웠어. 그날 밤 둘만 남게 되어 여관에 갔는데 몇 번 실랑이 끝에 해치우고 말았지. 일이 끝나고 나니 너무 싱거워서 웃음이 다 나오더라구. 처녀를 해치운다는 게 고작해야 이런 거였나 하고 말야. 그녀에게서 나온 피 때문에 이불 따위를 버린 것 말고는 창녀하고 자는 것과 하등 다를 게 없었어. 도대체 사람들은 무엇 때문에 그렇게 기를 쓰고 처녀 운운하는지 모르겠더라구."

　김윤호의 친구 하민이 동급생 서미라의 처녀를 '해치우고' 한 말이다. 반면 서미라는 자신의 처녀를 해치운 하민을 '원수'라고 생각하며 "다시 처녀로 돌아갈 수만 있다면 그를 죽일 수도 있다"고 말한다. 데이트 중의 남녀 사이에 발생한 처녀해치우기에 대해 아직까지 '강간'이라고 말하는 사람은 거의 없다. 서미라 자신도 강간이라고 표현하지 않는다. 그러나 그녀는 자신의 처녀를 없앤 남자를 죽이고 싶을 정도로 증오하며 원수 사이가 된다.

　김윤호와 동시대 남성들에게 여자란 처녀와 창녀의 두 종류로 구분된다. 책에 언급된 김윤호의 여자들을 살펴보자. 장경희(고향 여대생. 첫사랑으로 그와 결혼하기 위해 학교도 때려치고 타자학원에 등록하지만 그 순간 버림받는다), 양동의 들창코 창녀 엄명화(동급생이며 삼청각 기생. 후에 일본인과 결혼하러 간다), 음악감상실에서 만난 여대생(섹스 연습), 손영아(공장 여공, 창녀가 되기 위해 그에게 처녀를 바친다), 주정님(시내버스 여차장, 그의 구혼을 물리친다), 차지숙(동급생, 그에게 자발적으로 자신의 처녀를 없애달라고 애걸한다), 월남 캄란 베이 사창굴의 여자들, 조영희(동급생이며 강남 룸살롱 호스테스였고 한동안 동거하다가 그녀가 다시 룸살롱에 나가는 것을 기점으로 헤어지게 된다), 최희순(복학하고 맨 처음 만났던 미술과 여학생), 배수연(조영희 친구 룸살롱 호스테스), 목포 히빠리 골목의 늙은 창녀(그에게 위대한 창녀의 경험을 선사한다).

　김윤호는 처녀를 참지 못한다. 남성의 치부(남근)가 닿지 않은 성기를 갖고 있는 처녀는 그의 적대감을 자극하는 '세상의 모든 무구한 것들'에 포함된다. 따라서 그의 치부로 물들여놓고 더럽혀놓아 더 이상 그의 전투욕을 자극하는 공격목표가 되지 못하게 만들어야 한다. 여자는 그의 탐미주의의 대상이지만 남근의 치부에 물들지 않은 무구한 처녀는 그의 적인 것이다.

　처녀에 대한 주인공의 증오가 가장 잘 드러난 사례는 "청초한 미모의 여학생 차지숙"의 경우다. 김윤호는 차지숙이 남학생들에 둘러싸여 있는 것을 볼 때마다

남근의 소유인 것이다. 자신에게 증오감을 조장한다는 이유로 짐승을 사냥하듯이 처녀 소탕작전에 열심이던 김윤호가 복잡한 감정이 없이 좋은 관계를 유지하는 여성들은 창녀들이다.

위대한 창녀

"월남에서 사창굴에 드나들면서 한 가지 배운 게 있어. 그런 데 있는 여자들하고 어울릴 때가 나로서는 가장 인간적이 된다는 거지. 비록 하룻밤 자고는 끝이지만, 그때 마다 나는 그녀들을 사랑하지 않을 수 없었어. 나에게는 그녀들의 육체야말로 나 혼자만을 위해 피어난 들꽃 같았으니까."

김윤호는 여자에게 개별성을 따지지 않는다. 그는 여자를 "목마를 때 마시는 한 병의 음료수"나 물처럼 물질에 불과하다고 생각하기 때문에 창녀를 칭송하고 예찬한다.

"거의 속이 뒤집힐 듯한 욕지기"에 시달린다. 그는 그녀를 "통째로 짓뭉개 쓰레기통에 내던져버리고 싶은 충동에 사로잡히며" 그것이 질투가 아니라 증오에 가까운 감정이라는 것을 안다.

그는 차지숙에게 "처녀를 버려야 한다"며 폭력에 가까운 동거제의를 한다. 차지숙을 처녀가 아닌 여자로 만드는 데 사랑이나 애정 따위는 전혀 상관이 없다. 차지숙은 김윤호가 친 덫에 걸린 짐승처럼 결국에는 자발적으로 그에게 처녀를 없애달라고 애원한다. 서미라가 자신의 처녀를 해치운 남자와 원수가 되어 헤어진 것과 달리 차지숙은 그의 처녀를 노예처럼 바치고 잠적한다. 지문이 닳아 없어진 여공 손영아도 자발적으로 김윤호에게 처녀를 바치고 창녀가 되기로 결심한다.

김윤호에게 처녀란 남근이 가닿지 않은 여성의 성기를 의미하며 그것은 여성들의 성적인 욕망과는 무관하다. 여성의 성기는 여성의 몸의 일부이지만

그러나 김윤호가 가장 사랑한 듯한 호스테스 조영희와의 관계를 보면 그의 창녀예찬은 무색해진다.

김윤호는 탐미주의를 비롯한 각종 문학이론으로 무장하고 여자들에 대해 여러 종류의 패륜을 저지른다. 조영희가 자신의 친구 하민과 성교하는 것을 옆에서 지켜보기도 하고 자신이 그녀의 절친한 친구와 잠을 자기도 한다. 또 다른 여자와 잠자고 조영희에게 여관비를 가져오게도 만든다. 조영희와 동거관계에까지 이르지만 몇 달 지나지 않아 깨지게 되는데 그 계기는 그녀가 다시 룸살롱에 나가기 때문이었다. 그렇다면 그의 창녀예찬의 진의는 무엇일까? 의미도 모르면서 떠들어댔거나, 마음에도 없는 거짓말을 했거나, 그도 저도 아니면 내여자만 말고 모든 여자가 창녀가 되기를 바라는 전형적인 남성 심리이거나일 것이다.

어쨌든 그들은 돈만 있으면 아무 때나 원하는 대로 섹스를 즐길 수 있는 일회용 여자들이 무수하기를 바라며 온갖 이유를 붙여 창녀예찬을 늘어놓는다. 그러나 창녀가 어느 특정남자와 사랑하고 개별성을 갖게 되리라고는 상상하지 못한다. 그들에게 창녀는 영원하다. 그러나 창녀에게 그가 주는 사랑은 생존을 위한 돈에 불과하다. 창녀는 사랑을 위해서가 아니라 돈을 위해 남자의 개별성을 따지지 못하는 것이다.

송기원은 어머니로부터 멀리 도망가기 위해 문학을 했다고 고백한다. 그의 작품에는 '사정하는 순간'에 대한 묘사가 여러 번 자세하게 나온다. 그러나 임신에 대한 걱정이나 피임에 대한 언급은 없다. 그가 일생 동안을 고통스러워 한 '사생아'라는 출신은 바로 임신을 걱정하지 않고 저 좋은 대로 사정하는 남성들 때문에 생겨났다. 그를 사생아로 만든 것은 그의 어머니가 아니라 아지 못할 그의 아버지인 것이다. 그를 제도 밖의 소외된 존재로 만든 것 또한 아버지들이 만든 법 때문이다. 그러나 그의 복수는 '아버지 남자'에게로 향하지 않고 시장바닥에서 보따리 장사를 하며 그를 키우고 먹여 살려 오늘의 그를 가능하게 만든 '어머니 여자'에게 향한다.

어쩌면 서울의 양동이나 미아리 또는 월남의 캄란베이 사창가 주변에는 그와 똑같이 사생아라는 출신을 괴로워하며 여자들의 자궁을 헤매 다니며 세상에 대한 복수를 꿈꾸는 그의 2세가 여러 명 있을지도 모른다. 그래서 그들 중 누군가가 아버지처럼 탁월한 '민중예술가'가 되어 온몸으로 아버지의 잘못된 사랑법을 고발할지도 모른다. 작가 송기원이 최근 몇 년간 머리를 깎고 국선도에 빠져 지냈으며 곧 인도로 간다는 소식이 이해가 갈만하다.

『여자에 대한 명상』은 잘 알려져 있는 대로 송기원의 자전적인 소설이다. 송기원은 이 작품을 통해 '탕아'로서의 남성예술가의 한 전형을 보여준다. 그 예술가는 송기원 자신의 표현대로 '천하의 잡놈'이다. 그리고 그 '천하의 잡놈'들이 여자들의 성기 안에서 명상하며 생산해낸 문화예술이 우리 시대정신을 규정하고 만들어 간다.

2. 이문열 『선택』 - 거세된 어머니

『선택』은 반페미니즘 작품인가, 아닌가?

이문열은 『선택』에서 조선시대 정부인 장씨의 이야기를 통해 딸, 아내, 어머니, 큰어머니로서의 여성의 일생에 걸친 삶을 이야기하고 있다. 동시에 장씨부인의 편지를 통해 여성의 자기성취, 이혼, 정조의무, 가사노동, 이상적인 남성상 등 페미니즘에서 중심적으로 논의하

고 있는 문제들에 대해 여러 가지 코멘트를 한다. 3백 년 전 장씨부인의 입을 빌리기는 했지만 이 작품은 작가 이문열이 동시대 여성들에게 직접 자신의 생각을 전달하고 있는 것이 특징이다.

그는 『선택』의 집필의도에 대해 "무턱대고 가정을 뛰쳐나오는 것을 여성해방으로 여기는 일부 그릇된 여성주의자들에게 한마디 하기 위해", 또 "장씨부인의 이야기를 통해 여성의 위대성, 진정한 페미니즘을 알리기 위해서"라고 밝히고 있다. 오늘날의 여성들에게 하고 싶은 말을 하기 위해 3백 년 전의 죽은 혼을 무덤에서 끄집어내 부활시켰다는 점에서 『선택』은 고리타분하다. 장씨부인이 고리타분하다는 것이 아니다. 『선택』을 통해서 드러나는 작가 이문열의 여성관이 썩은 냄새가 난다는 것이다. 장씨부인을 더 잘 이해할 수 있는 사람들은 오히려 현대의 페미니스트일지도 모른다. 아무리 미려하게 현대적인 언어로 치장해도 복고는 복고다.

페미니즘은 여자와 관계를 맺고 살고 있다고 어중이떠중이 누구나 떠들 수 있는 무엇이 아니다. 페미니즘은 여성을 자기 삶의 주인으로 만들어 양성관계의 변혁을 꾀하는 다양한 사회이론이며 동시에 정치적 실천이다.

이문열은 여자로서의 삶을 경험해보지 않았으며 페미니즘에 대해서 진지하게 공부하지도 훈련받지도 않았다. 피아노에 대해 오랜 시간 배우고 훈련한 사람이 아니면 피아니스트라고 부르지 않으며 그의 연주를 경청하지도 않는 것처럼 페미니즘에 무지한 사람들이 주워들은 얼치기 오해로 잘못된 페미니즘 운운하는 것은 우스운 짓이다.

여성들에게 이러니저러니 훈계를 하면서 그가 보여주는 것은 전형적인 남성우월주의자의 태도다. 그는 시대착오적이며 복고취향이라는 점에서 고리타분하고 완고하다. 또 페미니즘에 무지하면서도 무차별하게 공격의 칼날을 휘둘렀다는 점에서 악질적이며 오만하다. 게다가 자신의 속내를 조선조 여인의 점잖은 어법 속에 감춘 채 문학이라는 외피로 포장했다는 점에서 교활하기까지 하다. 그렇다면 굳이 『선택』이 '반페미니즘' 작품이 아니라고 강변하는 것은 무지의 소치일 수밖에 없다.

그러면 이문열이 3백 년 전의 죽은 혼을 불러들이면서까지 사수하고 지키고 싶은 것은 무엇인가? 작가 스스로 하찮게 여겨 치욕스럽다고 표현하는, 후배 여성작가들을 걸고넘어지면서까지 열렬하게 훈계하며 수호하고 싶어 하는 그 '무엇'의 정체는 과연 무엇인가? 그가 그리는 『선택』안으로 들어가 살펴보자.

어머니로서의 여성

이문열이 『선택』에서 일관되게 그리고 있는 여성은 어머니로서의 여성이다. 그는 "어머니란 인간을 생산하

는 이이기 때문에 어머니란 이름을 떠나 성취될 여성의 위대함은 존재하지 않는다"며 어머니로서의 여성을 여성의 유일한 운명이며 존재이유로 들고 있다.

이문열은 장씨부인이 "성취가 있었던 학문과 재예를 스스로 버리고 부녀의 길을 선택했다"고 쓰면서 "그 부녀의 길에서 가장 큰 것은 어머니의 길이고 그 성취는 자식으로 나타난다"고 주장한다. "어머니는 여인이 가질 수 있는 가장 크고 아름다운 이름이다. 여인의 가장 중요한 생산은 자녀이며 가장 위대한 성취는 그 양육이다."

여성의 임신과 출산능력에 근거를 둔 이 생물학적 설명은 여성들 자신에게도 끈질기고 강력한 신화이다. 모성은 여성의 경험이다. 여성들은 모두 어머니가 되는 생리적 특성을 지녔지만 - 그건 남자들이 어떤 아이의 생물학적 아버지가 되는 특성을 지닌 것과 마찬가지다 - 오늘날 여성이 어머니가 되고 안 되고는 순전히 '선택'의 문제다.

모성은 여성의 성욕과 상관없이 여성의 육체에서 일어나는 한 과정이다. 어머니는 여성의 여러 모습 중의 한 단면이며 모성을 선택한 여성에게도 어머니란 아이를 임신했다 낳은 사람이란 '관계'를 의미할 뿐이다. 관계는 본질에 영향을 미칠 수 있지만 본질을 대치할 수는 없다. 여성의 본질은 인간이다. 아이가 어머니일 수 없고 어머니가 아이일 수 없는 것이다. 어머니는 더 이상 여성의 전 존재를 투항하는 제도일 수 없고 일생에 걸친 구속일 수 없다.

그는 또 출산문제에 있어서만 남녀를 구분하는 것이 아니다. 심지어 현대의 맞벌이부부에게도 "타고난 신체의 구조나 성향에 따른 자연적인 분배가 있다"며 여성들의 가사노동 분담요구를 부정한다. 그는 왜 3백

년 전의 노비를 되살려 오늘날의 남성들에게 교육받지 말고 훌륭하게 상전을 모시며 그대로 살라고 말하지 않을까?

여성의 생명창조 능력에 대한 선망과 경외, 그리고 두려움 때문에 남성들은 계속적으로 여성의 다른 창조적인 측면에 대해 일종의 증오를 보여 왔다. 여성에게 어머니의 역할에만 충실하라고 명령할 뿐 아니라 여성의 지적 창조물이나 예술적 창작을 하찮게 폄하하고 그들을 남성과 같이 되려는 수치스러운 여자로 경멸한다. 또한 그들이 결혼과 육아라는 성인 여성의 진정한 역할에서 도망치려는 시도를 하고 있다고 비난한다.

정조의무-여성의 순절 그리고 아첨꾼과 바람둥이

이문열은 『선택』에서 여성들의 분열뿐만 아니라 페미니즘의 분열까지도 조장하고 있으며 거기에서 더 나아가 남성들까지

분열시키고 있다. 그가 여성을 종류별로 구분하는 잣대는 정조 의무인 것 같다. 그는 시종 페미니스트들이 "여성 해방과 성적 방종을 혼동하고 있다"고 질타하며 요즘 여자들의 "미화된 간음보다 전시대 남성들의 뻔뻔스런 반칙이 더 정직해 보인다"고 말한다. 여성해방과 성적 방종은 동의어가 아니다. 그것을 동의어로 만들고 있는 것은 바로 이문열 같은 작가이며 그 악의적인 오해는 바로 『선택』같은 작품에 의해 유포되고 확산되고 있는 것이다.

정조의무에 대한 그의 강조는 "그릇된 이념화의 희생이라도 옳다고 믿는 것을 위해 목숨을 던지는 일은 아름답다"는 순절예찬으로 이어진다. 박씨부인의 순절을 묘사한 그의 글에서는 비장하면서도 그로테스크한 아름다움이 풍겨 나온다. '위대한 소설가'라는 찬탄이 절로 나온다. '그릇된 이념화의 희생'이라는 평가를 받더라도 이문열 같은 작가가 '옳다고 믿는 것을 위해 목숨을 던지며' 여성들을 감동시키는 장면을 기대해도 좋을까?

그는 페미니스트들이 "소수의 서러움에서 벗어나고자 있지도 않은 이상의 남성상을 만들어 놓고 이 세상의 남자들을 난도질"하고 있다고 말하며 그런 남성은 "아첨으로밖에는 여성의 호감을 살 길이 없는 못난이나 그런 여성이 있어야만 한몫 보는 바람둥이뿐"이라고 주장한다.

장씨부인은 어땠는지 모르지만 오늘을 사는 현대여성들이 좋아하는 이상의 남성상이 엄청나게 변한 것만은 사실이다. 페미니스트들이 좋아하는 남자는 사랑하는 여성에게 정절을 지키며, 개인이든 집단이든 여성들이 당하는 불이익을 참지 못하고, 남성의 부당한 기득권은 포기할 수도 있는 그런 남성이다. 만일 이씨가 여성을 위해 말하고 행동하는 남성을 못난이 아첨꾼이라고

표현하고 여성의 성적인 욕구에 민감하여 여성을 기쁘게 만드는 남성을 바람둥이라고 표현했다면 굳이 그의 단어를 교정할 생각은 없다.

그러나 페미니스트와 바람둥이 남성의 관계에 대한 이문열씨의 시각은 교정을 필요로 한다. 바람둥이 남성들을 지금까지 비판해온 여성들은 페미니스트들이다. 페미니스트들은 옛날이나 지금이나 사랑 없이 사창가에 드나들며 결혼 후에도 딸같이 어린 여자를 찾으며 향락업소를 전전하는 바람둥이 남성들을 비난하고 공격해왔다. 여성들은 최근까지도 남성들의 성적 요구에 대해 '노우(No)'라고 말할 권리가 없었다. 여성의 '싫다'(No)는 '좋다'(Yes)로 받아들여졌으며 심지어 치한이나 적에 의해 강간을 당했어도 스스로 목숨을 끊어 정조를 지켜야 했다. 페미니즘은 여성에게 원하지 않는 성에 '노우(No)'라고 말할 수 있는 권리를 찾아주었다.

자궁을 가진 여자 ─ 거세된 어머니

장씨부인은 아버지의 뜻대로 상처한 홀아비의 재취로 들어가 여섯 아들과 딸 하나를 낳고 일곱 아들과 딸 넷을 길렀다. 이문열이 장씨부인을 통해 강조하는 여성상은 아이를 낳고 키우는 어머니로서의 여성이다. 바꿔 말하면 이문열은 여성을 자궁을 가진 존재로 파악한다. 여성의 자궁은 여성의 성기이기도 하다. 따라서 결혼을 거부하거나 아이 낳기를 거부하는 여성, 혹은 이혼녀의 성은 부인된다.

아버지의 아이를 낳는 어머니로서의 자궁은 인정되지만 그녀 자신의 성적 욕망에 따른 독자적인 성은 거세된다. 남성들은 출산과 양육이 아닌 여성의 창조를 부정함으로써 여성의 육체와 정신을 분리시키고 또다시 어머니를 거세시키면서 그녀 자신의 욕망을 죽이는 것이

다. 이문열은 오늘날의 여성들에게 어머니로서의 여성을 모델로 제시하고 있다. 그러나 그녀는 자궁을 가진 여자이지만 동시에 욕망이 거세된 여성이기도 하다.

3. 김원우 『모노가미의 새얼굴』 - 바람난 아내

김원우의 『모노가미의 새얼굴』은 세태소설로 분류된다. 상하 두 권으로 나뉜 이 작품은 책값을 올린 이유 말고는 종이 낭비가 심한 편이다. 그러나 여기에 선택된 이유는 작가가 우리시대 결혼의 초상화를 그리겠다는 원대한 포부를 갖고 쓴 작품이기 때문이다. 이 작품은 남성 작가가 쓴 남자의 결혼이야기이다. 그래서인지 이 작품에서 드러나는 남자의 이야기는 우리시대 중산층 남자의 전형성을 획득하고 있다. 그리고 우리가 사랑하고 함께 살아가야 하는 그 남성들의 초상화는 우리를 우울하게 만든다.

최정완 - 신장:181cm 외모 : 고수머리, 근시, 병력:담석증 제거수술 - 쓸개빠진 위인, 취미 : 독서, 꼼짝 않기 또는 무작정 걷기, 기호식품:미역국, 날계란, 육회, 생선회, 담배, 커피, 혼인관계:결혼-가출-별거, 자식:2녀 성격:수수방관형, 정리정돈벽, 의심증.

건축설계사인 최정완은 이때껏 '사랑해'라는 말을 빈 말로라도 입 밖에 내놓아본 적이 없는 위인이다. 그는 중매로 여자를 만나 그녀의 인물이 반반해서 결혼을 결정한다. 그러나 결혼 후 첫 월급을 봉투째 아내에게 바치는 것은 바보 같은 짓이라고 생각, 곧바로 집으로 가지 않고 같은 직장의 미스 구와 만나 정사를 벌인다.

남편의 연애

"우리는 곧장 싱싱한 몸뚱어리를 섞고, 뒤이어 그만

한 나이의 신체 건강한 선남선녀들이 그러는 것처럼 한동안 주체할 수 없이 활활 타오르는 그녀 쪽에서는 사련이자 내 쪽에서는 불륜인 정염의 진화작업에 안간힘을 쏟아내면서 진한 몸부림과 야한 교성을 서로 주고받았다."

그와 불륜의 관계를 맺고 있는 미스 구는 같은 직장의 미혼여성이다. 그녀와의 관계는 그의 아내가 둘째 애를 낳은 다음까지 5년 동안 이어지며 미스 구는 최정완과의 관계에서 임신과 낙태를 경험한 다음 선을 봐서 다른 남자와 결혼한다.

그는 기혼남성들의 성적 방만을 "지어미들이 월급봉투를 송두리째 틀어쥐고 있는 준(準)모권사회의 어쩔 수 없는 메카니즘"이라고 생각한다. 그런가하면 "여권이 전반적으로 쇠심줄처럼 질겨빠지게 되고만 요즘에 아내가 휘두르는 전권은 실로 막강하며, 남편이 아내를 조종할 수 있는 유일한 끈은 생활비의 일정한 증액뿐"이라고 말한다.

신혼 첫 월급날 월급봉투를 아내에게 그대로 주기 싫어 불륜을 저지른 남자가 그 변명을 준모권사회로 돌리는 것은 앞뒤가 안 맞는다. 또한 생활비의 증감을 유일한 끈으로 남편에게 조종당하는 아내가 휘두를 수 있는 전권이라는 것이 얼마나 막강한 것인지도 의심스럽다.

그런가하면 그는 가슴이 파인 아내의 옷차림을 갖고 부부싸움을 할 정도로 의심증이 많으며 장모의 속옷 차림을 보고는 유혹적인 선을 넘어 색정적이었다고 느끼는 사람이다. 또 담석통증으로 병원에 입원했을 때는 아내에게 '이 개쌍년'에서 '야. 이 씹할 년아' 같은 쌍욕도 서슴지 않는 사람이다.

아내와의 밤일 습벽을 묘사한 그의 표현을 보라.

"기계적인 일련의 동작들, 예컨대 어루고 만지고 포개고 비비고 거머쥐고 쳐들고 끌어안고 밀어 넣고 들썩이고 빨고 오므리고 맞대고 빼내고 뒹굴고 올라앉고 철썩이고 떨고 헉헉거리고 마는 그 묵언의 상투." 그에게 성은 기계적이고 상투적이며 무엇보다도 남성중심적이다.

아내의 바람

작가가 그리는 우리시대 결혼의 초상화는 일부일처제의 위기로 묘사된다. 그러나 실상 이 작품은 바람난 아내의 이야기를 통해 일부일처제의 위기를 설명하고 있다. 최정완은 아내의 간통사실을 주부도박단을 검거한 노형사에게 귀뜀 받아 알게 된다.

"강남바닥에서는 아직도 애인 없는 유한마담이 있냐는 우스개는 농담 수준이 아니에요. 삽시간에 그렇게 됐어요. 88 서울올림픽 전후부터 그래요. 참으로 희한한 풍속인데, 과외바람. 자가용바람, 외식바람에 너도나도 휩쓸리니 이제는 애인바람까지 무슨 유행이라고 다들 지랄이에요. 그것까지 치맛자락에 안 휘감으면 바보가 되는 모양인지…"

그는 바람난 아내에게 '알짜 논다니'이며 '망종'이고 '잡년'이며 '개 같은 년'이라고 욕한다. 그가 색정을 느끼는 장모는 사위에게 "지 사내 마음 못 읽고 비위 하나 못 맞추는 선옥이 그 년은 옳은 기집년도 아니야. 천벌을 받아 싸지"라며 "그 년을 평생 부엌데기처럼 마구 부려 먹기만 하라"고 말한다. 도박에 빠져 바람까지 났던 아내는 스스로도 부끄러워하며 회개하고 기독교에 귀의한다.

그러나 이들이 다시 재결합할 수 있을지 아닐지는 소설에 나타나 있지 않다. 소설이 끝날 때까지 집을 나간 남편은 돌아오지 않는다. 아내가 기도로 근신의 생

활을 보내고 있는데 반해 오히려 남편은 모노가미의 성체험에서 더욱더 멀리 나가고 만다. 이 소설은 최정완이 남의 아내와 길거리에서 '짐승 같은 체위'로 간통을 저지르는 장면으로 끝난다.

신혼 첫 달부터 시작돼 5년간이나 계속된 남자의 간통은 이들 결혼의 위기를 초래하지 못한다. 남자의 경우는 결혼과 간통이 무리 없이 행복하게 병행되는 것이다. 작가는 최정완과 미스 구와의 불륜이야기를 애틋하고 짙은 러브스토리로 포장, 작품의 상당 부분을 할애하여 정당화를 꾀하고 있다. 그러나 아내의 바람에 대해서는 직접적인 설명을 피한다. 어쩌면 남편의 5년간의 불륜의 결과일지도 모르는 아내의 간통은 사랑이라고는 전혀 없는 육체적인 성욕의 발산이며 철없는 여자의 파탄 행위에 불과한 것이다.

김원우는 이 작품에서 중산층 부부들의 이야기를 통해 일부일처제 위기에 대한 설명을 시도한다. 그러나 그의 설명은 일부일처제의 위기로 드러나는 인간과 제도의 불협화음에다가 남자의 일방적인 변명을 억지로 꿰맞춘 불완전한 조각그림 맞추기에 지나지 않는다.

4. 김완섭 『창녀론』 - 여성해방의 전사, 창녀?

김완섭의 『창녀론』에는 '21세기형 인간을 위한 혁명적 여성론'이라는 거창한 부제가 달려있다. 책에 붙은 소개글에 의하면 그는 미혼이며 서울대 천문학과 82학번이다. 그렇다면 현재 35세 전후의 나이다. 자칭 마르크스와 예수의 제자이며 고교 때 광주 시민군 참여, 위장취업, 87년까지 주사파로 활동, 수차례 투옥경험이 있다.

김완섭의 『창녀론』은 30대 신세대남성의 새로운 여

성관을 드러낸다. 그는 사랑과 결혼, 여자와 성, 가족 같은 문제들에 얽힌 개인적인 갈등을 해결해보고자 글쓰기를 시작했다고 밝히고 있다. 그가 『창녀론』을 쓰고 개인적인 갈등을 얼마나 해결했는지는 미지수다. 그러나 『창녀론』에서 여성에 얽힌 한 젊은 남성의 개인적인 갈등을 읽어내기는 쉽지 않다. 오히려 그의 남성적 글쓰기에서 드러나는 것은 주제넘고 시건방진 거대담론 뿐이다. '사적인 것이 정치적 (Personal is political)'이라는 페미니즘의 슬로건을 그가 공부하고 이해하고 실천했다면 어쩌면 그의 여성론은 전혀 다른 무엇이 됐을지도 모르겠다.

변절 마르크시스트답게 그는 결혼의 물질적 토대만을 보고 결혼제도를 '남자에 의한 여자구매'로 보며 모든 여자를 창녀라고 말한다. 영국의 선구적인 페미니스트 매리 월스톤크래프트도 일찍이 결혼을 '합법적 매춘'이라고 불렀다. 또 마르크스주의 페미니스트들은 결혼

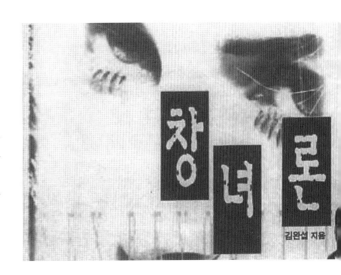

제도를 여성의 성적 노예상태로 파악하여 사유재산제도와 함께 여성을 종속시키는 결혼제도의 폐지를 주장한다. 어쨌든 현행 결혼제도가 갖고 있는 매춘의 한 속성을 파악한 것까지는 김완섭이나 일부 페미니스트들이나 같다. 그러나 결혼에 있어서 성문제는 구매자인 남성과 피구매자인 여성과의 관계만 있는 것은 아니다. 결혼을 통해 아이를 낳고 가족을 이루게 되면 남편과의 성적인 관계 외에, 자식과의 관계도 만들어진다는 것이다. 결혼을 '성적인 파트너와의 관계' 만으로 설정하는

것에서 우리는 김완섭의 시야가 얼마나 좁은지를 알게 된다.

창녀는 예수다?

돈으로 여자를 사거나 결혼으로 아내를 사거나 남자가 여자를 사는 행위에는 차이가 없다고 보는 그에게 여성은 두 종류의 창녀, 즉 전속 창녀(주부)와 프로 창녀로 구분된다. 그래서 우리 사회에서는 "오직 창녀들과 소수의 깨인 남성들만이 외로이 남성 이데올로기와 투쟁하고 있다"는 극언도 서슴지 않는다. 따라서 그는 자유의지에 따라 가출한 뒤 몸을 파는 신세대 창녀들을 여성해방운동의 전위세력으로 본다. 그의 창녀예찬을 들어보자.

"창녀는 아름답다. 그녀들은 한갓 고기 덩어리에 불과한 자신의 몸을 사용하여 모든 남자의 내부에 자리잡고 있는 짐승의 욕구를 어루만져준다. 그들은 내가 본 가운데 가장 훌륭하고 보람 있는 직업을 가진 여성들이다. 우리 시대의 진정한 예수들이다."

그의 창녀론은 놀랄 정도로 송기원의 창녀 예찬과 흡사하다. 단지 송기원의 위대한 창녀는 목포 히빠리 골목의 늙은 창녀지만 김완섭이 예찬하는 창녀는 신세대 창녀일 뿐이다. 개인적인 수준에 머무른 송기원의 창녀 예찬에 비해 김완섭의 창녀예찬은 사회과학적 이론으로 비약하며 거의 도착 증세를 보인다.

김완섭을 성전환 수술시켜 창녀로 만들까?

그는 "성을 거래하는 시장과 유통구조가 더욱 정교하고 다양해져야 한다"고 주장하며 모든 여성이 '창녀정신'으로 무장할 것을 선동한다. 그에 의하면 '창녀정신'이란 "여성의 처지에 대한 과학적인 자각이며 남성

우위의 사회에서 생존하고 발전하기 위한 여성계급의 정치전술"이다. 따라서 "남자에게 다리를 벌려줌으로써 그 대가로 생활을 영위하고 후손을 양육하는 일은 결코 수치가 아니"라는 것이다. 별로 코멘트 할 가치는 못 느끼지만 이 대목에선 김완섭을 성전환 수술시켜 그가 그토록 사랑해 마지않는 창녀로 만들고 싶다는 생각이 들었다. '성전환한 창녀 김완섭'은 그의 독특한 이력 때문에 놀랄만한 신분상승이 보장될 것이다.

창녀들에 대해 여성해방의 전사라며 주제넘은 칭송과 예찬을 늘어놓은 김완섭은 실제 여성운동을 하고 있는 여성운동가들에 대해서는 극단적인 혐오감을 드러낸다. 그는 여성운동의 가장 큰 장애물을 여성단체와 여성운동가들로 보며 여성운동가들을 "기를 쓰면서 가족제도를 유지하고 창녀를 탄압하고 성의 상품화에 극력 반대"하는 '남성지배이데올로기의 전도사, 순결관념과 가족제도의 옹호자'라고 말한다.

그는 교수에 의한 성희롱을 폭로한 우희정과 성폭력상담소 최영애소장, 공권력에 의한 성폭력을 폭로한 권인숙 등 특정인물을 비난하며 '문귀동의 인권론'을 편다. 그가 우희정과 권인숙을 비난하는 근거는 성희롱이 입증 불가능한 범죄이기 때문이라는 것이다.

그는 여성이 당하는 성희롱이라는 것이 무엇인지 근본적으로 모른다. 무엇이 잘못인지도 모르는 무지한 가해자들을 교육시킬 의무까지는 못 느낀다. 다만 반드시 김완섭을 성전환 수술시켜야 한다는 생각이 또다시 들었다. 왜냐하면 그가 창녀가 되어 사랑 아닌 다른 이유 때문에 강제로 '다리를 벌려주고' 돈을 벌어보고 또 사회적 약자인 여성이 되어 온갖 종류의 성희롱을 당해본다면 틀림없이 테러리스트라도 될 테니까. 여성운동가들에게 수술비 모금이라도 해볼까?

5. 남근으로 창조되는 예술, 펜으로 자행되는 성희롱

지금까지 네 명의 남성작가가 그리고 있는 여성상을 살펴보았다. 이들 서로 다른 남성들이 경험하고 작품 속에 그려낸 여성은 어머니, 아내, 애인, 창녀까지 다양한 모습을 하고 있다. 그러나 이들이 그리고 있는 여성상의 실상은 하나이며 그것은 모두 여성의 성기에 집중돼 있다.

송기원의 『여자에 대한 명상』에서 처녀들은 끊임없이 창녀가 되도록 공략당하고 있으며 사생아를 만든 아버지는 무슨 이유인지 면죄부를 받지만 사생아를 낳은 어머니의 성욕은 아들로부터 복수를 당한다. 이문열의 『선택』에서 여성들은 오로지 어머니이기만 하라고 강요당하며, 어머니가 되지 않으려는 여성이나 자식 이외의 다른 성취나 창조를 하려는 여성에게는 가혹한 질책과 훈계가 따른다. 김원우의 『모노가미의 새얼굴』에서 아버지의 간통은 결혼과 행복하게 병행되는 반면 아내의 간통은 결혼을 파괴시킨다. 김완섭의 『창녀론』은 오로지 성기의 존재인 여성에게 모두 '우리 시대의 예수 같은 창녀가 되라'고 부추긴다.

이들 남성작가들이 그린 여성상에 따르면 여자는 성기 이상도 이하도 아니다. 그러나 모든 성기가 똑같은 것은 아니다. 성기의 종류에 따라 여자는 처녀와 창녀로 구분되는 것이다. 처녀는 아내가 되고 어머니가 되어 자신의 욕망을 거세시키면서 아이들을 낳고 키우는 반면 창녀의 성기는 모든 남성에게 소속된다. 아내와 어머니의 경계선을 넘어간 모든 여성들은 창녀가 되어 '남자의 내부에 있는 짐승의 욕구를 어루만져주는 훌륭하고 보람 있는 직업에 종사' 해야 한다.

미국의 작가 노만 메일러는 "작가에게 남근은 펜이

나 잉크보다 중요하다"고 주장했다. 한국의 남성작가들은 메일러처럼 직접적으로 발언하지는 않는다. 그러나 그들의 작품을 살펴본 결과 한국남성 작가들의 남근중심주의(phallocentrism)도 만만치 않음이 드러났다. 남근중심주의란 남성성이 모든 것의 중심이며 잣대가 되는 믿음을 의미하며 이때의 남근(phallus)은 단순한 남성의 성기 이상의 의미를 지닌다. 남근은 사회적으로 남성적이라고 여겨지는 모든 문화의 상징이며 여성은 물론 세상을 통치하는 영향력을 행사하게 되는 것이다.

결국 이들 남성 작가들은 남근을 통해 사고하고 창조하며 문학 또는 예술이라는 허울을 쓰고 펜으로, 붓으로, 카메라로 여성에 대한 성희롱과 폭력을 자행하고 있는 것이다. 수많은 여성들이 문학 또는 예술의 권위를 갖고 자기들에게 들려오는 이들 남성들의 메시지를 내면화시키며 거기에 맞춰 살기 위해 노력한다.

페미니스트들이 '여성적 글쓰기'의 개념을 내놓은 것은 바로 이 남근중심주의에 대한 반발에서 비롯된 것이다. 지금까지 여성의 육체는 성의 대상이며 아이 낳는 기계로 여겨져 왔지만 여성들이 자신의 육체를 다시 소유하게 된다면 인간사회에 근본적인 변화를 일으키게 될 것이다. 여성이 자기 육체의 진정한 지배자가 되어서 내놓게 되는 문학이나 예술이 어떤 모습일지 아직은 아무도 모른다. 그전에 남성작가들이 쓴 작품의 실체파악이 선행되어야 할 것은 물론이다. 이 글이 그 작업에 작은 도움이라도 되기를 희망한다.

유 숙 렬

스스로 페미니스트라고 부르며 때와 장소와 사람을 불문하고 모든 화제를 페미니즘으로 연결시키는 나를 보고 사람들이 묻는 첫 번째 질문은 "결혼 안하셨죠?"다.
무슨 말씀이시냐고 결혼했다고 말하면 그 다음 질문은 "남편은 어떤 분이세요?"이다.
나의 남편은 "Personal is Political"을 신봉하는 나에게 "Everything is political"이라고 대응하는 정치학 교수이다.
그리고 지금은 나보다 훨씬 커버린 중학교 3학년짜리 딸 하나가 우리 가족이다.
현재 문화일보 생활부 차장으로 일하고 있다.

가상의 전복을 현실의 전복으로, 세상속으로

우리에게 현재 '정보화'란, 로봇을 하인으로 부리는 미래생활의 환상에 등 떠밀려 당장 컴퓨터를 사고 회사에서 살아남기 위하여 컴퓨터를 배우고, 왜인지도 모르고 인터넷을 헤매는 것을 의미한다. 일터는 컴퓨터망으로 촘촘히 통제되며, 정보통신 기술에 노동력이 대체되어가고, 전자주민카드로 내 생활의 족적이 모두 전산망에 기록되고 있다. 이것이 국가와 자본의 '정보화'이다.

억압받는 자들에게 새로운 사회에 대한 소문은 가슴을 들뜨게 한다. 정보사회는 3F, 즉 여성(Feminine), 감성(Feeling), 가상(Fiction)의 시대라고 한다. 얼마나 신나는 일인가!

하지만 전복을 꿈꾸는 이 지면에서 소문은 소문으로만 취급하자. 의심이 가득 찬 눈초리로 펄럭이는 플래카드를 째려보면서 수레바퀴를 굴리는 것은 결국 우리라는 것을 전제로 삼자. '어떤' 정보사회인가는, 결국 싸움으로 결정이 날 것이다. 이 싸움은 그간 지리하게 계속되어온 2백 년 싸움의 지속이기도 하고, 동시에 낯선, 새로운 시비 거리에 대한 것이기도 할 것이다.

인터넷과 초고속정보고속도로 - 컴퓨터통신에 대한 호들갑이 요란하다. '정보'가 모든 것인 시대에, 컴퓨터통신 공간에서는 손끝만 대면 무궁무진한 정보가 쏟아진다. 사이버스페이스에서 다양한 화제들과 다양한 사람들을 접하며 다양한 관심사를 키우는 것이 얼마든지 가능하다. 여성이나 장애인과 같이 활동 범위가 비교적 좁은 계층에게 컴퓨터통신은 '복음'인 셈이다. 한술 더 떠 언론과 기업은 여성들이 하루빨리 소비주체로서 스스로를 자각하여 온라인 쇼핑이 활성화되기를, 그래서 국가경쟁력이 강화되기를 학수고대하고 있다.

왜 여성은 소극적인가

그러나, 이 모든 법석에도 불구하고 컴퓨터통신 공간에서 여성들의 활동은 별로 활발한 편이 아니다. 일단 양적인 면에서, 국내외, 인터넷 할 것 없이 여성 이용자는 전체 이용자의 20%를 넘지 않는다. 적을 두고 있는 여성들도 소극적으로 활동하는 경향이 있다. 아니, 대체 왜 여성들은 이 가능성의 영역에 과감히 뛰어들지 못하고 있는가?

사실 컴퓨터통신 공간은, 사용 환경의 특성으로 인하여 다소 극단적인 문화 형태가 나타나긴 해도, 대체로 현실사회의 모습을 그대로 반영한다. 특히 현실의 부조리와 모순을 정확하게 재생산한다. 그런 의미에서 컴퓨터통신 공간은 인간 육체의 긍정적 확장이 아니라, 현실의 불평등이 확장되는 공간이다. 정보사회의 핵심이 이와 같은 컴퓨터통신망이라는 점에서 이건 우울한 현실이다.

이에 대응하여 제기되고 있는 개념이 바로 공적 접근권(Public Access)이다. 공적 접근권은 정보망이 이 사회의 공공 이해에 부합하도록 구성되고 사용되어 누구나 정보에 대하여 자유롭고

평등한 접근을 보장받아야 한다는 권리의 개념이며, 이 접근권은 경제적 조건, 성차, 신체적 장애, 지역, 인종, 종교 등 어떤 사회적 권리에 의해서도 제한받지 말아야 한다는 것이다. 전화는 이미 기본권의 대상 (Universal Service)으로 규정되어 수익성과는 별개로 여러 가지 사회적 조건에도 평등하게 접근할 수 있도록 사회적으로 배려되고 있다. 철도와 전기가 또한 그러하며, 사회 기간시설 뿐 아니라 도서관과 같은 정보공간도 자유롭고 평등한 접근이 보장되어야 한다고 말해진다. 컴퓨터통신망이 우리 생활에서 꼭 필요한 도구가 된다면, 전화만큼 누구나 쓸 수 있으며, 쓰기 쉬워야 한다.

새로운 시대에 전혀 새롭지 않은 싸움

그러나 현재 진행되고 있는 정보화과정에는 이러한 권리의 개념이 배제된 채 일방적인 산업중흥의 목소리만 드높다. ("산업화는 늦었지만 정보화는 앞서가자"라는 한 신문의 캐치 프레이즈는 정보화가 우리에게 어떤

▼ 르네상스 시대의 유명 누드 작품을 패러디한 게릴라 걸(GG)의 포스터 작품.
GG는 고릴라 가면을 쓰고 성차별을 고발하는 포스터 제작을 주로 하는
미국의 페미니스트 아티스트 그룹이다.

의미로 '던져'졌는지를 극명하게 보여준다.) 우리에게 현재 '정보화'란, 로봇을 하인으로 부리는 미래생활의 환상에 등 떠밀려 당장 컴퓨터를 사고, 회사에서 살아남기 위하여 컴퓨터를 배우고, 왜인지도 모르고 인터넷을 헤매는 것을 의미한다. 일터는 컴퓨터망으로 촘촘히 통제되며, 정보통신기술에 노동력이 대체되어가고, 전자주민카드로 내 생활의 족적이 모두 전산망에 기록되고 있다. 이것이 국가와 자본의 '정보화' 이다. 그래서 '인간의 얼굴을 한 정보사회'를 주장하는 이들은 시민노동자가 공적 접근권의 개념을 시급히 사회화하고 국가와 자본을 상대로 싸움을 시작해야 한다고 주장한다.

여성들도 별로 새롭지 않은 '새로운 시대'에서 또 하나의 싸움을 시작해야 할 것 같다. 『국가정보화백서』(한국 전산원 발간)에서 보장하고 있는 것처럼 정보화가 여성에게 '가져다 줄 가장 큰 혜택은 가사노동의 자동화'라면 차라리 거부를 해버리고 싶다. 아쉽게도 자본은 사활을 걸고 용을 쓰는 중이다. 그래서 이 정보화를 정말 우리의 것으로 만들기 위하여, 성 분리적인 정보화가 아니라 '모든' 인간에게 평등하게 기여하는 미래를 위하여 싸움의 채비를 갖추자. 평등하고 자유로운 정보에 대한 접근 요구가 바로 그 출발이다.

여성은 사이버에서도 시달린다

불행히도 여성이 정보에 접근하기란 말처럼 쉬운 일이 아니다. 여성은 가상공간에 채 들어서기도 전에, 혹은 막 들어선 순간에, 수많은 장벽들과 맞닥뜨린다. 컴퓨터와 기술이 낯설고 심지어 겁도 난

다, 컴퓨터는 남자 가족이 쓰는 물건이다, 막상 해볼 용기를 내더라도 어디서부터 시작해야 할지 막막하다, 컴퓨터통신 요금을 부담하기에는 내 월급이 좀 빡빡하다, 컴퓨터통신을 사용한다고 해서 뭐 특별히 달라질 게 있을까? 등등. 물론, 이런 문제들을 개인적으로 극복하고 컴퓨터통신 공간에 진입한 여성들도 있다. 하지만 자매들은 가상공간에 진입한 후에도 역시 여기저기 쌓여 있는 장애물에 걸려 넘어지기 일쑤인데, 대표적인 장애물이 바로 '온라인 성희롱'이다.

상대적으로 고립된 커뮤니케이션 상황과 다소 제한적일지언정 익명성을 보장받는 것으로 인해 컴퓨터통신 공간은 이미 '성'에 대한 담론이 넘쳐나고 있다. 이것이 실제 생활에서도 공개적인 성담론이라는 문화적 해방으로 이어질지는 의문이지만, 여성들도 막혔던 언로를 뚫고 바야흐로 성담론에 적극적으로 뛰어들기 시작했다. 이런 상황일수록 성에 관한 여성 자신의 의사가 중요하다. 그런데 온라인 성희롱은 성에 대한 여성의 의사를 우습게 여기고 여성의 자기 성에 대한 권리를 야만적으로 박탈한다. 무엇보다 이 '사소한' 문제가, 기분 상하게 하는 것으로부터 시작해서 모욕하고 위협하고 겁을 주어 드디어 여성들을 이 해방의 공간으로부터 멀어지게 한다. 사이버스페이스는 남성들만의 공간이 되는 것이다.(그래서 어떤 이는 온라인 성희롱이야말로 남성들이 자신들의 영역인 '기계의 공간'을 침입자, 즉 여성으로부터 지키려는 전략이라고 표현하기도 한다.)물론 '온라인 성희롱'이 접속 자체를 못하게 하는 물리적인 장애는 아니지만, 소외당하고 모욕 받은 경험은 당연히 나를 주저하게 한다.

인터넷에 〈베이브스 온 더 웹(Babes on the Web)〉이라는 사이트가 있었다. 이 사이트의 주인은 수많은 여

▲ GG들을 소개한 인터넷 홈페이지.

순위가 마음에 들지 않으면 홈페이지 사진을 더 나은 것으로 바꾸어라." 이 홈페이지는 네티즌의 대표적인 잡지 『와이어드』에 소개되었고, 그는 더욱 의기양양해졌다. 결국 여성들은 자신의 홈페이지에서 사진을 제거했다. 이런 상황은 당연히 여성들이 홈페이지에 (남성들에게는 아무런 거리낌이 없는) 사진 한 장 달아놓는 것조차 주저하게 하며, 자신이 여성임을 드러내는 이름이나 신상명세를 공개하는 데 피해의식을 가지게 한다.

지난해 11월, 국내 통신공간에서 온라인 성희롱이 공개적으로 문제화되었다. 한 남성 이용자가 여성의 분명한 거절 의사에도 불구하고 전자우편과 채팅 등을 동원하여 일방적인 구애(?)를 계속하였다. 편지를 읽지 않고 채팅에 응하지 않자 다소 일방적인 메모와 쪽지 공세까지 시작한다. 결국 실제 신변의 위협까지 느끼게 된 여성은 공개 게시판을 통하여 사건을 공개하

성들의 홈페이지를 자기 홈페이지에 연결시켜 놓고, 여성들의 홈페이지 사진을 기준으로 순위를 매기고 품평을 해놓았다. 여성들의 항의는 무시되었고 모욕적인 비아냥이 이어졌다. "나는 내 입맛과 기분에 따라 순위를 매긴다. 이게 싫거든 NOW(전미여성연합)에 가서 징징거려라. 무엇이 되었건 난 신경 쓰지 않는다…. 만일 내

였고, 이는 통신공간에 많은 논란을 불러 일으켰다. 그러나 여성들이 함께 분노하고 자신의 불쾌했던 경험에 대해서도 고백한 반면, 남성들은 '속 좁은 여자들'에 대하여 비아냥과 더 큰 모욕을 보냈다. 이를 주제로 한 토론실도 개설되었지만, 남성 이용자들의 전투적인(!) 대응으로 인하여 별 소득 없이 문을 닫았다. 우리는 우조교의 패소를 통해 전사회적으로 보장되어 있는 우리의 성희롱 문화를 볼 수 있었다. 이는 '가상'공간으로도 이어져 많은 여성들이 원치 않는 접근과 모욕에 시달리고 있다.

대응지침-거부의사를 분명히 하라!

보통 전자메일, 게시판, 채팅실을 통해서 나타나는 온라인 성희롱은 종종 아이디 해킹이나 데이트 강간으로 이어지기도 한다. 그래서 미국의 〈WHOA(Woman Halting Online Abuse)〉나 〈사이버 엔젤(Cyber-Angel)〉과 같은 온라인 성희롱반대단체들은 다음과 같은 대응지침을 알리고 있다.

일단계, 확실히 성희롱인지를 확인할 것. '성희롱'의 개념은 성적인 내용만을 의미하지 않는다. 혹은 성적인 내용이라고 모두 성희롱은 아니다. 성희롱의 특성은 나의 거부의사를 무시하고 계속된다는 데 있다. 그래서 자신의 거부의사를 분명히 밝히는 것이 좋다. 이때 직접 대면을 하는 것은 대단히 위험할 수 있으므로 현명하지 못하다. 이단계, 그래도 그만 두지 않는다면 사건을 공개화하고 사회적인 해결방안을 모색할 것. 사건을 공개화 하는 것은 다른 여성들에게 경고가 되고, 남성들에게는 이런 불쾌함이 존재한다는 교육의 효과를 줄 수 있다. 또한 네티즌(netizen, 가상공간의 시민)들의 도움을 받을 수 있다. 그래서 가해 남성이 온라인사회의 압력으로 스스로 행동을 그만두고 사과를 한다면 가장 좋다. 하지만 상습적일 경우 그가 소속해있는 통신회사에 항의하여 모종의 조치를 취하도록 압력을 가할 필요가 있다. 이런 행동이 여성 이용자들의 통신생활을 억압하기 때문이다.(WHOA의 경우 가해 남성의 추적이나 이런 압력 활동을 지원해준다.)

주목할 점은, 이들이 '법적인 대응'은 자제하도록 권고하고 있다는 사실이다. 이는 일단 실정법이 온라인 성희롱을 충분히 포용하지 못하기 때문이다.(실제로 국내에 일어난 위 사건의 경우, 경찰 관계자에 따르면 "이런 구애는 성폭력에 해당이 안 된다"고 한다.) 또한 국경이 없는 인터넷의 특성상 법적 효력이 미치지 못하는 경우가 다반사이다. 무엇보다도 온라인 성희롱 등에 대한 여성 보호나 청소년 보호를 빌미로 가상공간에 대한 검열이 강화되고 표현의 자유가 억압되는 사태가 가장 우려스러운 일이다. 여성들도 다 생각과 경험이 다르니 일괄적으로 온라인 성희롱의 개념을 규정한다는 것 자체가 어려운 일이다.

가상공간의 자치규율을 만들자

그래서 중요한 것은 여성들이 직접 가상공간의 자치 규율을 만들어가는 데 참가하는 것이다. 지속적으로 가상공간에 온라인 성희롱의 개념을 알려나가는 일이나 여성의 입장이 반영된 네티켓(netiquette, 네티즌의 예절)을 수립해가는 것, 기술이 여성의 입장에서 쓰일 수 있도록 노력하며 (예를 들어 원치 않는 이용자가 보낸 메일이나 원치 않는 단어가 포함된 메일을 거부하는 프로그램 같은 것들이 개발되고 있다), 이런 기술이나 정책이 실제로 적용되도록 통신회사 측에 요구할 수도 있다.

온라인 성희롱에 대한 기본적인 시각 하나는, 여성들이 온라인 성희롱으로 인해 자유롭고 즐거운 통신 생활을 제한받지 말아야 한다는 것이다. 그러나 거기서 더 나아가, 온라인 성희롱이 개인의 문제가 아니라 여성 전체의 문제이고, 무엇보다 여성에게서 다가올 미래에 대한 권리를 박탈하는 반여성적 정보화의 일면이라는 것을 통찰해야 한다.

씩씩한 여성 전사들이 가상공간에서 아무리 애를 써도, 다른 여성들이 가상공간에 들어오지도 못한다면 그들은 외로운 소수일 수 밖에 없다. 즉, 온라인 성희롱은

The internet was 84.5% male and 82.3% white.

Until now.

▲ GG들의 인터넷에 대한 포스터. 인터넷 사용자의 84.5%가 남성이고, 82.3%가 백인이라는 사실을 고발하고 있다.

공적 접근권의 문제이므로 온라인-오프라인의 연대를 통하여 전체적으로 여성에게 평등한 기회가 열려 있는 가상공간, 그리고 정보사회를 만들어 나가야 하는 것이다.

최근 하이텔, 나우누리, 천리안의 여성 동호회들이 온라인 성희롱 방지를 위한 공동 대책 마련에 노력하기 시작했다는 소식이나 여성단체에서 온라인 성희롱 고발센터를 구상중이라는 소식은 그래서 매우 반갑다.

싸움은 여기서부터 출발할 수 있다. 바야흐로 가상의 전복을 현실의 전복으로, 세상 속으로 끌어낼 시점이다.

장 여 경

1971년산 돼지띠.
한때는 주어진 '여성'이라는 테두리에 미칠 것 같았지만, 이제는 오히려 그것을 전복의 계기로 삼아보려고 한다. 92년부터 컴퓨터통신을 시작하여 하이텔의 〈바른 통신을 위한 모임〉에서 이런저런 인간들과 웃고 떠들고 토론하면서 많이 성장하였다. 요즘은 나우누리의 〈여성주의 문화연구모임〉이라는 다소 썰렁한 작은 모임을 어떻게 하면 알뜰살뜰한 공간으로 꾸릴 수 있을까 고민 중이다. 진보적이고 민주적인 정보화 사회 구성의 기치를 걸고 있는 〈진보통신단체 연대모임(통신연대)〉의 활동에 사고와 생활의 많은 부분을 할애하고 있다. '인간의 얼굴을 한 정보화 사회'에 대해 당연히 이루어져야 할 수많은 논의들이 지금 침묵하고 있다. 그리고 여성의 참여와 여성에 관한 논의는 '특히' 부족하다. 그래서 엄청 떨리면서도 간절한 희망 둘 때문에 무식하게 글쓰기에 용기를 냈다. 나의 부족한 도발을 계기로 삼아 여성과 정보화에 대한 논의가 확산되었으면 좋겠다는 희망 하나. 그래서 친구들을 만났으면 좋겠다는 희망 둘. 빨리 같이 웃고 떠들고 토론할 친구들을 만났으면 좋겠다. 많은 여성동지들의 시비를 환영한다. 컴퓨터 통신을 사용하는 여성들과는 전자우편을 통해 토론할 수도 있을 것 같다.

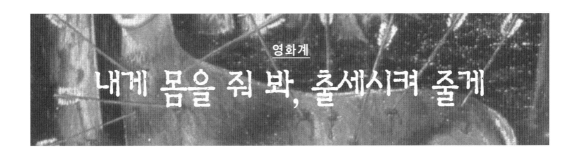

영화계

내게 몸을 줘 봐, 출세시켜 줄게

유독 우리 영화가 여성인물을 주로 매춘부로 묘사하는 '여성 = 매춘부론', '정사장면=강간장면' 같은 논리에 강박적으로 집
착하면서, 극적인 필요성과 상관없이 여배우의 몸을 샅샅이 훑는 카메라에 열중하는 데는 영화장사를 위해 '여성의 몸=볼거
리' 라는 등식 외에 보다 구조적이고 관습화된 풍토가 있다.

8 0년대 중반 한국영화의 새로운 시작을 위해
영화청년들이 대학로의 한 지하 카페(펠리니
의 영화제목을 딴 '8과 1/2'이란 카페)를 아지트 삼아 밤
마다 모여들었다. 일명 '열린 영화' 란 이름으로 모인 열
혈영화광이자 영화인 지향 청년들이 계간지 『열린 영
화』를 만들고, '작은 영화제'를 열고 밤늦게까지 토론을
하던 열정의 시절이었다.

그때 심심찮게 나왔던 기성영화와 영화인에 대한 비
판조 어린 후렴구가 있었다. "그러니 영화가 되겠어? 감
독이라고 맨날 여배우나 밝히니", "그러니 사람들이,
감독이면 밤마다 여배우 쓰러뜨리는 게 일인 줄 알지"
등…. 정확히 어떤 맥락에서 그런 말이 나왔는지 모르지
만, 한국영화가 여배우의 몸을 탐식하는 데 강박증을 앓
고 있듯이 그런 영화를 만드는 영화인 중에는 여배우 따
먹기를 영화업의 일종처럼 수행하는 이들이 있다는 세
간의 추측이 농담처럼, 유비통신처럼 떠돌고 있는 건 예

나 지금이나 사실이다.

따지고 보면 유독 우리 영화가 여성인물을 주로 매춘
부로 묘사하는 '여성=매춘부론', '정사장면=강간장면'같
은 논리에 강박적으로 집착하면서, 극적인 필요성과 상
관없이 여배우의 몸을 샅샅이 훑는 카메라에 열중하는
데는 영화장사를 위해 '여성의 몸=볼거리'라는 것 외에
보다 구조적이고 관습화된 풍토가 있다.

그런 점에서 한국영화에서 과잉되는 여성인물에 대
한 이런 뒤틀린 설정과 묘사는 영화를 만드는 남성들의
여성경험에 근거한다고, 말하는 게 차라리 근원적이고
솔직할 것이다.

실제로 한 영화인은 영화의 현실반영론이라는 근거
를 갖고 필자에게 이런 충고까지 해주었다. "여배우로
출세하려고 돈 싸들고 육탄공세를 서슴지 않는 여자들
이 충무로에 줄서 있는 게 현실이야"라고. 이런 믿음을
가진 영화인, 이런 현실을 즐기는 영화인에겐 주변 여자

세상에! 술을 마신 것도 그자이고. 추태를 부린 것도 그자이건만 술이 그 모든 잘못의 책임이라니. 그건 그 인간이 한잔 술보
다 못한 파렴치한이란 걸 증명하는 게 아닌가. 그러나 이 경우도 게편인 가재들은 "남자가, 특히 필요하면 여배우를 현장에
서 벗길 수도 있는 권력을 가진 감독이 술김에 그럴 수도 있지. 털어서 먼지 안나는 사람이 있냐"는 관대한 상황윤리로 관용
을 베푼다.

들이 모두 성행위의 대상으로 보이는 게 당연하다는 뜻이 그 속에 함축되어 있다. 특히 영화계와 관계하는 여성에게는 정말 치욕적인 현실이지만 이런 상황논리를 보여주는 사례는 얼마든지 목격하거나 귀동냥으로 전해들을 수 있다. 자 이제 옐로우 페이퍼식 호기심을 접어두고 케이스 스터디를 해보자.

사회에서 존경을 받는 나이 지긋한 아무개 감독은 여러 사람이 모이는 자리에선 꼭 젊은 여자를 막무가내로 자기 옆자리에 앉도록 한 뒤 침이 가득 묻은 맥주잔을 여자에게 강제로 권하면서 성적인 음담패설을 유머라고 구사한다. 그 여자 자신은 싫더라도 감독의 체면을 생각해 고개를 숙이거나 대충 받아 넘기는 것으로 분위기를 깨지 않으려 애쓰는 모습이 안쓰러워 좌중의 분위기는 엉망이 된다. 자신이 성희롱을 하는지조차 모르는 이런 구시대적인 인물은 여자들이 속으로 좋으면서도 내숭을 떤다고 공공연하게 떠들어대기조차 한다. 물론 그런 순간 과감하고 단호하게 "싫다"는 의사표시를 하지 않은 여자 쪽에도 책임은 있다. 그 감독은 남성영화인들 사이에도 여자 밝히는 것으로 악명이 높은데, 그런 문제로 영화 현장에서 연출부가 이탈하는 스캔들까지 있었지만 그의 위치와 명예는 여전히 확고하다. 영화감독이란

모름지기 그럴 수도 있다는 식으로 생각하는 '게편인 가재'들이 영화계에서 용인되기 때문이다.

그러나 더욱 낙심스러운 것은 이런 성희롱적 작태가 척결돼야 할 낡은 영화인의 한심한 직업적 태도라고 성토했던 80년대 열혈 영화광 출신의 지식인연, 진보주의자연 했던 젊은 감독들에게서도 마치 한국영화계의 역사적 사명처럼 되풀이되고 있다는 점이다.

유독 정사장면을 강간장면으로 즐겨 그리며 강간범을 인간적으로 그려내는 데 일가견이 있는 충격적인 가치관을 가진 잘나가는 아무개 감독은 회식 후 술이 들어가면 직업적 이유로 합석한 젊은 여자를 보는 시선이 게슴츠레 풀어지면서 남성 동료들이 말려야 할 정도로 노골적인 성희롱적 태도를 취한다. 그리고 나서 맨정신이 되면 그는 술김에 잠시 객기를 부린 것으로 전혀 도덕적인 문제가 없는 인물로 살아남는다. 세상에! 술을 마신 것도 그자이고, 추태를 부린 것도 그자이건만 술이 그 모든 잘못의 책임이라니. 그건 그 인간이 한잔 술보다 못한 파렴치한이란 걸 증명하는 게 아닌가. 그러나 이 경우도 게편인 가재들은 "남자가, 특히 필요하면 여배우를 현장에서 벗길 수도 있는 권력을 가진 감독이 술김에 그럴 수도 있지. 털어서 먼지 안나는 사람이 있냐"는 관

대한 상황윤리로 관용을 베푼다.

지금은 주로 TV에서 활동하는 아무개 여배우는 촬영 차 지방에 가 여관에서 합숙할 때, 자기 방으로 오면 출세를 보장한다는 촬영감독의 끈질긴 강요 때문에 영화 찍기가 겁난다고 필자에게 고백하기도 했다. 실제로 필자는 최근 연기력이 뛰어난 그녀의 얼굴을 스크린에서 만나본 적이 없다.

대학을 갓나온 모 영화잡지의 여기자는 회식자리에서 그녀의 허벅지로 손이 가는 평소 점잖게 보아온 감독의 위선적 태도에 너무 놀라 울면서 회식자리를 박차고 나온 적이 있다. 이런 파렴치한 상황이 공개돼도 좌중의 분위기는 "남자가 술김에 그럴 수도 있지. 사회 경험 없는 애숭이가 서투르게 반응했다"는 시큰둥한 반응을 보이는 정도로 넘어간다. 특히 여배우의 벗은 몸 따위가 단골 눈요기 거리가 되는 적나라한 영화판을 관장하는 감독인데 그 정도야…하는 식의 만용이 그 속에는 당연히 들어가 있다.

대체 왜 이럴까? 잘빠진 몸으로 출세하려는 미래 여배우 군단의 황홀한 육탄공세가 이들로 하여금 주변 여성들을 성희롱의 대상으로 착각하게 만드는 걸까?

90년대초 한국에 영화를 찍으러 온 한국출신 프랑스의 무명 여배우를 만난 일이 있다. 어느 날 밤 늦게 격분한 어조로 필자에게 전화를 건 그녀는 그날 저녁 스탭들과의 회식에서 느닷없이 감독이란 자가 그녀 가슴을 더듬어 너무 충격을 받았고 내일 당장 파리로 돌아가겠다며 울먹이다시피 했다. 프랑스에서 조역을 해온 그녀는 아무리 감독과 여배우 사이지만 그쪽에선 상상도 못할 일이라고 노여워했지만, "감독이 영화가 안풀려 스트레스를 많이 받은 데다 술에 취해 그랬으니 이해하라"는 주변 스탭들의 설득에 더 놀랐다고 했다. 이번에도 또

술이 주범이요 책임의 근원이고 여배우 몸을 관장하는 남성감독의 파워게임이 승리한 경우이다.

그 사건 후 영화 작업도 부진한데다 그녀는 다른 일정을 핑계대고 파리로 떠났고, 영화는 엎어졌다. 여배우를 스탭 앞에서 더듬던 그 파렴치한 감독은 아직도 감독 입봉을 못하고 있으니 자업자득이다. 물론 그 여배우 성희롱 사건 때문에는 전혀 아니지만.

어떤 영화인은 농담처럼 "한국영화에서 상류사회의 칵테일 파티나 고상한 분위기의 씬은 뭔가 어설프고 어색한 게 대다수인 반면, 가장 사실적으로 잘찍는 게 여관씬이다. 왜냐하면 주로 영화인들이 평소에 촬영이나 시나리오작업 등으로 가장 많이 드나드는 리얼한 공간이니까"라고 코멘트했던 게 기억난다. 그렇다. 영화는 이다지도 노골적으로 콘텍스트적으로 만드는 이들의 삶을 반영한다. 그렇기 때문에 한국영화가 여성을 다루는 방식. 그들의 카메라가 보여주는 여배우의 몸과 영화의 내러티브가 압살시키는 여성의 존재감은 꾸며진 허구라기보다 차라리 그런 식으로 살아온 못나고 불행한 영화인의 무의식적 자기고해성사라고 이해하는 게 옳을지도 모른다.

이런 악순환적 구조, 여성과 본질적인 면에서 일대일의 공평한 인간적 관계를 유지해본 적이라곤 없는 억세게 가련한 남성영화인들, 그리하여 '전여성의 매춘부화'라는 환상과 '여성의 자궁과 성기 탐색에 삶의 의미와 구원이 있다'는 식의 구겨진 논리로 여성의 성적 불신화를 여성의 위대함 찬양으로 도치하는 정신 장애자들이 벌이는 남성 정치학의 파워게임판에서 직업상의 이유로 버티어내야 하는 여성은 철저한 무장을 해야 한다. 때로 머리가 잘 돌아가는 지식인연하는 영화인 중에는 빈틈을 주지 않는 여성에겐 주접스런 짓을 해선 안된

다는 것을 비록 술에 취하더라도 명심하고 있기 때문이다. 동시에 그런 여성이 일단 취할 수 있는 전략은 영화에서 강간장면을 즐겨 그리는 영화인, 강간범을 멋있게 표현하는 이들, 쓸데없이 여배우 몸을 보여주는 데 집중하는 카메라를 구사하는 영화인 , 신인 여배우를 벗기는 역으로 스타로 만드는 데 재능있는 영화인을 보이코트하는 게 당장의 치욕적 상황을 예방하는 최선책이라고 말할 수 밖에 없다 . 그런데도 불가피하게 이런 성희롱

적인 모욕적 사태가 발생하면 그 현장을 수치스럽다고 참으며 어물쩡 넘길 게 아니라 단호하게 싫다는 의사를 표시하고 그 당사자를 공개적으로 망신스럽게 만들 어 그런 태도가 직업생활에 장애가 된다는 타산지석이 되도록 가시적 결과를 만들어내는 용기와 결단, 추진력이 필요하다. 그건 자신과 다른 여성을 위한, 심지어 결국 한국영화의 질과 상관관계를 갖는 한국영화 풍토개선을 위해 가치있는 바람직한 일이니까.

유지나

프랑스 파리 제7대학을 졸업하고 현재 동국대학교 영화학과 교수로 있다.
좋은 영화세상. 남녀 평등한 문화가꾸기를 위해 한국영화연구소와 여성문화예술기획의 이사로 활동 중이기도 하다.
얼마 전 아주 귀여운 둘째 아기를 낳아 두 아이의 엄마가 됐다.

방송계

인간적인, 너무나 인간적인

때로 몇 달씩 걸리는 장기 프로젝트에 참여하는 경우 편집하고 방송이 나가는 동안 집에 있는 '마누라'보다 몇곱절 더 많은 밤을 지새워야 하는 것이 PD와 스탭 관계다. 그것도 두 사람만 앉아도 무릎을 맞부딪쳐야 하는 그 좁은 편집실에서 말이다 .

K BS 신관 지하 2층에 있는 편집실들은 원래 문만 닫으면 그대로 완벽한 밀실구조였는데 어느 날, 갑자기 대대적인 공사를 해 일제히 훤한 통유리 창으로 바뀌었다고 전해진다. 내가 이 이야기를 처음 들은 것이 91년도였는데 아직까지 사실 여부는 확인되지 않은채 꾸준히 입에서 입으로 전해지고 있다. 어찌되었건 지금은 누구나 복도를 지나치면서 편집실 안의 일거수 일투족을 감시할 수 있다. 93년도 쯤에는 SBS에서도 '그 밤에 편집실에서…'하는 스토리의 루머가 돌았다. 왜 이런 이야기가 계속 나도는 것일까?

교양, 예능, 드라마 구분 없이 방송국 일이란 대부분 밤샘이 필수이다. 때로 몇 달씩 걸리는 장기 프로젝트에 참여하는 경우 편집하고 방송이 나가는 동안 집에 있는 '마누라' 보다 몇곱절 더 많은 밤을 '함께' 지새워야 하는 것이 PD와 스탭 관계다. 그것도 두 사람만 앉아도 무릎을 맞부딪쳐야 하는 그 좁은 편집실에서 말이다.

그 결과 생활의 대부분을 함께 하는 방송국 스탭들의 관계는 여타의 직장보다 훨씬 가족적이고 친밀하다. 그리고 갑갑한 넥타이 대신 청바지 차림이 보편화된 자유로운 분위기에 그 '인간적인' 관계가 더해진 결과 그들이 나누는 대화는 끈끈하다 못해 질퍽해지고 만다. 동성이 아닌 이성이 함께 앉아 하기에는 도를 넘어 선정적인 농담이 오가는 것이 일상화되는 것이다. 여기에 입담 좋은 연예인이라도 한 사람 가세한다면 그 수위는 좀 더 심각해진다. 모두가 쭉 둘러앉은 회의석상에서 음흉한 눈길로 어린 보조 작가를 바라보며 "아이구, 이쁜 것! 야, 나 정말 너 한번 먹어봤음 좋겠다"식의 대화가 용납되는 것이다.

그런데 최근 후배가 전해준 얘기로는 굳이 연예인이 없어도 이런 대화가 오가는 곳이 있다고 한다. 한 여성 스탭을 두고 '먹네, 마네, 맛있네, 맛없네'하는 때아닌 식도락 대화가 펼쳐진 곳은 작은 규모의 프로덕션이었는데 결국 석달간 시달린 여성 스탭이 일을 그만두는 것으로 끝났다고 한다.

이런 성희롱의 피해자는 비단 경력이 짧은 보조작가나 진행요원에만 해당되는 것이 아니다. A방송국의 B라는 중견PD는 여성 스탭들이 기피하는 요주의 인물 1호다. 회식자리에서 흥이 좀 오를라치면 "너 여기, 너 저기"하면서 남자들 사이 사이 여자들을 끼워 앉혀 이른바 룸싸롱 구조를 만드는 것은 예사요, 해외출장만 다녀오면 무성한 화제를 뿌리기 때문이다. 한밤에 급한 일이라며 여자 통역요원을 방에 불러들여 술을 강권하는 것으로는 성에 안 찼는지 다음 출장 땐 여자 AD를 방으로 끌고가려다 실패, 복도에서 외국 영화에서나 나옴직한 러브신을 연출하려 했다는 것이다. 귀국 후 이 소식은 방송국 고위 간부에게 전달되었고 그의 그 오래된 못된 버릇은 만천하에 공표되고 말았다. 결국 정식 직원이냐, 프리랜서냐를 떠나 젊은 여성이라면 누구나 성희롱의 제물이 될 수 있는 것이다.

성희롱을 포함한 성적 폭력의 실체가 권력에서 나온다면 방송국의 실력자는 바로 PD. 그리고 방송가에 떠도는 사례의 주인공도 대부분 남자 PD들이다. 그런데 여기서 짚어볼 것은 성희롱을 포함해 성폭력의 행사자 중 그 신분이 PD면서 공식적인 처벌을 받은 사람은 없다는 것이다.

특히 몇몇 유명 드라마 PD들의 경우 지금까지도 여자연예인들에게 시대착오적인 성상납을 요구한다는 소문이 공공연하지만 두해 전 방송가 비리조사 때 이 문제로 수사선상에도 올랐다던 ㅊPD 경우 다른 방송국으로 화려하게 이적하는 것으로 끝났을 뿐이다.

드라마 PD에게 자신의 성을 상납한다는 루머는 어제오늘의 얘기가 아니다. 누구도 강요하지 않고, 요구하지도 않지만 이미 하나의 '풍토'로 정착되어 버렸다고들 한다! 그러나 방송가의 성희롱은 남자 PD와 여자 연예인 사이에서만 생기는 것은 아니다. 위에서 본 것처럼 교양프로그램 PD와 젊은 작가, 나이든 남자 연예인과 젊은 보조작가 사이에서도 이 같은 구설수들이 끊이지 않는다. 특히 50, 60만원의 쥐꼬리같은 월급을 받고 강도높은 노동력을 제공해야 하는 힘없는 젊은 보조작가들의 경우 유능한 방송인이 되기까지 넘어야 할 산이 너무 높고 험하다.

최근 들어 신생 방송사가 급격히 늘고 소규모 프로덕션까지 우후죽순으로 생겨나면서 PD라는 이름과 권위를 남용하는 '되먹지 못한' 인간들이 늘어나고 있는 것에도 주의를 기울여야 할 것이다.

방송국의 구조상 PD라는 위치는 모든 스탭들의 존경을 받아야 하는 자리다. 한 프로그램의 책임자요, 방송 하나만 바라보고 젊음을 건 많은 사람들을 이끌고 어우러야 하기 때문이다. 그리고 겉으로 보이는 화려함 뒤로 과중한 노동에 시달리며 이 밤을 밝히는 수많은 PD들이 있다. 이제 그 이름을 지켜야 하는 것은 바로 PD당사자들의 몫이다. 스스로 너무나 인간적이라고 믿고 있는 자신의 생활문화부터 돌이켜 봄이 어떨지.

박영진

가명·구성작가

언론계

기자들은 취재를 위해 몸을 던진다?

취재를 업으로 하는 기자들에게 이같은 성희롱은 단순한 문제가 아니다. 기자라는 직업 자체가 정보를 얻기 위해 취재원에게 의존해야 하는 속성을 갖고 있기 때문이다. 취재원이 성적 모독을 가한다고 응당의 조치를 취한다면 취재원과 기자의 관계는 끝나버리기 십상이다.

사회적 지위나 경제적인 면에서 여성 언론인들은 우리사회에서 상당한 위치를 보장받는 편이다. 그러나 여성 언론인들에게도 성적인 문제가 주는 어려움은 별 차이가 없는 듯하다.

지난해 12월 13일 처음으로 한자리에 모인 중앙언론사 경찰출입 여기자들이 털어놓은 이야기는 가히 충격적이었다. 경찰기자들은 어느 부서보다 팀회식이 잦고, 술자리가 이어지면서 곧잘 룸싸롱을 가게 된다고 한다. 술이 얼큰히 취해서 룸싸롱에 자리를 잡은 동료 남자기자들은 거리낌없이 '아가씨'를 불러 옆자리에 앉혔다. 엉덩이와 가슴을 만지고 춤을 추자면서 몸을 만지는데 같이 자리한 동료 여기자의 시선은 아랑곳하지 않더라는 것이다. 여기서 멈추지 않고 아가씨들과 여관까지 가는 동료들을 보면서 한 여기자는 지금까지 동고동락하던 자신의 동료가 맞는지 의심하게 되더라는 것. 결국 자리를 피하는 게 상책이라고 생각하면서 도중에 나와버리지만 우리 언론사의 사회부라는 곳은 개별행동을 별로 용납하지 않는 분위기가 지배적이다.

또 한 여기자는 사회부장이 술자리만 가게 되면 사회부에 홍일점인 자신을 옆자리에 앉히려고 해 곤혹스러움을 느꼈다고 말했다. 그 여기자는 부장이 사회부에 여기자가 오는 것을 드러내놓고 탐탁치 않아 했었다고 말하면서 이율배반적인 행동을 지적하기도 했다.

지난해 3월에는 동대문서 형사들이 "마땅히 쉴 곳이 없다"고 어려움을 토로하는 여기자들에게 "잘 곳이 없으면 내 방에서 나하고 같이 자면 되지 않겠느냐. 기자들은 취재를 위해 몸을 던진다는데"라거나 목욕중인 여기자에게 호출해 "지금 목욕중이냐. 목욕이 끝나면 만나자 제보할 것이 있다"고 말하는 등 성적 모욕을 가해 물의를 빚기도 했다(『미디어오늘』 96년 월 11 일자).

이처럼 직접적인 성희롱이든 간접적이고 무신경한 성적 모독이든 문제가 공개화되는 사례는 그러나 의외로 드물다. 취재원들이 여기자를 '아가씨', '미스O'이라 부르면서 기자라기보다 오히려 아랫사람 대하듯 하거나 언론사 사무실에서 벌어지곤 하는 '언어의 성적 모독'의 경우는 늘상 있는 일이면서도 공론화될 기회가 적다.

우리사회가 아직 언론사에서조차 여성에 대한 '동등한 인식과 대우'와는 거리가 멀다는 반증이다.

반면 언론사 종사자 수에 있어서나 언론사내에서의 지위에 있어 여성언론인들이 탄탄한 층을 이루고 있는 미국에서 여성들이 겪고 있는 성적 학대를 오랜 시일에 걸쳐 연구한 논문이 발표돼 많은 시사점을 던져주고 있다.

미디어 전문 계간지 『저널리즘과 매스커뮤니케이션(Journalism & Mass-Communnication)』 96년 여름호에는 킴 윌시-차일더스, 잔 챈스 그리고 크리스턴 헤르조그가 93년 여름부터 95년 2월까지 미국 전역에 걸쳐 발행부수별로 대·중·소규모 신문사의 여성 언론인 227명을 대상으로 성적 학대 경험을 조사한 논문 『여성 언론인들에 대한 성적 학대 (Sexual Harassment of Women Journalists)』가 실렸다.

이 연구 결과에 따르면 응답자의 60.2%가 여성 언론인들에게 성적 학대가 '어느 정도 문제' (48%) 이거나 '중대한 문제' (9.3%) 또는 '매우 심각한 문제' (2.2%)라고 답했다 응답자 자신에게 성적 학대가 직접적으로 문제가 된다고 답한 언론인도 36.1%('어느 정도 문제' 28.6% '중대한 문제' 5.7% '매우 심각한 문제' 1.8%)에 달했다.

또 외부에서 주로 취재원들과 접하고 있는 기자와 사진기자들의 경우 취재원들이 가하는 성적 학대가 상당한 빈도로 이루어지고 있다고 답해 주목된다. 기자와 사진 기자들은 57.6%가 취재원들로부터 비육체적인 성적 학대를 경험했다고 말했다.

연구자들은 개별면담을 원칙으로 했는데 자유서술에서 여성 언론인들은 사무실내에서 가해지는 성적 학대가 자신의 업무에도 곧바로 직결됐던 경험을 털어놓았다. 한 여기자는 가슴과 어깨를 더듬는 버릇을 갖고 있는 상급자와 함께 일하는 상황을 피하기 위해 자신의 경험과 능력을 발휘할 수 있는 부서발령을 거부했다고 진술하기도 했다. 이 외에도 집에서의 인터뷰를 요청한 취재원들이 인터뷰 도중 포르노 비디오를 틀어놓는다거나 직접적으로 섹스를 요구하는 경우에 이르기까지 갖가지 경험들이 공개됐다.

그러나 취재를 업으로 하는 기자들에게 이같은 성희롱은 단순한 문제가 아니다. 기자라는 직업 자체가 정보를 얻기 위해 취재원에게 의존해야 하는 속성을 갖고 있기 때문이다. 취재원이 성적 모독을 가한다고 응당의 조치를 취한다면 취재원과 기자의 관계는 끝나버리기 십상이다.

국내에서도 이같은 연구를 통해 언론인 사이의 성희롱의 문제가 공론화되기를 기대한다.

사진 조여권

강을영

최근 한 여선배에게 물어 본 말, "선배, 왜 우리는 페미니즘에 눈길을 주지 않았을까?"
선배는 곰곰이 생각하고는 이렇게 대답했다.
자신은 남성혐오증과 함께 여성혐오증도 상당히 느끼고 있었다. 오히려 남성화되려고 노력했던 것 같다. 그렇다고 "여성차별은 같은 여자들이 더 심해"라는 말을 남자들이 하는 것은 옳지 않다. 약자인 여성이 같은 여성에게 할 수는 있어도 강자인 남성이 여성에게 하기에는 적당한 말이 아니기 때문이라는 게 선배의 설명이었다. 우리 둘은 또 남자들이 우글대는 동아리 생활 속에서 별 어려움 없이 지낼 만큼 강짜(?)여서 페미니즘에 몰두해야 할 절실함을 못느꼈지 않았겠느냐는게 공통된 결론이었다. 부끄러운 얘기지만 사실 난 여성학자들을 잘 알지도 못한다. 다만 여성으로 태어난 것을 억울하다고 생각지는 않으며 내 조건 속에서 억울하지 않게 살아나갈 수 있기를 바랄 뿐이다. 이번 '페미니스트 저널' 창간은 여성운동의 대중화와 언론인들의 직접적 참여라는 큰 의미를 지닌 것 같다. 모든 게 잘 되기를 빈다.

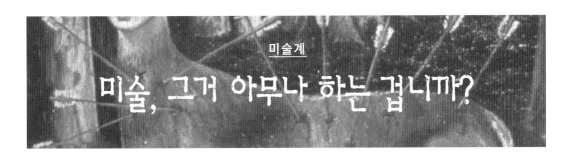

미술계

미술, 그거 아무나 하는 겁니까?

아티스트의 세계에는 여자가 없다. 여자들이 할 수 있는 일은 천재적인 감성을 지녔으나 안타깝게 중도에서 좌절하거나, 무한한 잠재력과 가능성을 지녔으나 평생 드러내지 않고 다른 사람들에게 영감을 주거나, 혹은 그 위계질서상 '예술'로 잘 쳐주지 않는 디자인이나 공예 부문에서 '여성적인' 감수성으로 '사소한 것'을 꽤 잘 만들어내곤 하는 일이다.

미술에 대해 일반적으로 통용되는 기대를 채우기란 그리 어렵지 않아 보인다. 여성 미술인에 대한 이미지도 마찬가지다. 빛이 잘 들어오고 커피향기가 그윽한 아틀리에에서 우아하고 교양있어 보이는 여성작가는 여유작작 캔버스에 유화로 꽃이나 인물을 그린다. 디자이너들은 어떤가. 가장 세련되고 여유있어 보이는 그들은 일도 잘하고 날씬하고 예쁘고 먹는 것, 입는 것에서 최첨단을 걷는다. 요즘 TV 드라마에 자주 등장하는 '큐레이터'들은 또 어떤가. 항상 우아한 정장에 여유있는 생활, 핸드폰에 자가용, 자신만만함 등등. 시각적 아름다움을 추구하는 사람들이기에 외모 또한 그렇게들 예뻐야만 하는 것일까?

또 미술을 하는 여자들은 좋은 신부감, 며느리감이다. 그들은 '예술'을 '아는' ('하지는' 않지만) 교양있는 색시들이며 평화로운 가정생활에 전혀 지장이나 위협을 주지 않는 '귀여운 여인'들이다. '남는' 시간에 집안

한 구석에서 그림을 그리거나 천을 꿰매며 집안을 가꾸고, 심지어는 아이들을 가르치며 '돈'을 벌지 않는가.

그러나 이런 '교양' 내지 '우아함'과는 전혀 상관없는 것이 여성미술인들의 현실이다. 자신의 의지나 희망과 상관없이 미술을 '취미생활' 혹은 '생계수단'으로 전락시킬 수밖에 없는 것이 대부분이다. 미술대학을 다니면서 자신이 키워왔던 '위대한 미술가'의 꿈을 버리지 않은 여성들은 사회에 나오게 되면서 많은 벽에 부딪힌다.

한국에서 결혼한 여성이 '위대한 미술가'로 살아간다는 것은 주변의 엄청난 희생을 요구한다. 배우자, 부모, 자식할 것 없이 '나 몰라라' 할 수 있을 정도의 배짱과 조건을 갖추어야 하는 것이다. 그런데 우리나라의 '착한 여성들'이 그럴 수는 없지 않은가. '예술'과 '가정'의 양자택일을 강요받는 상황에서 여성들은 '예술'을 '취미'로 바꿔치기하거나 날개를 꺾어버릴 수밖에 없다. 자기 부인의, 며느리의, 엄마의 '예술'을 위해서 희생하

씩씩한 여성들은 순간순간 어떻게 해서든지 그야말로 '현명한' 선택과 임기응변으로 대처하며 작업을 해나간다.
그런데 그들이 그렇게 치열하게 작업을 하면서 내놓은 작품들은 어떻게 평가받고 있는가?

는 바보들은 없을 것이기 때문에.

그러한 상황에서나마 씩씩한 여성들은 순간순간 어떻게 해서든지 그야말로 '현명한' 선택과 임기응변으로 대처하며 작업을 해나간다. 그런데 그들이 그렇게 치열하게 작업을 하면서 내놓은 작품들은 어떻게 평가받고 있는가? 기존 미술계의 담론 속에서 그것들은 아마추어적, 주변적, 비주류적인 것으로, 그저 여성의 작품이니까 예쁘게 봐주는 식의 평가를 받는다. "흠, 어쩌다 그림깨나 그리는군. 어쩌다 화단에 등단했군그래, 꽃이나 아이들이나 하찮은 것만 그리는군. 여자들 그림이 다 그렇지 뭐", "애들 방에나 걸어놓으면 딱 좋겠군"….

고독한 독신녀, 이혼녀의 길을 선택한 여성미술가들은 어떤가? 그들은 그야말로 물리적으로 '고독하다'. 그들에겐 경제적으로나 심리적으로나 비빌 언덕이 없다. 고작 듣는 소리가 '권력(출세)지향적'이라거나 '이기적'이라는 얘기들이다. 주변에 피해를 주면서 자신이 원하는 것을 '얻고야 마는' 억센 여자들이라는 것이다. 누구누구는 결혼해서 애 낳고 시부모 모시고 남편 받들면서 일도 잘하는데, 너는 왜 그렇지 못하냐, 꼭 이렇게 살아

야 되느냐는 것이다. 여자가 얼마나 잘났길래, '예술'이 뭐가 대단해서, 그래, 너의 '예술'은 얼마나 잘났냐는 것이다. 그래서 이들이 무언가 허점을 보이면, 집중적으로 공격하고 집중적으로 스캔들의 대상으로 만든다. 가장 만만한 것이다. 이들을 대변해줄만한 제도적, 심리적 장치가 전혀 없기 때문에, 그래서 피해의식이 최고조로 달한 이들은 궁지에 몰린 쥐처럼 공격적이 되거나 완전히 이중인격자가 될 수밖에 없다.

미술가부부의 아내들은 어떤가? 그래도 자신을 '선택적 혹은 기회주의적'으로 이해해주는 남편에게 감사하며, 헉헉대며 작업을 한다. 그러나 이들은 항상 '누구누구의 부인'에서 크게 벗어나지 않는다. 이들은 예술가 남편에게 '무식하게' 바가지를 긁을 수도 없다. 옛날에는 다같이 어울렸던 동료들도 이제는 위대한 화가들이 되어 있고 모두 남편의 동료가 되어 있다. 자신을 '예술가'로 쳐주는 사람들은 없다. 그녀의 '위대한 남편'들은 그녀가 '위대한 예술가'가 되는 것을 달가와하지 않는다. 남편에게 동료로서 영감을 주거나 조언을 주는 '뮤즈'를 바랄 뿐. 한국에서 둘 다 '위대한 예술가'가 되려

면 집안이 대대로 엄청난 부자이거나 아니면 가정을 파괴하거나 해야 하기 때문에, 부인은 '뮤즈'의 자리로 떠밀려나는 것이다.

예술이니 미술이니, 우리나라에서 이런 이름으로 최고의 계급 속에 속해 있는 사람들은 거의 남자들이다. 최고의 지성과 감성을 갖춘 교양의 극치, 총화인 아티스트들은 남자이지 여자가 아니다. 아티스트의 세계에는 여자가 없다. 여자들이 할 수 있는 일은 '천재적인 감성을 지녔으나 안타깝게' 중도에서 좌절하거나, 무한한 잠재력과 가능성을 지녔으나 평생 드러내지 않고 다른 사람들에게 영감을 주거나, 혹은 그 위계질서상 '예술'로 잘 쳐주지 않는 디자인이나 공예 부문에서 '여성적인' 감수성으로 '사소한 것'을 꽤 잘 만들어내곤 하는 일이다.

끝으로 아주 비극적인 이야기를 하나 하겠다. 어느 유명한 화가의 부인이자 그 자신도 조각가인 한 언니가 있었다. 그녀는 시부모도 모시고 자식도 키우고 남편 뒷바라지도 하면서 조각가의 꿈을 버리지 못하고 힘들게 작업을 해나가다가, 여러가지 왕스트레스와 육체적 피곤으로 자궁암에 걸려 얼마 전에 죽고 말았다. 한국의 착한 여자들이여, 왜 우리들은 이렇게 살아야만 할까.

우 연

65년생. 여성미술창작단 '나쁜 여자들' 동인. 미술대학에 떨어진 이후로 낙심하였으나 호시탐탐 '예술가' 로서 활동하기를 노리고 있다. 그러나 기존의 미술판에 비전이 없음을 발견하고 현재 또 헤매고 있다. 다른 나라로 갈 것인가 그래도 이땅에서 살 것인가 고민하고 있다. 한국 여성들의 삶을 찐하게 반영하는 동시에 희망을 줄 수 있는 미술을 하고 싶어했으나, 희망을 줄 수 있는 부분은 당분간 포기했다.

문학계

시를 잘 쓰려면 연애는 필수(?)

"어디 내가 시 잘 쓰게 해줄까? 시를 잘 쓰려면 연애도 하고 특히 실연을 많이 해봐야 돼. (눈을 게슴츠레 뜨며) 괜찮은 내 친구들 많은데 소개해줄까?"

"… (미친놈!)"

"**너** 시 좀 써봤나?"

"네? 예, 대학 때 조금…. 시랄 것도 없고 습작 비슷하지요, 뭐."

"어디 내가 시 잘 쓰게 해줄까? 시를 잘 쓰려면 연애도 하고 특히 실연을 많이 해봐야 돼. (눈을 게슴츠레 뜨며) 괜찮은 내 친구들 많은데 소개해줄까?"

"…(미친놈!)."

내가 모 잡지사 기자로 있던 시절이니 벌써 10년전쯤의 일이다. 창간 20주년 특집 시 원고를 받으러 원로 J시인을 찾아갔을 때 그가 파이프 담배를 비스듬히 물고서 내게 내뱉은 말이다. 곱씹을수록 똥무더기를 뒤집어 쓴 듯 속이 메스꺼워지는 말이었다. 성희롱을 당한 느낌이 꼭 이러하리라는 생각이 들었다. 다작시인으로 유명한 그가 후배 여성 시인들을 한마디로 실연을 줄 대상으로 점찍고 있음을 알려주는 그 말 끝에 혹시 그의 희롱에 놀아난 후배 시인들이 있을까봐 가슴 아팠고 나이가 들수록 멋있게가 아니라 추하게 늙는 그 노시인의 노망기가 안쓰러웠다.

이처럼 지식인, 특히 자신을 자유인으로 생각하는 문단 문인들 가운데는 작품 쓰기보다 성희롱을 자신의 업으로 삼는 이들이 오히려 많아 빈축을 사고 있다.

여성들 특히 주부를 대상으로 하는 문학강좌들이 우후죽순 늘며 이 양상은 더욱 기승을 부리고 있다. 여성들의 창작열은 고무적인 현상이지만 그 가운데는 문학수업을 강의합네 하고 수강자들을 모은 뒤 그 중에서 애인을 찍어 연애를 즐기거나 성희롱을 즐기는 문인들이 종종 있어 주의를 요한다. 그렇게 사귄 애인들의 뒷배를 봐주기 위해 글을 대신 써주기도 하고 연줄을 활용, 문단에 데뷔시키는 일도 서슴지 않는 문인도 있다고 전해 들었다.

모 아카데미 소설 강사인 Y씨는 대표적인 성희롱 주

자. 대개 강의가 있고 나면 뒷풀이로 차나 술 한잔을 하는 것이 보통인데 그의 옆자리는 항상 비어 있다. 한두 번 치근거림을 당해본 그 강좌 수강생들이 아무도 그의 옆자리에 앉으려 하지 않기 때문이다. 뒷풀이는 항상 그의 음담패설로부터 시작해 음담패설로 끝난다. 그의 그런 행동은 "성에서까지도 벽을 허물어야 된다. 그래야 더 좋은 작품이 나올 수 있다"는 말로 종종 미화되곤 한다. 그의 행태는 소설, 시, 아동문학 분과의 수강생들이 친목도모 겸 야외나들이를 갔을 때 절정에 이르기도 했

다. 예쁘고 젊은 여성동지들이 많겠다, 술이 취해 기분이 거나해진 그가 그만 바지를 벗고 물건을 자랑하겠다고 나선 것이다. 동료 남성 문인들의 제지로 간신히 곤혹스러운 장면까지 가진 않았지만 그 일화로 그만 흥겨운 나들이가 곤죽으로 일그러졌던 것은 물론이다.

그래도 그는 드러내놓고 하니 좀 낫다고 할까. 더 무서운 건 겉으로는 점잖은 척하면서 속으로는 딴 꿍심을 챙기는 두 얼굴을 가진 야누스적 문인들이다. 모 지방대 교수이자 문단내 점잖키로 유명한 중견소설가 J씨는 대

표적인 인물. 문학수업을 몇년 동안 지속한 그에게 강의를 들은 수강생들 사이에는 그 사람이 바람둥이라는 말이 공공연히 떠돌고 있다. 그의 방식은 각개격파 방식. 자기 혼자만이 그의 치근거림이나 구애를 받은 것으로 생각하고 쉬쉬해오던 수강생들이 자신만 당한 것이 아님을 알게 되고 또 어떤 경우는 그가 단물 다 빨아먹고 헌신짝처럼 버리고 떠나간 다음에야 그게 성희롱이었음을 알게 되는 식이다.

지면이 모자라 몇 가지 예만 썼지만 문단 도처에 이런 성희롱이 만연하고 있다.

그러나 그런 일을 알고 더럽다고 느끼면서도 수강생들은 문단내 권력구조 때문에 어쩔 수 없이 그들에게 강의를 들을 수밖에 없는 경우가 많다. 또 그들에게 배워 문인으로 등단한 초보문인들의 경우 그들이 자신에게는 아니더라도 특정한 누군가에게 자행한 비화를 알면서도 앞으로의 자신의 운신 때문에 그걸 폭로할 생각은 못하고 뒤에서만 욕을 하거나 쉬쉬하고 넘어가곤 한다. 그러다 보니 문단내 세력을 잡은 남자 원로 문인들의 성희롱은 근절되지 않고 악순환이 계속 꼬리를 물고 되풀이되는 양상으로 발전된다.

창작을 하고 싶다는 여성들의 욕구는 참으로 절실하다. 그런만큼 문학강좌나 글쓰기 강좌, 방송작가 교실 등을 수강했던 수강자들이 강의를 끝내고 자발적인 후속모임을 가짐으로써 모임을 건강하게 유지시켜 나가는 경우도 많다. 그러나 앞서도 언급했듯이 일부 남성문인들과 수강생의 스캔들은 많은 초보문학인들의 창작의욕을 좌절시키고 있었다. 어렵게 등단한 여성작가들을 묘한 눈길로 쳐다본다든지 이들의 문학성을 진지하게 받아들이지 않을 수 있기 때문이다. 또 문단의 권력을 남성들이 쥐고 있는 데다 몇몇 남성작가들이 저질러온 성희롱

때문에 초보 문인들이 피해의식에 사로잡혀 있거나 긴장해있다면 그것은 점잖은 남성 문인들도 원하지 않는 일일 것이다.

생산적인 차원에서 도움이 전혀 되지 않는 성희롱적 소모전을 과감히 청산할 수 있는 여성문인들이 많이 나오길 기대해본다. 그들만이 문단내 성희롱적 분위기를 일소할 수 있을 것이다.

이선희

문화일보기자

IF·광·고·패·러·디

남자에게

『선택』의 작가 이문열 선생에게
-한 조선조 여인의 일갈

『선택』의 작가 이문열

나는 수백년 전 이땅에 몸을 받았다가 아무런 타당한 근거도 없이 내게 강요한 가시밭길과 채찍질에 분노해 20대 한창 나이에 더이상 살기를 거부했던 한 이름 없는 여인의 넋이다. 말하자면 한맺힌 여인의 원혼이라고나 할까.

그러나 무서워 말라. 내가 이렇게 홀연 너희 앞에 나타난 것은 이제 와서 내 개인의 뒤늦은 한풀이나 해보자는 속절없음 때문이 결코 아니니. 여인네들이 흘린 눈물이 강을 이루고 토해낸 한숨이 한 겨울 삭풍을 움츠러들게 했던 이 땅을 다시 찾는 것이 나로서도 기꺼운 일은 아니로되 그럼에도 내 들꽃만도 못했던 존재를 드러내게 된 것은 다 피치 못할 연유가 있는 까닭이다.

내가 속한 저 세상에도 벗이라는 게 있다. 아니, 육신의 구별과 무거움과 구속을 벗어버린 우리 세상에서 벗이란 너희 세상에서와는 비교할 수 없는 아름답고 귀한 가치를 지닌 상대다. 그런데 그 귀중한 나의 벗 하나가 요즘 너희 세상에서 뚱딴지같이 돌출한 한 요설로 인해 심대한 고통을 겪고 있다. 그이가 누구냐고? 그 벗은 조선왕조 선조 연간에 이 땅에 태어나 살았으며 후세에

사진 조여권

정부인 장씨로 알려진 한 여인의 넋이다.

이쯤에서 너희 중에 눈치 빠른 몇은 내가 홀
연 나타난 이유를 짐작했을 줄 안다. '눈치 빠른
몇' 중에 그 요설의 장본인인 이문열이란 서생이
끼어있어 재빨리 요설을 거둬들임으로써 나의 타
이르는 수고를 면할 수 있기를 바라지만 글쎄, 예
나 지금이나 남자들의 자기중심적 완고함은 구제
불능이어서 아무래도 내 희망사항으로만 그칠 것
같다. 이제 나는 '소설'이라며 『선택』이라는 책
자를 펴낸 이씨 성 가진 서생과 그의 요설에 박수
를 보내는 원군의 남자들을 향해, 이 땅에 태어나
서슬푸른 삶을 살다 죽어서도 맺힌 한때문에 중
음신으로 떠돌고 있는 숱한 여인들을 대신해서
몇 마디 따끔한 충고를 던지려 한다.

이미 아는 사람은 알겠지만 『선택』은 이씨가
직계조상인 정부인 장씨를 화자로 등장시켜 이른
바 '현모양처'로서의 삶을 잔뜩 미화시키고 있는
책자다. 그는 이 책을 통해 지금 이 땅에 살고 있
는 우리의 딸들에게 우리와 같은 삶을 왜 받아들
이지 않느냐고 눈을 부라리며 호통치고 있다. 그
것도 교활하게 여성인 장씨를 내세워 가면 쓰고
가성을 내면서. 그러나 내 여기서 분명하게 말하

김신명숙

1960년 인천生. 연세대 국문과 졸업 후
약 10년간 동아일보 출판국 기자로 일함.
최근 2년간 독일에서
체류한 경험을 바탕으로 여성문제를 다룬
『나쁜 여자가 성공한다』를 출간했다.
『여성신문』 칼럼니스트. CBS〈시사자키 오늘과 내일〉
여성칼럼 진행자로 활동중이다.
이 땅의 여성이 남성과 동등한
삶의 권리를 누릴 때까지 여성문제를 주제로
'할 수 있고 하고 싶은'
모든 일을 하려는 계획을 갖고 있음.
'부모성 같이 쓰기 운동'의
열렬한 지지자이기도 하다.

권학준 촬영

는바 내 벗인 정부인 장씨는 지금 우리의 딸들에게 우리처럼 살라
고 할 마음이 실나락의 한끝만큼도 없다. 그나 나나 저 세상의 모든
여인의 넋들은 지금 우리의 딸들이 비로소 제 발로 서기 시작하는
것을 보면서 기꺼운 마음에 박수치고 응원가라도 부르고 싶은 심정
이니까. 이치를 따지자면 당사자인 장씨가 직접 나서서 밝히는 게
마땅하겠으나 차마 직계후손을 공개적으로 나무랄 수 없어 고심하
는 것을 보고 내가 오지랖 넓음을 감수하고 대신 나서기로 한 것이
니 특히 이씨는 이 점 양해하기 바란다.

우리에게는 '선택'이라는 제목부터가 참으로 의아하다. 이씨 너
는 장씨가 현모양처의 길을 선택했다고 강변하고 있으나 선택이란
원래 자유를 전제한 것이 아니더냐? 허락된 길이라곤 그 길 하나
밖에 없는데, 그 길을 거부하면 죽거나 죽음보다 못한 삶을 살아야
하는데 '선택'이라니 도대체 무슨 망발인지 나는 도시 알 수가 없
다. 전족을 당한 여자에게 묶인 삶이 선택이고 감옥에 있는 이에게
갇힌 삶이 선택이라면 장씨의 삶도 한 선택일 수 있었을지 모르겠
다. 그러나 그건 정확하게 얘기하자연 선택이 아니라 오기에 찬 마
지막 자존심이라고 해야 할 것이다. 싫어도 억울해도 어차피 받아
들일 수밖에 없는 것이라면 당하는 식으로는 받지 않겠다는 그 처
절한 오기, 그 눈물겨운 허위의식을 어찌 네가 선택이라는 눈부신
말로 분석하려 드는 것이냐? 아서라. 그런 짓은 우리를 또 한번 기
만하는 것이니.

우리는 남성인 네가 여성의 삶에 대해 이래라저래라 하는 것부
터가 심히 불쾌하다. 과거 우리의 삶이 그토록 심한 억압과 질곡 속
에 놓여있었던 것은 바로 남자들이 자기들 편의대로 우리 삶을 주
물렀기 때문이었다. 그들이 일방적으로 명한 계율에 따르지 않으면
추상같은 엄벌을 감수해야 했다. 그 결과 내 몸은 내 몸이 아니었고
내 생 역시 내 생이 아니었다. 그 굴종과 예속과 비하와 모멸을 어
찌 다 필설로 형용할 수 있으랴? 애시당초 남자인 네가 여자의 문
제에 간섭하려 든 것 자체가 잘못이었다. 네가 살아보지도 않고 소
위 현모양처의 삶을 어찌 안다고 여성의 삶에 대해 무엇을 안다고
감히 설교조의 질타를 퍼붓기로 작정한 것인지 그 저돌적 만용에
나는 기가 질린다.

우리 딸들의 삶은 이제 그들이 결정하도록 놓아두거라. 비난하

지도 중뿔나게 '도와주려' 하지도 말고. 지금 우리 딸들은 남자들이 곳곳에 쳐놓은 거미줄 같은 계율, 그들이 주입시킨 찌든 의식을 힘겹게 뜯어내고 씻으며 자율과 자립과 자존의 삶을 하나하나 만들어 나가고 있다. 이제야 비로소 자기 눈으로 세상을 보고 자기 몸으로 느끼며 자기 머리로 생각하기 시작한 것이다. 그러니 그들을 그대로 놓아두라. 네가 그토록 중요하게 생각하는 가치인 자주성은 그들에게도 똑같이 중요하니까.

이제 와서 얘기지만 애초에 네가 '본보기가 될 여성상'을 조선시대에서 찾아 '선택'이란 제목의 책자를 낸다고 했을 때 우리는 그것이 위에서 든 두 가지 이유로 '원천무효'임을 직감했다. 네가 즐기는 식의 표현으로 하자. '본보기가 된 여인상을 그린 것으로 오해되고 있으나 실은 한 일탈이나 왜곡에 지나지 않는다' 고나 할까?

그럼에도 불구하고 우리가 군이 네 책자를 들춰본 것은 그래도 혹시나 세월이 변했으니 아무리 시대착오적이라고는 해도 너희 남자들의 의식에 어느 정도의 변화는 있었겠지 하는 일말의 기대심 때문이었다. 상전벽해 따위는 어림 없는 엄청난 세월의 변화는 이제 이 땅에도 여남평등의 상쾌한 복음을 울리게 했고 소수지만 양심적인 남자들까지도 그 소리에 귀를 기울이고 있으니 말이다. 아, 그러나 이 안타까움을 어찌하리오. 책장을 넘기면서 우리는 이전에 우리가 마주했던 철옹성같은 남성중심, 여성비하 사고가 아직도 기세좋게 살아있음을 보곤 징그러움에 진저리를 쳤으며 우리시대 남자들보다 더한 비인간적 후안무치에 소스라치기까지 했다.

가장 우리를 소스라치게 만든 건 이른바 순절에 대한 예찬이었다. 남편이 죽으면 아내도 따라죽어야 하는 이 야만적 계율을 이씨 너는 '순교열'이니 '섬뜩한 아름다움'이니 '이념미'니 '정사(情死)'니 하는 온갖 화려한 수식어로 미화하고 있으니 실로 기가 막힌다 함은 이런 경우를 두고 생기는 말일 것이다. 우리가 살던 시대의 남자들 중에도 감히 이런 류의 말장난으로 생명이 달린 문제를 가벼이 다루며 입을 놀리는 사람은 드물었다. 한 여인의 생명을 제물로 삼아 가문, 정확히는 그 가문을 이어가는 남자들의 명예를 누리겠다는 극치에 달한 이기주의를 그들 역시 부정하기 힘들었기 때문이리라. 하물며 당사자인 여성들은 어땠으리요. 이미 알려진 것처럼

내 여기서 분명하게 말하는 바
내 벗인 정부인 장씨는
지금 우리의 딸들에게 우리처럼 살라고 할
마음이
실나락의 한끝만큼도 없다. 그나 나나
저 세상의 모든 여인의 넋들은
지금 우리의 딸들이 비로소 제 발로 서기
시작하는 것을 보면서
기꺼운 마음에 박수치고 응원가라도
부르고 싶은 심정이니까.

순절을 했다는 여인들 중 많은 경우는 사실상 강요에 의한 것이었고 자발적인 경우에도 그 내용은 대개 네가 주장하는 것과 분명히 달랐다. 죽은 남편을 그리워하거나 정절을 지키기 위해서, 혹은 가문의 명예를 위해서가 아니라 더없이 측은하고 가련한 존재인 과부로서 살아갈 신산스런 삶이 너무나 부당하게 느껴졌기 때문이었다. 이제야 말하지만 내가 삶을 거부하기로 자청한 것도 바로 이 같은 이유에서였다. 우습게도 자살은 나를 구하기 위해 내렸던, 내 인생에서 가장 선택다운 선택이었다.

네가 쓴 책자를 보고 우리가 또 지적하지 않을 수 없는 것은 바로 너의 교활함이다. 개명된 세상에서 차마 페미니즘을 전면 부정할 수는 없었음인지 너는 네 책자가 '반페미니즘적'인 것으로 낙인찍힌데 대해 심한 불쾌감을 표시하며 '진지하고 성실하게 추구되고 있는 페미니즘에 저항할 논리는 이 세상에 없다'고 말했다. 다만 너는 '저속하게 이해되고 천박하게 추구되는 페미니즘을 비판할 뿐'이라는 것이다. 그러나 우리는 너의 이런 교활한 접근방식-정면반박은 불가능하니까 주변적이고 사소한 문제점들을 침소봉대해 드러내 보임으로써 그 본질에 오물을 끼얹어 무력화시키려는 치사한 접근방식이 다만 가소로울 뿐이다. 우리의 영리한 딸들이 그 따위 얄팍한 호도책에 넘어갈 것 같으냐? 혹시 너는 페미니즘에서도 '진지하고 성실한 것'은 너 같은 남자들이나 제시할 수 있고 여자들의 주장은 다만 '저속하고 천박한 것'이라는 가당치 않은 편견에 사로잡혀 있지는 않은지 심히 우려스럽다. 우리는 전혀 원하지 않지만 만약 네가 그토록 페미니즘에 기여하고 싶으면 공연히 잘 알지도 못하는 성의 삶을 놓고 왈가왈부하지 말고 네가 잘 아는 남성들과 함께 양심과 정의에 바탕해 '본보기가 될 남성상'이나 열심히 찾아주길 바란다. 단 군자니 존빈이니 하는 것은 절대 사절일 터이니 그점은 미리 알아두었으면 한다.

너의 교활함은 제법 중립적인 체 각 주제를 풀어가는 입담에서도 흔하게 발견된다. 너는 여성의 문제를 인간의 문제로 희석시켜 '세상에 여성문제는 따로 없다'는 궤변을 늘어놓는가 하면 '어차피 세상이란 고통의 도가니'라면서 '단지 여자라는 이유로' 당하는 고통을 부인하려고 한다. 게다가 고통에 저항하기보단 묵묵히 받아들여 견디는 것이 세상살이고 삶의 미덕이라고 설득하고 있다. 그러나 이런 류의 주장이 세상의 변화를 바라지 않는 기득권자들이 항용 즐겨 쓰는 뻔뻔스런 자기보호 논리임은 머리가 달린 사람이라면 이미 다 알고 있다.

네 책자에서 발견되는 문제점들을 일일이 다 열거하자면 아마도 그 책자만큼의 지면이 필요할 것이다. 때로 객관성을 과시하기 위해 이성의 입장에 선 듯 얘기하다가 말이 막히면 구렁이 담 넘어가듯 논의를 비껴간 곳이 한두군데가 아니며 편의에 따라 잣대를 여성과 남성에게 달리 들이대는 무경우도 세자면 열 손가락이 모자랄 지경이다. 앞말과 뒷말이 다른 것도 심히 머리를 혼란스럽게 한다. 한쪽에선 여성의 '뒤틀린 이로'와 '페미니스트의 전파열'을 비난하다가 다른 쪽에선 '순결의 어리석음'과 '가문이란 미신'을 칭송하니 도대체 어느 쪽 얘기가 맞는 것인가? 게다가 더욱 불쾌한 것은 '남성에게 잘못 대들었다 이전보다 더 엄혹한 예속과 굴종 속에 떨어질지도 모른다'는 은근한 협박이다.

너는 또 소위 본보기가 될 여성상을 수백년 전의 시대에서 끌어냄으로써 역사에 대한 무지를 드러냈다. 그것도 직계조상을 본인의 의사와는 전혀 상관없이 내세워 네 무지한 목소리를 내게 했으니 이 불경죄를 어찌하리오. 차라리 벌거벗은 네 목소리를 냈더라면 한 조각의 정직함이라도 건졌을 것을. 내 벗인 장씨 부인은 능력도 뛰어났고 운도 좋아 그 시대의 기준으로는 성공적인 삶을 꾸렸다고도 할 수 있다. 그러나 이제 세상은 엄청나게 밝아졌다. 세상이 변하면 가치관도 윤리도 제도도 바뀌고 삶의 본보기도 그에 따라 달라진다는 것은 상식에 속한다. 새 시대엔 새로운 여성이 시대를 이끌기 마련이니 이제 더 이상 조상을 빌미로 너희의 이익을 도모하지 않기 바란다.

이제 저 세상으로 돌아가기 전 마지막으로 네게 내 벗의 당부 한가지를 전한다. 이제부터 혹시라도 장씨의 자손들에 대해 얘기할 기회가 있으면 내 책자에서처럼 아들들에 대해서만 말고 딸들에 대해서 우선적으로 소개하기 바란다. 장씨는 아들들보다 딸들을 더 괴고 있으니.

서기 일천구백구십칠년 오월 스무아흐레

순절을 했다는 여인들 중
많은 경우는 사실상 강요에 의한 것이었고
자발적인 경우에도
그 내용은 대개 네가 주장하는 것과 분명히
달랐다. 죽은 남편을 그리워하거나
정절을 지키기 위해서, 혹은
가문의 명예를 위해서가 아니라 더없이
측은하고 가련한 존재인 과부로서
살아갈 신산스런 삶이
너무나 부당하게 느껴졌기 때문이었다.
이제야 말하지만
내가 삶을 거부하기로 자청한 것도
바로 이같은 이유에서였다.
우습게도 자살은 나를 구하기 위해 내렸던,
내 인생에서 가장 선택다운 선택이었다.

같이 자는 여자, 같이 잠들 수 있는 여자

이 현 승

영화감독.
〈그대안의 블루〉
〈네온 속으로 노을지다〉 연출.
현재는 여성들의 이야기인
〈밤에서 밤으로〉의 시나리오 작업 중.

Y 입니다.
　　X예요. 파크호텔 1309호….
　내가 만든 영화 〈그대안의 블루〉에 나오는 한 장면의 대사이다.

　Y는 안성기의 암호명이고 X는 여자인데 등장하지는 않는다. 둘은 서로의 신분이나 이름도 모르는 채 잠만 자는 사이이다. 내가 각본까지 썼기 때문인지는 몰라도 이런 방식으로 여자를 만나고 있는 것이 아닐까 하는 남들의 오해도 받은 적이 있다.

　이러한 생각을 하게 된 까닭을 설명하려면 과거로 돌아가야 한다.

　대학시절 군대 가는 친구 송별회 날. 친구는 입대 전에 그의 여자 친구와 잠을 한번 자고 군대에 가고 싶다는 이야기를 하게 되었고 친구들은 재미있다는 듯이 머리를 맞대고 여러 가지 아이디어를 내놓기 시작했다. 군대 가서 얼마 있다가 자살할 것 같은 분위기를 풍기는 연기를 해서 동정심에 호소하라는 조언, 가장 고전적인 방법으로 통행금지를 이용하라는 친구, 그냥 조용한 곳으로 가서 덮치라는 친구까지 그날 술자리 주제는 온통 성에 관한 이야기뿐이었다. 나도 내 입장을 얘기했다.

　잠시 후 그의 여자 친구가 왔다. 분위기가 잠시 어색해지는가 싶더니 이내 화제가 정치적 상황을 이야기하는 분위기로 바뀌었다.

　그녀는 내내 술자리에서 침울해 있었다. 그 친구를

불을 끄고 무지 어색한 마음으로 일을 치르고 난 후 환상은 완전히 부서져나갔고 허탈함과 자괴감이 밀려왔다.
그나마 위안이 되었다면 그녀가 나가면서 "잘 자요"라는 말을 했기 때문이었다고나 할까.

진정으로 사랑하는 것 같았다. 나는 가슴이 아팠다. 왜냐하면 여자와 사귀면서 남자들은 그런 내색을 전혀 하지 않지만 사실 남자들끼리 모이면 솔직해져서 시쳇말로 한 번 '자빠뜨리려고' 여자와 사귀는 경우가 많다는 이야기를 한다. 여자에게는 사랑하는 남자로 보이지만 그 남자의 내면에는 딴 생각이 있는 것이다. 그래서 '성공'한 경우 그것은 굉장한 무용담이 된다. 결과적으로 여자는 사랑하는 남자에게 몸을 준 것이지만 남자는 사랑하는 여자랑 잔 것이 아니라 단순히 여자의 몸을 얻은 것이다.

나는 이런 관계들을 보면서 차라리 여자와 자고 싶으면 여자를 사는 것이 더 깨끗하고 순수하다는 생각을 했다. 사랑이라는 이름으로 여자를 꼬여서 자는 일이 얼마나 비겁하고 이중적인 일인가….

결국 헤어지게 되면 상처를 받는 것은 여자들이다. 남자에게는 잃었다는 개념이 없지만 여자들의 무의식에는 강하게 자리 잡은 순결 개념이 있었고 그것이 잘못된 것이라 할지라도 순결을 잃었을 경우 정신적으로 타격을 받는 것은 분명했다. 또 그런 의식 때문에 여자들에게 성은 향유하기보다는 사랑하는 남자가 하도 원하니까 주는 것에 불과했다.

결국 나의 주장대로 술자리에 온 그 친구의 여자를 곱게 돌려보내고 다른 여자를 사기로 했고 그 주장을 한 내가 모든 일을 처리하게 되었고 자업자득으로 나까지 총각 딱지를 떼게 되었다. 물론 술김에 그랬다고 나의

에고(Ego)는 말하고 있지만 실은 나도 성에 대해 이드(Id)의 강렬한 충동적 호기심과 더불어 성에 대해 당당한 경험으로 이야기하고 싶은 욕심도 있었기 때문이다.

그러나 나의 첫 경험은 참담한 것이었다. 내가 꿈꾸던 환상적인 섹스는 없고, 나를 상대하는 여자 입장에서 보면 매일 하는 단순노동에 불과했다. 설레는 마음으로 여자 들어오기를 기다리던 나는 여자가 들어왔을 때 나이도 나보다 한참 위인 것 같아 보였고 그 피곤한 표정에 우선 환상의 일부가 부서져 나갔다. 능숙한 솜씨로 콘돔을 꺼내놓고 잠깐 담배를 한 대 피워 물더니 옷을 벗었다. 거의 말이 없었다. 혼자말로 "학생인가 보지" 하는 말 외에는….

그리고 불을 끄고 무지 어색한 마음으로 일을 치르고 난 후 환상은 완전히 부서져나갔고 허탈함과 자괴감이 밀려왔다. 그나마 위안이 되었다면 그녀가 나가면서 "잘 자요"라는 말을 했기 때문이었다고나 할까. 하지만 후회 속에서도 몇 번에 걸쳐 이드의 충동질로 혹은 매춘부와 대학생의 애절한 사랑이 이루어진다면 하는 영화적 환상으로 여관에 드나들었지만 결코 그런 일은 일어나지 않았고 자괴감만 깊어졌다. 그것은 죄책감에서 비롯되었다기보다는 비인간적인 섹스에서 오는 단절감 때문이었다. 그 와중에 여성문제에 관심을 가지면서 매춘도 그만두게 되었다. 대학시절 나의 무의식 한편에서는 사랑과 성을 분리해서 사랑은 순결한 그 무엇으로, 성은 저급한 그 무엇으로 생각하고 있었던 것 같다.

요즘 성해방을 주장하고 한편에서는 성에 대한 담론들이 쏟아진다. 여성해방은 성해방으로부터 나와야 한다는 주장도 있다. 그러나 이면을 생각해보면 성을 남성 중심에서 이용하려는 저의도 숨어 있다고 생각된다.

설사 여자가 성에 대한 의식이 트였다고 해도 그녀의 사회적 입지가 불평등할 때는 그녀의 성에 대한 자유는 오히려 감옥이 될 수 있다. 내가 아는 한 후배는 그런 의식을 가지고 사랑하는 남자와 자유롭게 잠을 자며 살았다. 그러나 경제적으로 자립할 수 없었기에 경제권을 쥐고 있는 부모의 공세에 밀려 결국 선으로 결혼에 이르렀는데 남편에 대한 죄책감과 불안감, 혹시 그게 나중에 문제가 되어 부부관계에 이상이 생기거나 헤어지게 되면 어떻게 사나 하는 온갖 공상을 하게 된다는 말을 들었다. 경제적으로 사회적으로 주체적으로 삶을 살 수 없는 경우 성의 자유 또한 무의미한 것이다.

그뿐 아니라 우리나라처럼 여관이 많은 나라는 별로 없다. 가끔 시나리오 작업 때문에 북한강가에 있는 경치 좋은 모텔을 빌리려고 가면 거절당한다. 왜냐하면 우리 같은 사람이 장기투숙을 하면 하루 세 번 손님을 받을 수 있는 것을 한번밖에 받을 수 없기 때문이다. 요행히 한번은 영화를 좋아하는 주인을 만나서 방을 빌렸는데 작업을 하다가 커피를 마시려고 커피숍에 내려가 보니 사람이 많았다. '이런 한적한 곳에?' 하며 의아해했는데 나중에 알고 보니 방이 꽉 차서 대기하는 손님이었다. 이런 왜곡된 현상은 어디서 출발하느냐 하면 바로 자연스러운 섹스를 할 수 없는 우리의 현실 때문이다.

외국에 가보거나 영화를 보면 거의 20세가 넘으면 독립된 생활을 하고 섹스도 각자의 삶의 공간에서 자연스럽게 이루어진다. 그야말로 생활 속의 섹스다. 그러나 독립된 삶에 대한 생각도 생각이지만 우리나라의 엄

청난 부동산 가격으로 결혼 전까지는 거의 독립을 할 수 없기 때문에 결국 잠을 자기 위해서는 여관에 가야 한다. 한정된 시간과 상황 속에서 오로지 섹스를 하기 위해서 여관을 드나들어야 한다. 그것을 정말 자연스럽고 아무렇지 않게 생각하는 사람이 있을까. 결국 이런 사회적 조건에서 섹스는 삶으로 통합되지 못하고 파편화되고 분절화 되는 것이다.

자연스러운 섹스, 삶에서 나오는 섹스…. 그렇다고 섹스를 안 할 수도 없고 비정상적인 섹스를 하기는 싫고 미혼인 남자들로서는 참으로 딜레마가 아닐 수 없다. 『참을 수 없는 존재의 가벼움』이라는 책에 이런 말이 나온다.

"내가 진정으로 필요로 하는 것은 함께 잠 잘 여자가 아니라 함께 잠들 수 있는 여자이다."

… 과연 그러한 날이 올까.

이여자

이영자!
그의 사전에 '공주병'은 없다

Interview
Interview

이 영 자

박 혜 숙

62년생.
나이는 먹을 만큼 먹었지만
여전히 패기만만하고 이루고 싶은 꿈도 많다.
결혼 밖에서의 자유와 행복을 꿈꾸며 살아있음을 느끼며
살고자 부단히 노력하고 있다.
『여성신문』을 거친 뒤 지금은 여성채널 동아TV 여성뉴스팀
기자로 일하고 있다.

TV 가 비춰주는 모습과 다르리라 예견은 했다.

그러나 이영자가 오후 2시경 여의도 63빌딩에 있는 59층 스카이라운지 인터뷰 장소에 떴을 때 난 조금 놀랐다.

첫눈에 비친 그는 참 통통하고 앳 되고 귀엽다는 느낌이 들었다. 난 굉장히 '뚱뚱한' 이영자를 상상했었는데…. TV에서 그려졌던 질퍽한 아줌마도 아니었다. 정말 통통해서 귀엽다는 느낌이 들었다. 내가 상상하던 '금촌댁네', '장군이네'의 그 이영자가 아니었다.

'앳 된' 그가 40대 아줌마 역을 어쩌면 그렇게 잘 해내고 있는 걸까. 그런 의미에서 이영자는 분명 입담으로 푸는 '개그우먼'이라기보다 '코미디언'이라 불려야 마땅하다.

그러나 역시 푸짐한 몸매! 거기서 흘러나오는 크고 우렁찬 목소리는 TV 속 이영자랑 똑 닮았다.

난 그의 '외모'에서 묘한 위안을 받았다. 이영자는 대뜸 자기 별명이 바뀌었다며 "예전엔 뚱땡이, 요즘은 여자 임꺽정이에요"라고 너스레까지 떤다. 이영자는 TV 밖에서도 시원시원했고 '당당했다'.

박혜숙(왼쪽)과 이영자(오른쪽)

뚱뚱해도 좋다. 웃겨만 다오!

이쁘진 않지만 당당한 여자! 이영자의 사전에 '공주병'은 없다. 그러나 이영자는 개그계에 등장한 이래 '공주 뺨 칠만큼' 숱한 찬사를 한 몸에 받아왔다. '폭소 제조기', '생각하는 웃음의 원조', 그리고 뚱뚱해서 '위안'을 주는 여자!

92kg에 육박하는 이영자가 뚱뚱한 건 사실이다. 그리고 분명 뚱뚱해서 덕도 봤다. 처음엔 그랬다. 91년 MBC 〈청춘극장-신부교실〉에 "알라뷰"를 외치면서 스타덤에 올랐다. 여자는 이뻐야 하고 이쁘지도 않으면 몸매라도 늘씬하게 빠져야 한다는 것, 그것도 아니라면 나긋나긋하기라도 해야 하는데 이영자는 이런 주문과는 먼 거리에 있었다. 그래서 이영자는 처음엔 '뚱뚱해서 웃긴다'는 소리를 들어야 했다. 그러나 이젠 이영자가 뚱뚱해서 웃긴다고 얘기한다면 모욕이고 실례다. 이제 그는 여자 연예인은 예뻐야 한다는 '시대적 요구'를 철저히 외면하고도 인기를 누린다.

TV에서 그가 그려내는 모습은 때론 성글고 거칠지만 살아있음을 느끼게 하는 '시장바닥의 아줌마'란 착각을 준다. 빗질도 하지 않은 빠글빠글 볶은 파마머리, 옆으로 푹 퍼진 몸매, 몸빼 바지를 입고 누툼한 입술에서 흘러나오는 시끌벅적한 입담 등 꼭 가난했던 옛적 우리네 엄마를 영락없이 그려낸다. 이영자는 바로 그런 소박한 자리에 서 있다. 신데렐라의 꿈이나 공주병 나부랭이! 이영자의 사전엔 그런 건 없다.

"어렸을 때부터 개구졌고 남자 같았어요, 제가 살던 동네가 시장통이니까 애들끼리 줄넘기나 고무줄 하는 게 아니라 돌 던지기, 벽 타기, 말뚝 박기 이런 걸 하니까 그랬죠. 어린 나이에 짐자전거를 타다보니까 어깨가 떡 벌어지고…."

이영자의 코믹드라마는 처음부터 각본을 만들어 진행하는 게 아니다. 처음엔 PD가 시키는 대로, 작가가 쓴 것을 따라했다. 그러나 이젠 아니다. 오히려 이영자가 출연자를 자유자재로 지휘한다. PD도 그의 월권(?)을 용인한다. 그날의 주제만 대강 잡고 나머지는 이영자의 즉흥 진행에 맡기는 것이다.

이영자의 웃음철학, 리얼리티

이영자는 즉흥진행이 가능한 몇 안 되는 코미디언이다. 그의 코미디의 젖줄은 어린 시절이다. 출연진을 마치 감독처럼 지휘할 수 있는 능력도 어린 시절 몸에 밴거다. 그의 '웃음철학'이 리얼리티에 깊게 뿌리박고 있는 것도 시장통에서 듣고 보고 배운 것이다.

"시장통의 싸구려웃음이라도 인간다운 웃음이 좋아요."

"제 인기비결이요? 가장 첫 번째는 나보다 더 뚱뚱한 년이 안 나왔고.(폭소) 비결이라기보다 제가 TV에 나가고 싶은데 할 수 있는 분야가 개그밖에 없구나, 해서 택한 거지. 시장바닥에서 살았고 거기서 사춘기를 보냈기에 시장의 요소가 있으니까 사람들이 좋아하는 것 같아요. 지금 제가 하는 〈장군이네〉나 〈금촌댁네 사람들〉 코미디는 모두 어머니로부터 시장통 아줌마들에게서 그대로 보고 배운 거예요. 거의 제 어머니예요. 어머니가 하던 말투, 아버지에 대한 애교 이런 거 거의 똑같죠. 질퍽하고 좋아요. 특히 뚱뚱한 애들이 좋아합니다.(웃음) 대리만족이랄까."

어휘 딸려 MC계 절감, 스타 의존한 눈길끌기 제일 큰 단점

"옛날에도 오천평선배나 최용순선배님 같이 뚱뚱한 분들이 계셨지만 아무래도 TV에 나오려면 예쁜 여자, 호리호리한 여자들이 나와야 상당히 좋아하는데, 전 그래요. MC라 얘기해주셨는데 MC란 말 받을 자격은 없어요. 모자란 부분이 많고 상식이나 인생경험도 없고 그런데 많은 분들이 좋아해주고 MC다 해주시는 것은 기존에 있던 분들이 짜놓은 대사만 하고…. 저는 그냥 순간순간 생각나는 대로 시청자들이 진짜 스타가 나오면 궁금한 거, 스타들한테는 욕먹지만, 정말 스캔들이 나면 다른 MC들은 그런 거 못 물어봐요. 전 물어봅니다. 누구랑 사귄다는데 사실이에요? 하고.(웃음) 그래서 좀 사

람들이 파격적이다 그래요."

난 이즈음에서 그에게 스스로 자신이 해내는 코미디를 냉혹하게 장단점을 꼬집어 평해줄 것을 요구했다.

"제 단점은 어휘력이 별로 없습니다. 왜냐면 공부도 많이 안했고… 배움이 짧은 건 아닌 게 대학도 나왔지만 제 노력도 부족했고 책도 많이 안 봤고 말의 두서가 없고 우왕좌왕 하는 거. 또 스타에 의존하려는 것도 단점이죠. 스타를 통해서 시선을 끄는 인기 비법을 쓰니까. 장점이라면 우왕좌왕 속에 확 끌어올리는 거. PD가 그러더라구요. 우왕좌왕 하지

만 사람을 끌어 모으는 힘! 그런 게 장점이지요."

"뚱뚱해서 웃긴다는 말 참 듣기 싫었다"

이영자는 여성들이 이쁘지 않아도 날씬하지 않아도 성공할 수 있다는 한 '모델'이 된다. 이영자가 서있는 그 자리는 '시대를 뒤집는' 자리다. 그러니 이제는 '뚱뚱해서'란 사족은 달지 말자. 그러나 처음 그가 뚱뚱한 외모로 나타났을 때 그는 "뚱뚱해서 웃긴다"는 얘기를 들어야 했다. 그건 이영자에게도 큰 아픔이었다.

"'91년도 11월에 데뷔했는데 TV 나오기 전까진 참 고생 많이 했어요. 야간업소 나가고 한 달에 40만원 벌기 위해서 코미디도 배우고 처음엔 뚱뚱하기 때문에 웃긴다는 말 참 듣기 싫었어요. 저 나름대로는 웃음을 주는 철학이 있다고 할까요. 거창하게 말하면 철학이고 제 나름대로는 뚱뚱한 게 웃음을 주는데 도움을 주는 거지 그게 전부라고는 생각하지 않아요. 처음엔 그런 얘기 들었을 때 선후배들이랑 많이 얘기했어요. '넌 뚱뚱하기 때문에 웃기는 거야.' '형! 그러면 남자도 뚱뚱한 사람 많은데 그 사람들 더 웃길 텐데 그 사람들 데려

다 써라.'

"방송국 PD랑 싸웠던 사건도 뚱뚱한 것만으로 가려고 했기 때문에 그랬어요. 사실 저랑 상당히 중요한 관계에 있는 PD 선생이랑 싸워서 나왔거든요. 이홍준이란 PD 선생이 있었어요. 그 분은 저를 밤무대 있을 때 픽업해주셨고 그 분 때문에 이런 날이 있게 된 거죠. 제가 성숙했다면 그런 식으로 안 풀었을 텐데. 강호동이랑 코미디하면서 돼지우리를 만들어놓고 강호동이 날 살찌게 해주고 저를 돼지우리에 집어넣고. 참 심한 것이었어요. 지금 생각해도 심한 것이었어요. 난 못한다, 어떻게 싸우다 그만두게 됐어요. 그 분은 제 은인이나 마찬가진데 제가 그 분한테 항의하는 식의 방법론이 잘못됐던 것 같아요. 그 분한테 죄송한 마음뿐이죠."

'월부'에 한 맺힌 과거, 그러나 가난의 덫에 넘어지지 않았다

흔히 '가난은 불편할 뿐 부끄러운 게 아니다'라고 한다. 그러나 가난은 사람의 심성에 커다란 상처를 남기곤 한다. 이영자도 가난했다. 이영자는 장사 때문에 따뜻한 밥상 한번 차려주지 못한 엄마와 지냈다.

"가난했기에 한 가지 상처가 있다면 '월부'는 생각만 해도 충격이 크죠. 지금도 월부론 안 사요. 차 같은 것은 예외지만, 월부로 사고 돈 받으러 오면 엄마는 도망가고, 상처가 있다면 어렸을 때 동생이 죽은 것 그리고 어렸을 때 갈구했던 게 엄마랑 같이 자는 거, 가게가 있어서 엄마가 가게서 잤기 때문에 엄마 밥 먹어보는 게 소원이었죠. 어렸을 때는 오빠랑 나랑 라면만 먹고 그랬죠."

이영자는 지금 부모님과 함께 산다. 딸을 무척이나 대견해 하시는 부모님이랑. 날마다 엄마가 차려주는 밥상을 받을 수 있다. 생활형편도 이제는 엄청 나아졌다.

그러나 이영자도 바쁘게 사는 일상 속에서 간혹 왠지 모를 허무를 느낀다. 녹화장을 오가고 행사다, 작가회의다, 숨 쉴 틈 없는 스케줄을 끝내고 돌아오는 늦은 저녁 '고요 속에 밀려오는 허무함'은 눈만 뜨면 사람 웃기는 게 직업인 이영자를 유일하게 슬프게 하는 순간이다. 그러나 그는 사람과의 전쟁에서는 아무리 큰 상처를 입어도 훌훌 털어버릴 수 있다고 한다. 비바람 치는 들판에서 '들풀처럼' 살았기에 거친 인간사에는 자신이 있단다. 밤무대도 그랬다.

"밤무대의 어려움이요? 경제적으로나 맘고생은 많이 했지만…. 저는 밤무대 서면 야해요. 그걸 배웠어요. 몸은 닫혀져 굳은 지 30년째 접어들지만 입은 개걸레예요. 술 먹은 사람들 끌려면 야한 얘기해야 되니까. 그걸 5년을 했으니 입이 얼마나 발달을 했겠어요."

이영자가 해준 야한 개그 하나

그때 했던 야한 개그가 듣고 싶어졌다. "돈 내고 술 먹으면서 들어야죠. 못해요" 한다. 무안해 하는 내가 안됐든지 이영자는 대뜸 "짧은 거 하나 해 줄까유?" 하면서 얘기를 푼다. 쑥스럽다는 듯.

"충청도 아줌마가 있었어요. 근데 간통사건으로 들어온 거예요. 경찰관이 물었죠. 아줌마, 어떻게 남편 친구하고 그럴 수가 있어요, 할 말 있으면 해봐요 하고 호통을 치니까, 충청도 아줌마가 한참 뜸을 들이다가 왈 '아유~, 아니 살면 얼마나 산다고, 아낄 걸 아껴야지, 뻔히 있는 거 알면서 달라는데 어떻게 안 준대유! 그리고 남편 친구니까 줬지유. 모르는 사람이면 줬겠어유.' 그러니까 경찰관 왈 '이 아줌마

"21세기는 색다른 걸 바래요"

이영자는 드라마 형식이 MC보다 잘 맞는 쪽이다. 그는 그래서 입담으로 푸는 '개그' 쪽보다 코미디언이 되고 싶어한다. 그러나 MC할 때 '딸리는 어휘', 짧은 인생경륜에 불만도 느끼고 대형스타로 오랫동안 자리를 지키고는 있지만 도깨비방망이 같은 인기에 대해 늘 불안하고 초조하다.

"나만 그런 건 아니지만 두렵죠. 정말로 인기 1, 2년 팍 떠오를 땐 몰라요. 이게 지속될 줄 알죠. 그런데 3, 4년 해봐요, 두려움이 앞서고 그러면 겸손해져요. 저도 그래요. 최진실 같은 인기는 아니지만 또 다른 장르에 있어서 내 이름을 걸고 프로그램 하는 입장에서 저도 매일 두려워요. 〈슈퍼 선데이〉 같은 경우 팡 띄워놓았지만 가장 최고로 있을 때 그만둬야 된다는 생각해서 그만뒀어요. 이번은 어떻게 보낼까, 지금도 두려워요. 여기서 겪는 어려움은 말로 표현 할 수 없죠. 가위눌리죠."

이영자 또래의 친구들은 모두 시집을 갔다. 이영자도 언젠가 결혼을 하고는 싶어한다. 그러나 이제는 인기와 많은 돈을 거머쥐었다. 그래서 결혼도 쉽지 않다. 자기돈 가진 여자의 고민! 진정한 사랑을 찾기가 힘들어진다. 이영자는 일단 결혼은 묻어두기로 했다. 지금은 일에 몰두할 뿐.

안 되겠구먼! 징역 3년에 벌금 천만 원!' 땅땅땅 했어요. 그러니까 아줌마 왈 '잠깐만유, 언제부터 국가에서 제 거시기를 관리했나유?' (박장대소 폭소가 터졌다)."

인기 부담에 가위 눌리지만 코스비처럼 되고 싶은 여자

난 또 이즈음에 물어보고 싶은 것이 있었다. 이영자는 남자랑 자봤을까. 내 속마음을 알아챘는지 이영자는 "제 성격이 워낙 답답한 거 싫어해요, 뭐든지 다 물어보세요(웃음)" 한다. 난 기회다 싶어 뜬금없이 물었다. 그랬더니 "그건 있어도 안 한 거죠" 한다. 역시나 우문에 재치 넘치는 명답. 머쓱해 하며 넘어간 질문. 이영자는 역시 TV 밖에서도 웃기고 재밌었다. 그리고 그 성격 그대로 화통하고 당당하고 솔직했다.

늘 불안한 살얼음판, 인기의 속성을 환히 들여다보고 있다. 그래서 지금은 좋아하는 일을 계속할 수 있도록 '든든한 터전'을 닦아 놓는 일에 몰두하고 있다. 〈티비이시티〉를 설립해 코미디프로그램을 직접 제작해 공급하는 쪽으로 '활동영역'을 확장한 것도 그 때문이다.

"현재 가을 개편에서 꼭 홍진경씨랑, 저랑 세 여자가 유학 가서 겪는 실제 이야기를 생생하게 담으려고 해요. 외국에 유학 가서 성 얘기, 마약 얘기도 하고 외국서 겪는 조국의 문제, 인종문제를 다뤄 보려고 해요. 여성만의 개그라고 단정 지을 순 없지만 그게 뭐 청소년을 위한 문제니까 결부시켜도 될까요? 우린 퇴직금이 있어요, 뭐가 있어요? 버텨 내려면 인기라는 걸 가져야 하는데 내가 웃음주고 싶어도 대중이 싫어하면 안 되는 거예요. 내가 유학생활하려는 것도 21세기니까 색다른 걸 바래요. 요즘 청소년 애들이. 그러면 어디로 갈 거냐. 지금 시트콤 했으면 좋겠고, 정착이 됐으면 해요."

마약문제, 섹스문제 모두 다루고 싶어요.

"〈LA 아리랑〉, 〈아빠는 시장님〉이 선진국의 시트콤을 가져온 거예요. 우리가 이 부분을 해야 하는데 우리는 못 해요. PD들이 (코미디언의) 캐스팅을 못하는 거예요. 어차피 그렇다면 우리가 해야 되는 거예요. 내가 만들고. 대신 먹혀들어가려면 다른 데로 가야 돼요. 우리는 소재의 규제를 받잖아요. 우리는 성 문제, 마약 문제, 섹스 문제 다 해주고 싶어요. 그런 얘기해 줄 때는 한국적 틀을 잡아버리면 못해요. 그래서 유학을 가서 그 세계에서 그런 얘기 다 해주면서 한국인의 정서에 맞게 정화를 시켜야죠. 정화시켜서 가져와야겠죠."

이영자의 꿈과 계획은 개그계 '발전적 비판'과 맞닿아 있다. 이영자가 생각하는 웃음은 코스비 가족, 로잔느 아줌마 같은 시트콤 형식의 웃음이다. 고도의 웃음을 주기 위한 부단한 노력! 늘상 이영자의 머리를 채우는 이슈다.

이영자의 본명은 이유미다. 어려서부터 TV출연이 꿈이었던 이유미는 91년 11월 오랜 꿈을 이뤘다. 천행으로 얻은 기회. TV에서 시골서 올라온 영자 역을 맡은 이래 이유미는 이영자로 살아왔다. 이영자의 멈추지 않는 웃음은 넉넉한 외모와 천부적 '끼'와 끊임없이 변신하려는 '노력'에서 나온다. '꽃사슴', '꽃돼지', '귀여운 공주', '새끼하마', '살덩어리', '물찬 하마' 등 수많은 별명만큼 그의 무대 위의 모습도 다양했다. 앞으로도 그의 변신은 아무도 장담할 수 없다.

된장찌개 백반을 만드는 마음으로

연예인 기사를 쓴다는 게 내겐 역시 버거웠다. 난 애초 이영자를 화려한 포장지로 싸 입힐 마음은 없었다. 이영자 기사를 결국 비싼 호텔에서나 먹는 '요리'처럼 만들지 않았다. 된장을 풀어 끓인 '된장찌개' 하나 덜렁 차려 놓은 평범한 밥상을 차렸다는 생각이 든다. 멋진 그릇에 담기진 않았지만 이영자의 얘기를 가감 없이 그대로 밥상에 올려놓고 싶었다. 내 주관대로 이리저리 잘라 갖은 양념을 치고 싶지 않았다는 '나의 변'이 설득력을 가졌으면 하는 바람이다. (사진/조여권)

단답형으로 물어본 이영자의 이모저모

• 주량은=맥주 한 잔 따르면 한 박스 마신 거 같은 효과가 나요.

• 나이는=저 사실 67년 생 양띠예요. 서른하나예요. 사람들한테는 뻥쳐요.

• 돈 얼마나 버나=월급쟁이보다 많이 벌죠. 남들 라면 먹을 때 비싼 것 먹고 남들 한번 살 때 우린 열 번 사도 축나진 않잖아요.

• 페미니스트저널 이프의 모토가 '웃자 뒤집자 놀자'예요. 이 소재를 활용할 의사는 없는지=나중에. 야한 얘기하면서 여성문제 다뤄보고 싶어요.

• 여성문제를 얼마나 아나=사실은 모르죠. 기업체에서 승진이 안 되고 군대에서도 대령밖에 안 되잖아요. 이런 정도 상식밖에 모르죠.

• 여성운동, 하면 뭐가 떠오르나=여성운동 하면 기본적 느낌이 딱딱하다, 재미없고 매력이 없고 그렇게 보이죠. 여성운동가나 데모하는 운동가나 비슷하게 생각해요.

• 좋아하는 음식은=면 종류는 다 좋아해요.

• 최근에 읽은 책은=〈남자의 향기〉, 최인호씨의 〈사랑의 기쁨〉도 읽어요. 일주일에 몇 권씩 읽지는 못하죠. 두 권 읽으면 많이 읽는 거예요.

• 잘하는 것=요리 잘 해요. 생선을 재료로 한 거면 모든 요리는 다 잘해요. 그러나 못 해먹죠. 어머니가 해주세요. 지방 공연 갔을 때는 꼭 시장에 들러서 박대 말린 것, 홍어 말린 것 사오는 게 제 유일한 취미예요.

• 닮고 싶거나 존경하는 사람=최진실이죠. 진실이는 정말 일을 사랑하고 일에 있어서 열심히 하고 판단 잘하고 앞서가는 년이에요. 친군데, 최진실은 연기자로서 모든 면을 닮아가고 싶어요. 인생의 느긋함을 배운다면 전유성씨를 따라가고 싶어요.

• 다이어트 광고에 출연도 했는데 왜 살을 빼야 한다고 생각하나=살 쪘다 안쪘다를 중요시한 게 아니고 이걸로 인기 끌고 싶다는 생각 없고…. 내가 입고 있는 청바지가 있는데, 32밖에 안 나와요. 36은 기장 땜에 안 맞고 32면 입을 수 있는데 내 허리는 40이니까 빼야겠다, 무지하게 마를 생각도 없고, 찔 생각도 없고. (다이어트 광고) 사건 한참 나고 아휴 짜증나고 해서 중단했고요. 또 퍼질러 먹으니까 팍 찌잖아요. 절제를 했어야 하는데. 단 처음 다이어트 시작하기 전처럼 kg 수가 늘어나지는 말자, 내가 혈압이 올라가고 불편하니까. 조금씩 줄이고 특히 배는 좀 많이 줄이려고 해요.

• 어떤 남자 좋아하나. 우리 잡지 팀에선 이쁘고 여자한테 아부 잘하는 남자를 좋아해서 '터프 가이를 박멸하자'는 캠페인을 벌이고 농담도 하곤 하는데=저도 그런 남자 좋아해요. 배용준 같은 남자, 저는 깨끗한 남자가 좋아요.

• 남녀관계에서 필링을 중요시하는가=필도 중요하게 여기지 않아요. 제가 두려워하는 건 이래요. 내 성격이 남자를 좋아하면 내가 끌려 다닐까 봐, 남자 일찍 만나는 걸 자제해요. 내가 돈을 벌고 있으니까 더 그래요 누가 날 좋아한다면 저거 돈 때문에 그래, 돈 때문에. 그러고 웃어요.

• 결혼에 대한 생각은=섹스도 있겠고 솔직히 말해서 꼭 해야 한다, 그거 아니면 안 된다 그런 것은 아니에요. 우리 엄마 아버지가 별로 날 보낼 생각 없어요. 항상 고생해서 '너 연애나 실컷 하고… 니가 정말 좋아하고 사랑하면 몰라도 아니면 하지 말어' 그래요.

설치예술가 이불

고정된 여성성과 오리엔탈리티의 뒤집기를 시도한다

도발적이며 충격적인 설치 미술가, 행위예술가 이불(33)씨. 그는 국내 화단에서 게릴라 같은 존재다. 88년 데뷔 이래 그는 신작을 발표할 때마다 그로테스크한 작품세계로 충격을 던져왔다.

호평과 악평을 엇갈리는 '아이러니컬한 상황'에 웬만큼 익숙한 이씨이지만 97년은 특히 희비가 교차한 해로 기억될 것 같다.

지난 1월 그는 한국작가로는 처음으로 미

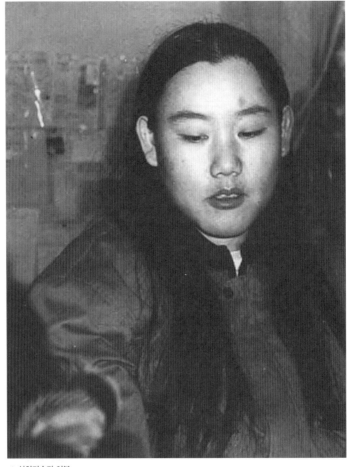

▲ 설치미술가 이불.

국 뉴욕의 현대미술관(MoMa)에서 초대전을 가졌다. '모마'란 애칭으로 더 유명한 이 미술관은 미국 내에서는 물론이고 전 세계 현대화단에 큰 영향력을 미치고 있는 곳들 중의 하나이다. 뉴욕과 독일을 중심으로 활동 중인 비디오 아티스트 백남준씨도 아직 이곳에서 개인전을 가진 적이 없을 정도이다. 이쯤 되면 이불씨는

현대미술관 전을 통해 국제적으로 비상할 수 있는 확실한 티켓을 손에 쥔 셈이다.

출품작은 〈화엄 (Majestic Splendor)〉. 전시장 입구 벽면에 실제 생선 비닐봉지 70여 개를 나란히 붙여놓고 안쪽 한가운데에는 커다란 투명 유리 상자가 설치돼 있는 작품이다. 냉장기능이 갖춰진 이 유리상자 안에는 생선 60여 마리와 야한 색깔의 온갖 장식물로 치장한 커다란 인조 머리칼 타래가 거꾸로 매달려 있다.

그러나 이 작품은 제대로 전시되지 못했다. 미술관 측이 이씨의 주문에 따라 제작한 이 특수 유리 냉장고가 생선 썩는 냄새를 완벽하게 차단하지 못해 결국 작품은 개막 다음날 철수되고 말았다.

당찬 성격의 이불씨가 모든 것을 작가 책임으로 미루고 나 몰라라 하던 미술

▲〈장엄한 광채〉.

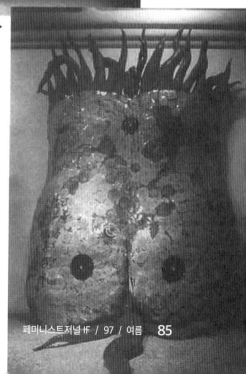

〈선데이 서울〉. ▶

관 관계자들의 고압적인 자세에 당하고만 있을 리가 없다. 그는 현지의 예술전문변호사까지 고용해 미술관을 계약위반으로 고소했고 자신의 뜻대로 정중한 사과와 손해배상을 받아냈다. "한국작가, 좀 더 넓게는 아시아권 작가들을 만만히 보는 듯한 미술관측의 태도에 가만히 있을 수 없었다"는 것이다.

혹시 이런 마찰로 인해 미술관 관계자들의 눈 밖에 난다면 뉴욕화단에 발붙이기 어려워지고 결국 작가만 손해 보게 되는 것은 아닐까. 하지만 뉴욕에서 소동을 겪고 서울로 돌아온 직후 이씨와 나눈 대화에선 그런 우려나 불안감을 찾아보기 어려웠다. 그의 작품에 주목한 프랑스 리용 비엔날레의 커미셔너 하랄드 제만으로부터 '화엄'을 오리지널 그대로 오는 6월 리용에서 전시하겠다고 제안 받아 작품을 다시 다듬고 마무리하느라 눈코뜰새 없이 바빠 외출할 엄두조차 못 내고 있다는 것이다. 리용 전시가 끝나자마자 9월에는 세계 10대 전시장 중 하나로 꼽히는 캐나다 토론토 파워플랜트 미술관에서 열리는 '한국작가전'이 그를 기다리고 있다.·

"제 작품은 공통적으로 예쁘면서도 징그럽습니다. 한국의 여성작가로서 여성성과 오리엔탈리티란 과연 무엇일까란 질문에 해답을 찾으려는 시도라고나 할까요. 그 두 가지는 굉장히 유사한 점이 많다고 생각합니다. 서양인에 의해 동양에 대한 이미지가 예쁘고 신비한 그 무엇으로 고정화됐듯이 여성에 대한 남성의 이미지도 비슷하다고 보거든요."

이불씨는 아름다움과 추함이 한꺼번에 혼합된 독특한 작업으로 화단과 관람객들에게 충격을 던지는 작가로 악명(?)이 높다. 경북 영월 태생으로 87년 홍익대 조소과를 졸업한 그는 88년 열린 첫 개인전 때 솜을 집어넣어 팽창한 몸체에 손, 발, 꼬리가 여기저기에서 삐져나온 작품을 직접 입고 대중 앞에 섰다. 내면에 잠재해 있는 욕망을 표현한 것.

이듬해 동숭아트센터에서는 발가벗은 채 거꾸로 매달리는 퍼포먼스 '낙태', 90년 웨딩드레스를 입고 방독면을 쓴 채 더러운 신문지로 밑을 닦는 '아토일렛(Artoilet)', 94년 쇠사슬로 자신의 목을 매단 '여성, 그 다름과 힘' 등을 잇달아 발표했다.

당시 이씨의 작품을 미술평론가 박

▲ 작업실에서 포즈를 취하는 이불씨.

신의씨는 "날것을 씹을 때와도 같은 생경함과 이질감"으로 표현한 적이 있다. "(이불의 작품은) 분명 기존의 고급한 예술적 감성과는 다른 것이었고 아니 어떤 때는 그 고급한 것에 대한 지독한 '욕지거리'처럼 들리기도 했으며, 그래서 맛있게 먹은 음식 '토해내기' 잔치를 벌이듯 이전의 미적 가치와 믿음을 뒤흔들어놓은 '구토'의 미학과도 같은 일종의 반문화적인 성격을 지니고 있다"고 평가한 것이다.

그가 국내외 미술계의 주목을 본격적으로 끌기 시작한 것은 91년 서울 자하문미술관에서 열린 그룹전 〈혼돈의 숲에서〉에 생선을 소재로 한 〈화엄〉을 내놓으면서부터다.

당시 이씨는 전시장 한쪽 벽면을 작은 생선이 한 마리씩 들어 있는 수십 개의 비닐봉지들로 빽빽이 채워 놓았다. 생선들은 빨강, 파랑, 노랑 등 원색의 번쩍이는 구슬이 매달려 있는 화려한 머리핀들로 장식돼 있었다. 생선의 연한 몸을 뚫고 박혀 있는 뾰족한 바늘들, 시간이 지나가면서 투명한 비닐봉지 안에서 썩어 들어가는 생선, 그리고 무엇보다도 진동하는 비린내와 썩는 냄새….

도대체 이것이 과연 미술작품인가. 현대미술의 표현의 한계는 과연 어디까지인가. 이불씨의 작품은 이런 물음을 던지며 관람객들을 괴롭혔다. 전시장에 들어

▲ 〈화엄〉.

서려다 입구에서 발길을 되돌리는 사람도 적지 않았다.

"냄새도 작품의 중요한 요소가 될 수 있다고 생각합니다. 오감을 모두 활용한다면 작품의 의도를 더욱 명확하게 전달할 수 있지요."

여기에는 페미니즘적인 착상도 깔려 있다. 남성이 가장 우위로 삼는 감각이 시각이라면 여성은 오히려 촉각이나 후각에 더 큰 비중을 둔다는 이야기이다.

이씨의 〈화엄〉은 외국 큐레이터들의 관심을 끌어 일본, 호주, 영국, 독일 등에서도 선보여 센세이셔널한 반응을 얻었다.

지난 9월 이불씨는 일본 와코르 아트센터가 주최해 도쿄 스파이럴 가든에서 열린 그룹전에서 구슬로 주렁주렁 장식한 작가 자신의 사진이 찍힌 대형 풍선작업을 선보여 파격적인 작품세계를 다시 한 번 과시하기도 했다. 이 작품은 바닥에 12미터짜리 대형 풍선을 깔고 관람객들이 펌프질로 형상을 만들어가도록 고안된 것. 풍선이 조금씩 부풀어지면 요란스럽게 치장한 다소 '그로테스크'한 작가의 모습이 서서히 드러난다. 충분히 팽팽해 졌을 때 구멍에 트럼펫을 꽂고 공기를 빼내면서 재미있는 소리가 나도록 연출한 점도 이씨다운 발상이다. "하루에 적게는 100여명, 많게는 300여명이나 참여해 출품작들 중 관객을 가장 많이 동원한 작품이었다"고 작가는 자랑했다.

이불씨는 서울 시내가 훤하게 내려다 보이는 부촌인 성북동의 2층 '저택'에 작업실을 차려놓고 작품구상에 몰두하고 있다. 한 후원자가 마련해주었다는 이 집은 규모만큼은 말 그대로 저택의 수준이다. 겉보기엔 낡았지만 안으로 들어가면 온통 흰색으로 칠해져 있고, 작업하기 편

"신체의 의미와 시간의 한계성 등에 관심이 많았기 때문에 살아있는 물체를 작품에 이용하고 싶었어요. 맨처음에는 사람을 생각했지요. 그러다가 우연히 생선가게 앞으로 지나갔는데 생선의 모양이나 반짝거리는 비늘 등이 참 예쁘게 느껴지더군요."

하도록 널찍널찍하게 개조돼 있다. 식구는 예술의 길을 함께 걷고 있는 남편과 몸집 큰 개 몇 마리. 후배들이 수시로 드나들면서 작업을 도와주기도 한다.

그로테스크한 작품만 염두에 둔 사람이라면 발랄하고 쾌활한 작가의 모습에서 신선한 충격을 느낄런지도 모른다. 그의 집 구석구석에 흩어져 있는 옛 작품들과 한창 제작중인 작품의 재료꾸러미들이 왕성한 창작열을 단적으로 드러낸다. 작업실 한쪽 벽면 전체에는 올해 말과 내년쯤에 발표할 작품들의 아이디어 밑 스케치와 스케줄 표로 도배돼 있다.

"관람객들에게 시각적인 충격과 복잡미묘한 반응을 불러일으키고 싶다"는 이 젊은 예술가가 우리에게 던져줄 또 다른 '충격'은 무엇일까. 그것을 조금은 아슬아슬한 기분으로 기다린다.

오애리

61년 서울생.
91년 문화일보에 입사,
문화부에서 해외문화, 방송,
영화 담당을 거쳐
현재 미술 분야의 기사를 쓰고 있다.

속옷 가게에서…

Review

Review

Review

'여'가수는 노래를 잘해야 한다(?)

권우조 팀장

김지영

한국일보 문화부 기자.
시간이 지날수록
여성/남성에 대해
많은 생각을 하게 된다.
앞으로 하려는
노래를 통한 세상읽기에서도
여성인 나 자신과
다른 여성들의 삶을
담아내고 싶다.

'노래를 잘한다'는 것은 가수들에게 반드시 듣기 좋은 말만은 아니다. 적어도 자신을 단순히 노래를 들려주는 소리꾼이 아니라 감정을 음악으로 표현하는 뮤지션, 혹은 아티스트로 생각하는 사람이라면.

가수들의 이런 바람은 오래도록 사람들의 편견에 의해 번번이 좌절되어 왔다. '풍각쟁이'라는 비아냥에서부터 지금도 여전히 통용되는 '딴따라'라는 은어에 이르기까지. 가수라는 말 역시 노래하는 사람이라는 뜻이다. 그러니 가수라면 당연히 남들보다 노래를 잘해야 했다.

물론 예외는 있었다. 60, 70년대의 신중현과 산울림이 대표적이다. 아무도 그들을 가리켜 노래를 잘한다고는 얘기하지 않는다. 가창력이라는 일반적인 기준에서 보자면 그들은 오히려 노래를 못하는 가수들이다. 그러나 아무도 그들을 가리켜 실력 없는 가수라고 말하지 않는다. 오히려 최근 발매된 〈신중현 한정음반〉과 산울림의 신보 〈무지개〉에 대한 언론매체의 요란한 반응에서 알 수 있듯이 한 시대를 대표하는 훌륭한 가수로 평가받고 있다.

더욱이 최근 들어서는 가창력은 가수를 평가하는데 부차적인 기준으로 여겨지고 있다. 90년대의 상징인 〈서태지와 아이들〉을 보자. 보컬인 서태지는 결코 노래를 잘한다고 할 수 없다. 성량이 풍부한 것도 아니고 음역이 넓은 것도 아니다. 그렇다고 감성이 풍부해 듣는 이들의 심금을 울리는 것도 아니다. 여린 목소리에 아이 같은 말투, 빠르게 중얼대는 랩은 노래가 아니다. 그런데도 서태지와 아이들은 수많은 사람들을 사로잡았다. 일반인은 물론이고 음악을 하는 사람들조차 그 실력은 인정하지 않을 수 없었다. 가수로서 자신의 단점을 자기 음악에 맞는 특성으로 바꿔놓은 그의 뛰어난 '머리' 덕분이다.

서태지와 아이들의 대성공은 이후 가수에 대한 평가 기준을 바꿔놓았다. 물론 여기에는 댄스 음악이라는 획일적인 풍토와 컴퓨터를 사용한 음성 조작, 립싱크 등의 부작용이 뒤따랐다. 그러나 적어도 이제는 가창력보다 전체적인 음악세계가 가수를 평가하는 일차적인 기준이 되었다. 심지어 노래 잘하는 김건모와 신승훈조차도 음색이나 창법 자체보다는 그들이 나타내고자 하는 음악세계, 혹은 그들이 만들어내는 대중문화의 파장이 보다 중요하게 다루어졌다.

그렇다면 여가수들은?

결론부터 말하면 여가수에게는 여전히 가창력이 최고의 평가기준이다. 아니. 여가수라면 듣기 좋은 목소리는 마땅히 지녀야 하는 조건이기도 하다. 사람들을 현혹시키기 위한 기획자의 의도로 인해 외모나 춤 솜씨만 내세우는 부류들은 여기서 논외로 하자.

최근 들어 여가수 전성시대가 열렸다고들 한다. 한동안 10대들을 겨냥한 젊은 남자 댄스그룹들에 눌려 맥이 끊어졌던 여가수들이 다시금 가요계의 주요한 세력으로 영향력을 넓혀가고 있다는 기사는 여기저기서 다루어졌다.

확실히 스타로 손꼽을 만한 여가수의 숫자는 이전보다 많아졌다. 30대에서는 신효범, 박미경, 이은미, 장혜진, 권진원, 박영미, 20대에서는 이소라 그리고 요즘 인기 절정인 10대의 양파와 리아까지. 솔로만이 아니다. 모던 록을 표방하는 혼성 3인조 〈주주클럽〉과 댄스 그룹 〈쿨〉, 〈룰라〉 등도 여성 보컬을 전면에 내세우고 있다.

가요에 특별한 관심을 갖고 있지 않은 사람이더라도 이들 여가수의 공통점이 무엇인지는 쉽사리 짐작할 수 있을 것이다. 목소리, 바로 가창력이다.

신효범은 '한국의 휘트니 휴스턴'이라고까지 불릴 정도로 가창력을 인정받는 가수다. 댄스로 재기한 박미경과 강변가요제 출신의 박영미 역시 파워 넘치는 목소리가 수식어처럼 붙어 다닌다. 라이브 판에서 일급으로 꼽히는 장혜진과 이은미도 마찬가지. 언제나 폭발적인 가창력이 빠지지 않는다. '살다보면'의 가수 권진원도 〈노래를 찾는 사람들〉 출신답게 부드럽고 힘 있는 음색으로 좋은 평가를 받는다. 이소라는 말할 것도 없다. 그에 관한 평가는 언제나 목소리에 초점이 맞추어져 있다. 풍부한 감정표현, 재즈 감각, 매력적인 저음과 바이브레이션 등등. 가요계의 이변으로 불리는 양파와 리아는 어떤가. '10대답지 않은 풍부한 가창력', '앨러니스 모리셋을 능가하는 힘과 테크닉' 향상

◀ 리아, 심수봉, 권진원 (왼쪽부터).

이런 식이다.

따지고 보면 이런 편견은 한국 사회의 가부장적 질서만큼이나 뿌리가 깊다. 한국을 대표하는 여가수들만 봐도 이미자 이래 심수봉, 김수희, 주현미까지 하나같이 '은쟁반에 옥구슬 굴러가는' 목소리의 소유자들이다.

노래를 잘하는 게 나쁘다는 얘기는 아니다. 사실 이들은 어떤 남자 가수들보다도 노래를 잘한다. 문제는 이들의 '목소리'에만 관심을 갖는다는 점이다. 이들이 그 목소리로 어떤 감정을 담아내는지, 세상에 대해 어떤 이야기를 하려는 것인지, 전작과 어떤 변화를 보이는지는 평가의 대상이 되지 못한다. 그저 노래만 잘하면 된다. 사람들에게 여가수는 아직도 '노래하는 카나리아'에 불과한 것이다.

권진원의 예. 그가 노래하는 것은 30대 여성으로서 느끼는 세상살이의 고단함과 그럼에도 불구하고 살 만한 가치가 있다는 낙관적인 세계관이다. 그의 노래가 가슴을 촉촉하게 만든다면 그것은 단지 그의 목소리가 매력적이기 때문이 아니라 그의 말하고자 하는 바가 주는 공감 때문이다. 리아도 마찬가지. 그는 사람들의 편견과 일상의 답답함에

몸부림친다. 벗어나고, 깨부수고 싶어한다. 그래서 그의 목소리는 파괴적이고 도발적인 것이다.

이런 무의식적인 성차별의 원인은 어디에 있는가? 다른 모든 문제들처럼 그저 뿌리 깊은 한국의 가부장적 질서에 화살을 돌릴 것인가. 그렇다면 어디서부터 해결책을 찾아야 할지 답답하기만 하다. 혹은 남성들이 지배하는 가요계, 방송계의 구조를 공격할 것인가? 이 역시 당장 무엇인가 변화를 가져오기는 힘들다.

현재로서 유일한 돌파구는 여가수들 자신이 쥐고 있는 듯하다. 분명 여가수들에게 책임이 있기 때문이다. 적극적으로 곡을 만들고 노랫말을 쓰기보다는 그저 주어진 노래에 만족해온 자기 내부의 틀을 조금씩 허물어야 한다. 그래야 듣는 이들도 목소리를 넘어선 그들의 음악 세계에 귀를 기울일 것이다. 여가수들은 창조적인 능력이 없다는 편견도 바뀔 것이다.

오랜만에 신곡을 발표한 유일한 여성 트로트 싱어송 라이터 심수봉, 2집을 직접 프로듀스한 권진원, 노랫말을 자신의 일기에서 찾아낸 리아의 노력들은 그래서 소중한 징후들이다.

이소라는 말할 것도 없다. 그에 관한 평가는 언제나 목소리에 초점이 맞추어져 있다. 풍부한 감정표현, 재즈 감각, 매력적인 저음과 바이브레이션 등등. 가요계의 이변으로 불리는 양파와 리아는 어떤가. '10대답지 않은 풍부한 가창력', '앨러니스 모리셋을 능가하는 힘과 테크닉' 항상 이런 식이다.

춤추는 설리들, 가속도가 붙다

문화평론가.
미술 및 문화에 대한 글을 쓰는 사람.
가끔 전시기획도 함.
현재는 한국예술종합학교 영상원
강사로 나가고 있음.
저서로
『이미지에게 말 걸기』(문예마당),
역서로
『이미지는 모든 것을 삼킨다』
(스튜어트 유엔 저, 시각과 언어)가
있다.

김 혜린의 무협순정만화 『비천무』를 보면 여주인공 설리가 원치 않는 자신의 결혼식에서 난데없이 춤을 추는 장면이 나온다. '수십 명의 악공들조차 얼없이 쳐다만 보는 가운데, 침묵 속에 윤무하는 하강 천녀(天女)' 설리. 사실 그간 설리에게 춤은 인생의 고통을 견디게 해주는 계기이자 행복의 순간이며 해방의 공간을 뜻했다. 같은 몸동작이지만 적과 대적할 때 사용하는 무술과 달리 춤은 자기존재의 충만함을 확인하게 해주는 특별한 행위였던 것이다. 그렇기 때문에 그녀의 춤은 특정한 커뮤니케이션을 가능하게 해주는 수단이나 다양한 해석을 끌어다 붙여야할 예술적인 결과물이 아니었다.

"휘감겨 돌아가는 그녀의 춤사위가 무엇을 의미하는지 아무도 몰랐"던 이유가 거기에 있다. 아무도 그녀의 '마음'을 몰랐던 것이다.

요즘 광고들에는 수많은 설리들이 등장한다. 비록 만화공간과는 차이가 있지만, 수많은 그녀들이 춤추고 있는 광고 역시 꿈과 이상 그리고 그

〈ON&ON〉 광고. ▶

것 못지않은 불합리함이 살아있는, 그러면서도 끊임없이 우리를 사로잡는 신화적인 환상공간이다. 최근 이 공간에서는 "소리 대신 움직임이 있다"는 대우 〈레간자〉 광고의 선언처럼, 현란한 색상이나 구구절절한 카피, 부산한 소리들을 잠재우고 극도로 정돈된 움직임을 강조하

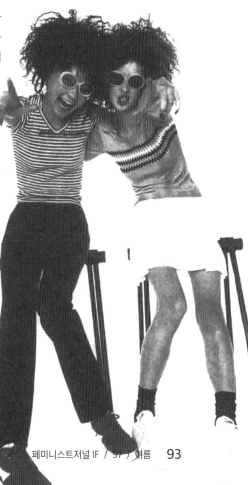

실제로 젊은 여성들을 겨냥한 패션 상품들의 모델들은 커다란 반향을 불러 일으켜 상품 자체 뿐 아니라 그들의 움직임과 춤 스타일의 대유행을 몰고 왔다. 그래서 어떤 록카페에서나 〈무크〉의 '하세가와 도시코'들이 술을 마시고, 〈나이스클랍〉의 '메구로 마키'가 춤을 추고 있는 것을 발견할 수 있다.

는 경향이 나타난다.

스피디하게 움직이는 도심의 한 공간에서 또각또각 걸어가며 '나? 나이스 클랍'이라고 말하는 그 자태, 지하철역의 '순간 자동사진기' 앞에서 취하는 그 포즈, 자기 혼자 있는 방에서 추는 맘보춤의 그 동작 등은 대개 흑백으로 처리되며 꼭 필요한 효과음과 간단한 배경음악만을 집어넣을 뿐이다. 그리하여 이들의 움직임은 곧 자아도취와 자기 몰입의 그것으로 '농축'된다. 막상 이 춤사위의 '엑기스'가 점점 커다란 몸짓과 아우성으로 '용해' 되어 가는 것은 그들을 바라보는 시선과 그 시선에 동반되는 욕망을 통해서이다. 엄격히 구분해 말하자면 그것

은 모델의 유혹이 아니라 관객 쪽의 원망(願望)에 의한 것이다. 실제로 젊은 여성들을 겨냥한 이 패션 상품들의 모델들은 커다란 반향을 불러 일으켜 상품 자체 뿐 아니라 그들의 움직임과 춤 스타일의 대유행을 몰고 왔다. 그래서 어떤 록카페에서나 〈무크〉의 '하세가와 도시코'들이 술을 마시고, 〈나이스 클랍〉의 '메구로 마키'가 춤을 추고 있는 것을 발견할 수 있게 된 것이다.

사실 TV의 CF들을 살펴보면 언제 어디서나 모니터가 흔들릴 정도로 열심히 춤을 추고 있는 모델들을 만날 수 있다. 그리고 청소년들에게 인기가 높은 몇몇 스타들을 제외한다면 대개는 춤을 추고 있는 광고

▼ 의류상품 200C의 광고. 쉼 없이 춤추는 여자들.

모델들이 젊은 여성이라는 사실도 쉽게 알 수 있다(반면에 광고 속의 남성은 말하거나 가르치거나 가리키고 있다. 또는 여성은 모니터 안의 이미지로 존재하고, 남성은 모니터 밖의 시선으로 움직인다고 말할 수도 있겠다). 물론 최근에는 남성의 춤 또한 일정 정도 설득력을 얻고 있기는 하다. 박중훈이 〈오비라거〉에서 추는 랄랄라 춤이 그 대표적인 예이다.

문제는 남성들의 춤이 여성의 춤과 사뭇 다르게 그려진다는 사실에 있다. 여성이 유혹적이며 도발적이며 또한 전폭적으로 춤을 춘다면 남성은 약간은 코믹하게 약간은 어색하게 그리고 상당히 여유있게 추

어야 한다. 이런 식의 춤은 쇼프로에서도 일관되게 나타나는데 최수종이나 이재룡, 임백천 같은 사회자들이 가끔 '맛 뵈기'로 보여주는 춤들이 바로 그것이다. 직업 댄서가 아닌 이상 너무 열심히 춤을 추는 남자는 뭔가 모자란 '하등동물'이거나 고작해야 '제비'처럼 보일 뿐이다. 그러나 여성들은 직업과 상관없이 항상 예쁘고 섹시하게 그리고 때론 정열적으로 춤을 추어야 각광받는다. 그리고 그 춤의 의도는 명백하게 보인다. 아니 실은 의도와 상관없이 '남성적 시선'에 의해서 고도로 유혹적인 몸짓으로만 읽히는 것 같다. 〈앙띰〉 광고에서 꼬리 달린 여우 또는 머리에 관을 쓴 천사로 분

한 모델이 남성을 순간적으로 탁 잡아채는 장면이 증언하듯이 말이다.

그렇다면 '현실'에서는 어떤가. 요즈음의 록카페에서나 디스코텍 또는 나이트클럽 하다못해 야유회의 춤판에서도 남성과 여성이 춤추는 방식의 차이는 곧바로 확인되는 바이다. 춤을 잘 추고 열심히 추고 계속해서 추는 사람들은 주로 여성들이다. 간단히 말해 여성들이 춤을 훨씬 잘 춘다. 여성의 신체가 어려서부터 얼마나 철저하게 단속당해 왔고 관리되어 왔는지를 생각한다면 이런 현상은 다소 의외로 보인다. 그러나 많은 남성들이 미루어 짐작하듯 여성들의 춤에 대한 집착은 반드시 남성의 시선을 의식해 그

들을 유혹하기 위해 생겨난 것이 아니다. 실제로 앤젤라 맥로비 같은 사회학자는 이들 젊은 여성들의 춤이 상당 부분 자기도취적이며, 자기 색정적(autoerotic)이라는 연구결과를 내어놓았다.

여성들은 움직임을 통해 스트레스를 풀고 즐기며 이를 통해 자긍심을 가질 수 있는 다양한 사회적 경로와 기제를 확보하고 있지 못하기 때문에, 춤이라는 가장 단순하고 확실한 육체언어를 통해서 이를 충족시키려고 한다. 그 점에서 여성들에게 춤은 상당히 절실한 것일 수밖에 없다. 반면에 남성들은 스포츠나 게임 등 별도의 해소 방안이 있으며 지식이나 권력을 향한 잠재적 통로 역시 마련되어 있기 때문에 상대적으로 여유롭게 춤을 출 수 있는 것이다. 만약 설리의 춤이 제대로 읽히지 않았다면 그것은 바로 설리 자신의 입장이 되어 춤추는 의미를 이해해보려 하지 않았기 때문이다.

한편, 최근의 몇몇 광고에서는 이러한 성차의 의미가 한층 삭감된 몸동작들이 각광을 받고 있어 자못 흥미롭다. 〈더블리치 트리트먼트〉, 〈삼양 핫 라면〉, 〈씨씨 클럽〉 등 '스텀프'형 동작의 단순반복적인 즐거움이나, 〈톰보이〉 바디서핑 장면

의 몸 전체를 관통하는 집단적 희열감이 그 예들이다. 이 광고들은 춤이 지니는 사회문화적인 의미맥락을 넘어서, 보다 순수한 육체적 몰입의 상태에 관해 말하고 있다. 이제 그 체험은 〈제드〉라는 의류제품의 런칭(launching) 광고에서 극대화되는데, 여기서는 엄청난 속도의 바람에 맞서며 스케이트 보드 류의 탈것을 타고 있는 한 모델이 광각으로 잡혀 있다. 바람에 쏠려 입술모양이 이지러지고 있는 이 모델은 헬멧을 쓰고 있어 여성인지 남성인지 구분이 가지 않으며, 배경공간도 실제공간인지 가상공간인지 가르기가 쉽지 않다. 다만 여기서 분명한 것은 스피드의 순수한 감각 체험이다. 이 '속도의 추상화' 속에 그려져 있는 입술의 주름이 설리의 춤사위로부터 얼마나 멀리 온 것인지는 알 수 없지만, 이제 더 이상 그것의 의미를 가늠해보려는 지적 호기심이 생겨나지 않는다는 사실만큼은 확실하다. 대신에 여기서 보다 선명해지는 것은 바로 그 속도를 느껴보고 싶다는 욕구, 그 아찔한 가속도에 직접 몸을 실어보고 싶다는 충동일 뿐이다.

▲ 랄랄라 춤으로 단번에
소비자의 눈길을 모은 박중훈.

EXHIBITION
review

세 여자의 세상 그리기

홍익대학교 대학원 미술사학과 수료.
현재 전국민족미술인연합 편집실장.
거칠고 사나운 미술판에서 살아남고자
발버둥 치다가 힘들 때면
따뜻하고 보드라운 아이의 살결만이
위로가 된다.
나에겐 복제인간이 필요하다.
공부하는 인간, 글 쓰는 인간,
창작하는 인간, 그림 보는 인간,
사람 만나는 인간, 돌아다니는 인간,
영화 보는 인간, 돈 버는 인간,
아이 키우는 인간….
그리고 원본인 진짜 나는
그저 자고 싶을 뿐이다.

내일 중 큰 부분을 차지하는 것은 전시장을 돌아다니는 일이다. 언제 어디에서 어떤 전시가 있나 눈여겨보아두었다가 제 때 제 때 찾아가지 않으면, 가뜩이나 짧은 전시기간을(보통 일주일, 그것도 설치, 철거하는 기간을 빼면 약 5일 정도이다) 놓쳐 버리기 일쑤이고, "야. 넌 미술평론가가, 그것도 인사동에 있으면서 그 전시도 못 봤냐?"는 핀잔을 듣기 마련이다. 적어도 남들이 보는 전시는 봐놔야 부지런한 것이고 인구에 회자되는 작가에 대해서는 알아놔야 어디 가서 명함이라도 디밀어 볼 수 있는 것이다. 그러나 물론 게으름이 가장 주원인이겠고, 더욱 나쁜 것은 "봐봤자 그게 그거고 맨날 똑같은 거 뭐" 하는 심정으로, 미술이 삶을 전혀 따라잡지도 못하면서 아니 도대체 맹탕이기만 한 것이 심심하고 진지하지 못하면서 왜 그렇게들 예술을 하는지, 아니 더 심하게 말하자면 소위 '예술'이란 걸 하는 사람들이 왜 이리도 게으르고 무지한지 하는 심정으로 변명을 대신하며, 봤어야 하는 전시, 독자들이 기대하는 전시에 대해 리뷰를 못하는 나를 용서해 주길 바란다.

그래도 전시장을 돌아다니다가 끌리는 느낌들이 있다. 물론 여러 가지 요소에 의한 것이겠지만, 일단은 잘(!!!)그린 그림들, 예쁜 것들, 기발함 같은 것이겠고 집착, 고착, 광기, 변태 같은 비정상적인 것들, 결핍되고 외롭고 징하게 고독한 것들, 애매하지만 '한국적'인 것들, 뭐 그런 것들이다. 어떻게 보면 굉장히 고전적인 요소들일 수 있는데, 내가 바로 386세대(30대 나이, 80년대 학번, 60년대 출생)이기 때문에 어쩔 수가 없다. 즉, 신세대의 발랄함도 참을 수 없고 구세대의 달관의 경지도 이해하지 못하기 때문이다. 고전적이고 교과서적인 것을 한번은 정말 잘 해보고 싶고, 잘 해놓은 것을 한번은 보고 싶기 때문이다.

그러나 이렇게 소박한 기대도 번번이 무너지곤 하는데, 우리나라의 미술계가 원래 쓸데없이 허방하기 때문이다. 그러니 이러한 허방함을 피해갈 수 있는 것은 허방하게 살지 않아도 되는 사람들이다. 그래서 허방한 남성작가들보다 여성작가들의 작품이 내게 강렬하게 다가온다. 물론 허방하지 않아서 행복한 건 아니다. 오히려 허방한 야망을 좇는 것이 삶을 지탱해 줄 때가 더 많다. 그러나 야망은 남자들의 몫이 아니었던가. 행복하지 않음이 한국의 아니, 어쩌면 전 세계(잘 모르지만) 여자들의 특징이지 않겠는가.

〈이혜경전〉(3.26-4.1/나무화랑)을 보며 느꼈던 것은 바로 그 '행복하지 않음'이었다. 물론 그녀의 작품들은 참 예뻤다. 옷이며 보자기며 이불을 만들었음직한 천 쪼가리들을 붙이거나 실로 이어 꿰맨, 정말 세련되고 훌륭한 구성이며 색감. 그런 것들을 매만지며 살아왔던 그녀 조상들의 노동과 생산과 한(恨)이 느껴지는 본능적인 통찰. 그녀가 세상을 보는 방식이 그것들을 대변

한다. 그러나, 그러기에 그녀를 둘러싼 세계에 대한 대결의식과 칼날을 가슴에 품은 복수의식(?)도 느껴진다. 물론 이렇게 무시무시하지는 않다. 그러나 그녀의 예쁜 천 쪼가리들을 보면서 나는 그녀가 불행

하다고 느낀다. 그녀가 보는 나무와 해와 꽃, 그녀가 보는 빨랫줄에 걸린 빨래며 사람들의 표정이 된 옷, 한 땀 한 땀 꿰매지고 붙여진 실과 천을 보면, 포기와 도전, 절망과 희망이 하루에도 수십 번씩 교차하는

▼ 이혜경 〈빨래 널기〉.

그녀의 예쁜 천 쪼가리들을 보면서 나는 그녀가 불행하다고 느낀다. 포기와 도전, 절망과 희망이 하루에도 수십 번씩 교차하는 한국적 아줌마의 조울(躁鬱)적 삶에 달라 붙어있는 작가의 절규와 심장 박동소리가 들려온다. 고요하나 섬뜩하다. 그녀가 이러한 작업을 계속하면서 행복해졌으면 하는 나의 바람은 아무도 믿지 않을지 모르지만, 처절하다. 밝은 해가 아니라 밝고 싶어하는 달이다.

▲ 전성숙 〈아름다운 사람 자영〉.

한국적 아줌마의 조울(躁鬱)적 삶에 달라 붙어있는 작가의 절규와 심장 박동소리가 들려온다. 고요하나 섬뜩하다. 그녀가 이러한 작업을 계속 하면서 행복해졌으면 하는 나의 바람은 아무도 믿지 않을지 모르지만, 처절하다. 밝은 해가 아니라 밝고 싶어하는 달이다. 그러나 밝아질 수 있을까? 잘 모르겠다. 서늘하다.

〈전성숙전〉(4.16-4.22/삼정 아트스페이스)에서 그녀가 보여준 또 다른 몸부림은, 씩씩하고 낙천적인 사람이 삶의 고통 끝까지 가보았을 때조차 버릴 수 없는, 생명이 있는 한 어쩔 수 없는 희망 같은 것이다. 엄마들이 뜨거운 것을 덥석 집고 칼에 벤 자국을 아파하지 않는 것처럼, 그녀에게 고통이란 그 아픔에 매몰될 여유 없이 통과해야 하는 끝없는 호흡이다. 이 세상에서 내가 제일 불행한 것이 아니라는 것을, 내가 이만큼인 것도 얼마나 다행이냐는 것을 확인하는 것은 황량한 세상을 살아가는 최후의 방법이다. 그러나 그녀가 감동받았던 스무 살 청년 '동화'(사람 이름)와 그의 동생, 어머니의 삶에 대한 그녀의 태도에는 고통의 극단에서까지 농담을 할 것만 같은 긍정적 에너지 또한 넘친다. 그녀는 살아날 수밖에 없다. 웃을 수밖에 없다. 그녀의 그림들은 그녀의 고통만큼 극단적으로 낙천적이며 희망적이다. 그녀가 동화에게 받은 희망만큼 그림에 있어서도 자신감을 회복한 것 같다. 그녀가 사는 동네를 그린 그림은 동양화에 대한 희망마저도 느끼게 해 준다. 그러나 역시 많이 아프다. 한국적인 위장병이 도진다. 그녀의 그림에서 떠올려지는, 내가 살았던 동네며 자라면서 겪었던 불행한 일들과 윗동네에 살았던 이상하고 불쌍한 할아버지 등에 대한 기억은, 고스란히 한국의 역사이며 극단적인 치유

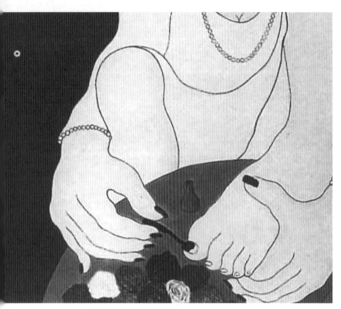

▲ 이현정 〈BEFORE WEDDING〉.

자들로 가득 차 있다. 발톱에 매니큐어를 칠하는 여자, 작가의 언니 얼굴, 체리 무늬의 원피스를 입은 자매, 꽃, 노랑과 빨강과 분홍 등등. 내가 아는 여성작가들이라면 이런 소재들을 어떻게 그렸을까 하는 생각을 하니, 분명 이현정에게는 너무나 고유하고 독특한 뇌의 구조 혹은 심장의 구조가 있는 것 같았다. 대부분 여성으로서의 자의식에 꽉 찬 작가들은 자신도 모르게 굉장히 설명적이 되고 혹은 그럴까봐 오히려 상징적이고자 노력하게 되는데, 그녀에겐 그러한 강박관념이 없다. 그녀는 여성으로서의 삶과 예술가로서의 삶 그 자체로부터도 그러지 않을까 하는 의심이 들었는데, 그녀의 주소가 미국으로 되어 있었기 때문이다. 그래서 그때부터 의심에 의심이 꼬리를 물고 그녀의 삶 전반

을 의심하기 시작했다. 어떻게 한국인으로서, 여자로서 이런 그림을 그릴 수 있지? 분명 부자에다가 학식 있고 교양 있고 서구적인 집안일 거야. 게다가 미국에서 공부하고 왔을 것이고 결혼도 잘 했을 거야. 에구, 그러나 왜 밉지 않을까? 이상하게도 나는 그녀의 발랄함과 구김살 없음에서 쉴 수가 있었다. '생명'과 '해방'에서 쉴 수 없었던 나는 그녀의 밝고 향기로운 방에서 위로받고 싶어졌다. 너무 오래 고단해서일까? 내 핏속에 역사적으로 흐르고 있는 슬픔을, 혹은 어떤 의무감이나 당위성으로 해서 스스로 입었던 하나의 껍질을, 여자로서의 고단함 없이 당당하고 밝게 살아온 한 천사가 벗겨주는 느낌이다. 밝다. 그녀는 달이 아니라 아침 햇살이다.

나에겐 이 모든 것들이 한꺼번에 필요하다. 허방한 미술들이 채워주지 못하는 다차원적인 이런 대화들이 필요하다. 이런 나의 욕망을 알아주는 이, 이들이 진짜 예술가가 아닌가.

법만이 그걸 덮을 수 있기 때문이다. 그래서 그녀의 그림에서 극단적인 치유법을 발견할 정도로 나도 혹은 다른 사람들도 많이 아프기 때문이다.

그런데 여기 이상한 돌출이 하나 있다. 〈이현정전〉(3.19-4.1/이십일세기)을 보면서 현실을 이렇게 아파하는 게 정상일까 하는 의문이 들었다. 그녀의 그림은 아주 밝고 쾌적하고 상큼하고 교양 있다. 그녀의 그림은 온통 여자임이 분명한, 여자임에 대해 '아무런 억압이 없는' 여

딸에게 보내는 편지-'서울여성영화제'의 의미

김소영 소장

1961년 서울에서 태어나
연세대 영어영문학과와 중앙대 대학원
영화학과를 졸업(석사)하였다.
번역서로
『세계영화사』(이론과 실천)가 있으며
『페미니즘/영화/여성』(여성사)을
공동으로 엮어 냈다.
여성문화예술기획에서 영화강좌,
〈여성의 눈으로 본 세계영화사〉의
기획과 진행도 맡았었다.
이외에도 여기저기서 영화에
대한 강의를 '즐겨왔고'
현재 중앙대학교 대학원 영화학과
박사과정의 학생이기도 하다.
최근 '서울여성영화제' 집행위원이자
아시아-태평양 지역 담당
프로그래머로 활동했다.

4월 11일부터 17일까지 장장 일주일에 걸쳐 동숭아트홀에서 열렸던 '서울여성영화제'가 드디어 끝났다. 오늘은 행사가 끝나고 솜처럼 피곤한 몸으로 들어와 아직도 가시지 않은 흥분을 삭이는 그런 시간이다.

지난 일주일을 되돌아보면 '여성 영화'를 본다는 믿음으로 정말 많은 사람들이 모였고 정말 많은 '말'들이 오고간 그런 시간이었다는 생각이 든다. 덕분에 매일 밤마다 늦게 들어와 이미 잠들어 있는 네 얼굴을 보아야 했고 급기야 네 아빠는 엄마가 '좋은 어머니가 되려는 모임'에라도 가입해야 한다고 성화를 대지 뭐니, 세상에! 생각다 못해 나는 이 글을 통해서 가족과 여성의

▼ 수미트라 페리스의 〈맏딸〉.

관계에 대해서 말하는 것으로 너와 나의 관계를 반추해보려고 한다. 그리고 가능하다면 어머니와 딸의 관계뿐 아니라 이번 행사의 의미까지 얘기될 수 있다면 더욱 좋겠지?

이번 영화제는 여성영화의 과거, 현재, 미래를 함께 확인하는 자리였어. 5개 부문 중에서 '한국영화'와 '딥 포커스: 뉴 저먼 페미니스트 시네마'가 '과거'에 중심을 두었다면 '새로운 물결', '아시아-태평양영화', '쟁점'은 최근 여성영화의 흐름을 살펴볼 수 있었던, '현재'에 초점이 맞춰진 영화였다.

여성영화의 미래는 이번 영화제의 유일한 경쟁부문인 '단편영화 및 비디오 경선'에서 찾을 수 있을 거야. 응모한 33편의 영화들을 통해

서 지금/여기에서 여성영화의 미래를 생각해볼 수 있는 기회였지. 여성들의 일상성, 여성들이 본 세상의 여러 가지 폭력들, 여성으로 산다는 것의 의미, 여성과 남성의 차이, 여성들끼리의 관계와 연대의 모색까지, 다양한 작품들 중에서 관객에게는 10편이 선보여졌단다. 물론 아직은 '바로 이것이야' 할 만한 작품이 많지 않았지만 이번 영화제의 열기로 보아 네가 '서울여성영화제'의 관객이 될 때쯤에는 정말로 다양하고 풍부하면서도 알찬 영화들이 나올 수 있으리라 믿는다. 그런 날이 올 때까지 나뿐만 아니라 하예린 너도 이 젊은 예비감독들을 아끼고 밀어줘야 해.

관객 얘기가 나와서 말인데 이번 영화제의 꽃은 단연코 관객이었어. 특히 아무래도 의례적인 행사가 될 가능성이 높은 개막식에도 굉장히 많은 관객들이 모였단다. 내가 보기에 관객들이 이렇게 많이 모인 것은 그 자리가 제1회 서울여성영화제라는 역사적인 현장이었을 뿐만 아니라 우리나라 최초의 여성감독이었던 박남옥감독의 영화 〈미망인〉이 상영되는 자리였기 때문인 것 같다.

이제 칠십이 넘어 미국에 머무르고 있는 박감독은 건강이 좋지 않아서 미처 영화제에 참석하지 못했지만 〈미망인〉이 상영되던 그날 우리들이 느꼈던 벅찬 감동은 멀리 LA까지 전해졌을 거야. 박남옥감독이 온갖 우여곡절 끝에 영화를 만들고 (그녀는 언니의 돈을 꾸어 만들고는 '자매영화사' 작품이라고 이름을 붙였단다) 지방으로 영화를 배급하러 다닐 때 엄마 등에 업혀있던 딸(이경주씨)은 이제 성인이 되어서 여성 영화제에서 엄마의 편지를 낭독하는 감동을 연출했단다.

▶ 영화
〈바운드〉의
제니퍼 틸리.

그 시대에 여자가 일을 한다는 게 어떤 건지, 그리고 영화현장은 또 얼마나 열악하기 짝이 없는지 생생히 목격했던 경주씨가 과거의 일을 지금까지 기억하고 있을까? 나는 그녀의 목소리를 들으면서 문득 네 생각을 했단다. 신기하지? 잊혀진 여성영화인의 역사, 여성이 기록한 역사를 되찾고 복원하는 일이야말로 '여성의 눈으로 세계를 보자'라는 이번 여성영화제의 이념과 만나는 지점이었다고 생각한다. 왜냐하면 여성에게 세계란 단지 공간적인 개념만이 아니기 때문이지.

마지막 부분에서 10분은 소리가 나오지 않고, 또 10여분은 필름 자체가 유실되어 결말 부분이 정확하진 않지만 〈미망인〉은 한국전쟁 직후 여성들의 현실을 확인할 수 있게 해주는 영화였다. '미망인'이라는 말 자체가 사실은 남편을 따라 죽어야했는데 살아남아있다는 의미를 가지고 있단다. 요즘도 여자 혼자 아이들을 키우기가 쉽지 않은데 경제적으로 열악했던 1950년대에 미망인 '신'이 어린 딸 '주'를 데리고 어떻게 살아남는지를 영화는 아주 잘 보여 주고 있다.

특히 요즈음 영화도 흉내 내지 못할 솔직함이 '여성의 욕망'의 문

JENNIFER TILLY GINA GERSHON JOE PANTOLIANO

FOR MONEY.
FOR MURDER.
FOR EACH OTHER.

BOUND

제를 통해 보여진단다. '결혼한 여자' 혹은 '아이가 딸린 여자', '젊은 남자의 전 애인' 등 여성들과 남성들의 관계설정을 통해서 그 관계가 어떻게 흔들리게 되는지 지켜보는 건 자못 흥미로운 일이었어. 죽은 남편의 친구에게 경제적으로 의존하면서 그의 아내의 의심을 사고, 분을 못 이긴 그의 아내가 맞바람을 피우는데 그녀의 애인마저 미망인에게 관심을 쏟게 돼, 영화는 마치 먹이 사슬처럼 서로 먹고 먹히는 관계를 보여 줬단다. 엄마는 언젠가 커서 네가 그 영화를 볼 수 있다면 애정과 모성의 갈림길에 선 여성을 50년대에 어떻게 재현하고 있으며 그것이 이후 어떻게 변화하는지에 대해 너와 함께 이야기하고 싶다. 너는 2000년대식으로 그 영화의 결말을 다르게 구성할 수도 있겠지.

전통과 근대의 갈림길에 선 여성들은 1958년에 개봉된 신상옥 감독의 〈어느 여대생의 고백〉에서도 찾을 수 있지. 일곱 명에 불과한 한국 여성감독 목록에 이름이 들어있는 최은희가 바로 그 여대생으로 나온단다. 그녀는 학비를 대주던 할머니가 돌아가시자 생활비를 벌기 위해 직장을 찾으려고 시도해보지만

만만치 않고 마침내 추리소설을 즐겨 읽어온 친구의 충고에 따라 국회의원 딸 노릇을 하기 시작하지. 그날부터 그녀에게는 모든 것이 가능해졌고 마침내 변호사가 되기에 이른다.

남자에게서 버림받은 여성의 불행을 이용하여 그녀는 불행에서 벗어나고 다시 그녀는 자신의 전문성으로 또 다른 불행한 여성을 변호하게 되는 구조로, '쟁점' 부문에서 '여성들의 관계' 중 한 예가 될 수 있을 거야.

이 영화에서도 '어머니'가 등장하는데 가짜 딸의 정체를 알게 되지만 그 사실을 덮어주면서 그녀가 기회를 찾도록 도와주는 역할을 한다. 신데렐라의 계모 같은 여성상을 과감히 탈피하고 있는 셈이지만 동시에 근대화 과정에서의 어머니/아내의 책임을 설명하고 있기도 하다.

스리랑카의 유일한 여성감독 수미트라 페리스의 〈맏딸〉은 가족에

언젠가 네가 커서 〈미망인〉이란
영화를 볼 수 있다면
애정과 모성의 갈림길에 선 여성을
50년대에 어떻게 재현하고 있으며
그것이 이후
어떻게 변화하는지에 대해
너와 함께 이야기하고 싶다.
너는 2000년대식으로
그 영화의
결말을 다르게 구성할 수도 있겠지.

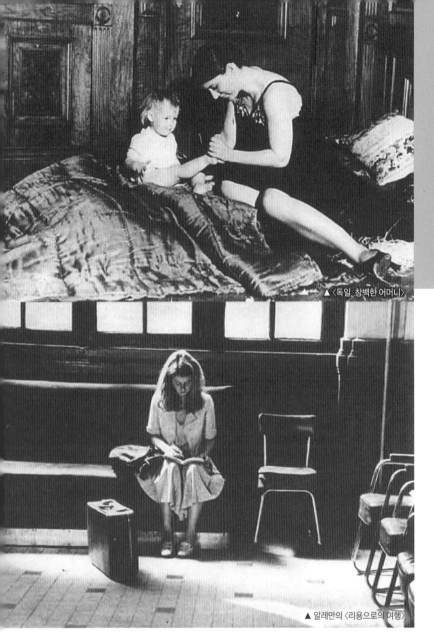

▲ 〈독일, 창백한 어머니〉.

▲ 알레만의 〈리용으로의 여행〉

대한 책임감 때문에 위험한 줄타기를 하는 푸나라는 여성이 주인공이야. 영화의 표면은 모터사이클, 기차, 타이프라이터, 그리고 도시적인 옷차림이 등장하지만 가족이라는 이름의 그 내부에는 푸나를 야금야금 먹어가는 커다란 입이 버티고 있다. 아직도 낡은 가치관이 온존하고 있는 가족은 너무나 편리하게도 그녀를 이용하곤 동시에 비난하지. 결혼, 지참금 제도, 처녀성, 그리고 맏딸 콤플렉스는 서로 뒤엉켜 있으며

어머니를 비롯한 가족들 각각이 각자 자신의 입장에서 그녀에게 기대고 있는 거야. 그 무게가 얼마나 무거웠을까. 우리나라에서 수천 킬로미터나 멀리 떨어져 있는 스리랑카의 한 여성의 모습에서 60, 70년대 우리나라 근대화의 과정에서 도시로 올라온 수많은 여성들을 발견한 것은 지나친 비약일까?

〈독일, 창백한 어머니〉는 우리 영화 〈미망인〉과 함께 여성의 관점에서 어떻게 전쟁을 바라볼 수 있는

가에 대한 재미있는 접근을 보여주고 있단다. 〈미망인〉이 한국전쟁 직후 상대적으로 가부장제의 힘이 약화된 지점에서 여성의 욕망을 보여주었다면 〈독일, 창백한 어머니〉는 어머니가 겪은 파시즘과 전쟁을 딸의 시각으로 재구성하고 있더라. 모녀관계를 통해서 여성의 정체성을 탐구하는 동시에 독일 여성의 역사를 여성의 눈으로 새롭게 해석하는 거지. 흔히 전쟁은 민족의 비극이니 하는 식으로 해석되던 것을 헬마 산더스 브라암스는 오히려 아버지가 전쟁에 참여한 이 시기에 일시적으로 가부장제가 해체됐다고 보는 거야. 전쟁으로 '집'이 파괴되었어도 모녀는 오히려 자유로웠고 그 유대감이 강했다면 반면에 전후 시기는 육체적, 정신적으로 파괴된 채 전쟁터에서 돌아온 아버지에 의해 여성들이 억압받고 모녀관계 또한 흔들리는 것으로 묘사된다. 즉, '라인 강의 기적'을 일구어냈던 복구의 50년대는 여성들에게 더 이상 번영의 시기가 아닌 셈이지.

우리는 이번 여성영화제를 통해서 '여성'이라고 불리는 정말로 다양한 사람들을 만났단다. 그들은 여성이라고 불린다는 것을 제외하면 지역, 인종, 계급, 각각의 상황들에

▲ 〈늦게 핀 꽃〉.

따라 아주 다양한 정체성을 가지고 있단다. 깊은 우정을 나누던 친구들 사이의 갈등(〈두 친구〉), 모녀사이의 갈등(〈한밤의 외침〉, 〈늦게 핀 꽃〉), 지식인 페미니스트와 일반 대중여성들 사이의 차이와 괴리(〈가려진 얼굴들〉), 인종과 민족이 다른 여성들 사이의 갈등(〈한밤의 외침〉, 〈불꽃 속에 태어나서〉), 동성애자들 사이의 관계(〈늦게 핀 꽃〉, 〈화이어〉, 〈바운드〉, 〈당신은 농담을 받아들일 수 없나요?〉, 〈바비의 일생〉)등이 다루어졌어.

이 영화들을 통해서 '여성의 적은 여성인가?'라고 여성들 사이의 관계를 평가절하하거나 혹은 '여성들 사이의 관계를 무조건적으로 신비화' 하는 고정관념에서 벗어날 수 있도록 물꼬를 텄다고 생각한다.

예를 들어 어머니와 딸 사이의 관계를 보자. 이른바 모성이데올로기에서 전능한 어머니에 대한 믿음은 한편으로는 어머니를 비난하는 경향을, 다른 한편으로는 완벽한 어머니에 대한 환상을 낳지. 또 피부 색깔이 달라서(〈한 밤의 외침〉), 아니면 성정체성이 달라서 어머니와 딸의 관계가 갈등을 일으키는 것(〈늦게 핀 꽃〉)을 보여줌으로써 여성들 각각의 역사(herstory)에 따라 여성들 사이의 차이와 같음이 나온다는 것도 알 수 있지. 여성영화제 기간 동안 매일 밤 열린, '관객과의 밤' 자리에서도 이 문제는 주요한 의제였다고 생각한다.

페미니즘이 단순히 여성이라는 사실만으로 이루어진다기보다 사회적으로 구성된 여성의 경험에 대한 사회적 담론과 그 정치적 실천을 포함한다고 볼 때 '여성들 간의 관계'라는 주제는 앞으로도 뜨거운 감자가 될 가능성이 높다. 일단 '여성영화제'라는 이름부터가 여성들끼리의 연대를 이념으로 삼고 있기 때문에 여성들 사이의 차이와 같음을 발견하는 것은 매우 중요하지. 물론 우리들의 공통점은 정말 너무 적을지도 몰라. 하지만 결국은 우리가 '함께' 여성영화제를 만들었고, 그 '현장'에 같이 있었다는 것만으로도 이미 연대를 시작했다고 보고 싶다.

오히려 문제는 이후야. 이번 영화제 하나를 해내기 위해서 얼마나 많은 사람들이 움직여야 했는지를 잊지 말고 그 힘을 계속적으로 축적시키고 연장시켜야 한다는 거야. 아마 그런 여성들의 힘이 지속될 때 여성 영화제는 '불꽃 속에 태어나서' 모든 사람들의 희망이 될 수 있을 거야. 그 희망은 마치 어머니인 내가 우리 딸 하예린이가 하루하루 커가는 것을 바라볼 때 느끼는 그런 심정과 같을 거야. 2년 후 열리는 '서울여성영화제'는 만든 이들과 관객 들이 함께 하는 진정한 축제로 또 하나의 사건이 되기를 기대해본다. 그때는 너도 뭔가 도울 일이 있을 거야. 여성영화제가 한층 성장하듯이 너도 부쩍 자라있겠지? 하예린아, 너도 그때가 기다려지지?

THEATER
review

1997년 봄,
〈그 여자 억척어멈〉과 〈밤으로의 긴 여로〉 사이

이대 인문대 연극반에서 신나게
활동하다가 중앙대 대학원에서
연극학을 전공하고 여성들의
이야기를 다룬 몇 편의 작품들에
조연출과 드라마투르기로 참여했다.
〈자기만의 방〉, 〈무소의 뿔처럼 혼자서
가라〉, 〈아마조네스의 꿈〉, 〈여자는
무엇으로 사는가〉, 〈새들은 제 이름을
부르며 운다〉….
"연극을 볼 때가 가장 재밌고 따분하다.
연극을 만들 때가 가장 즐겁고
고통스럽다. 연극은 배고픈
직업이라나? 하지만 상관없다.
어차피 별로 많이 먹지는 않으니까…."

연극은 커뮤니케이션이다. 작가가 다양한 삶 속에 묻힌 진실을 예리하게 포착해내어 이야기를 꾸며내면 연출가는 가능한 모든 시청각적 이미지를 동원하여 무대를 상상력이 가득한 공간으로 확장시키고, 배우는 그 속에서 관객과 직접 만나 생생하고 실감나는 이야기를 온몸으로 보여준다.

연극은 살아있다. 무대와 객석의 교감, 그 혼연일체 속에서 때로는 미약하게, 때로는 힘차게 요동친다. 물론 TV드라마와 비디오, 영화에 밀려 가난한 예술, 관객의 외면이라는 한계 속에서 허덕이고 있기는 하지만. 그렇다고 연극의 미래가 어둡거나 우울하지만은 않다. 연극이라는 장르가 갖고 있는 근원적인 매력, 즉 사람과 사람이 직접 만나 인생의 본질에 대한 대화를 나누는 방식이 유효한 한, 앞으로도 영원히 연극은 질기게 살아남아 우리를 감동시킬 것이다.

1997년 봄.

여성의 이야기를 다룬 섬세하고 아름다운 작품은 눈에 띄지 않는다. 동숭동의 뒷골목에선 상업적인 의도를 가진 한심한 공연들이 여전히 분위기를 흐리고 있고, 좋은 작품을 선보이기 위해 고군분투하는 진정한 연극인들은 썰렁한 객석을 바라보며 긴 한숨을 내쉬고 있다. 하지만 휑한 무대에 따사로운 봄기운을 불어넣을 작품들이 하나 둘 무대 위에 오르고 있다. 그 가운데 눈길을 끄는 두 작품. 브레히트 원작을 각색한 박정자 주연의 〈그 여자 억척어멈〉과 미국연극의 아버지라고 불리는 극작가 유진 오닐의 〈밤으로의 긴 여로〉.

아리스토텔레스의 공포와 연민을 통한 카타르시스효과에 반기를 내걸고 소외효과를 통한 냉철한 사회적 인식과 변혁을 주장했던 서사극의 창시자 베르톨트 브레히트. 그의 명작 〈억척어멈(Mother Courage)〉을 한국적인 상황에 맞게 재구성한 〈그 여자 억척어멈〉(극단 자유)은 3월 일본 도쿄에서 가족을 주제로 열린 제1회 국제 연극 페스티벌에 한국 대표로 참가하여 호평을 받은 작품이다. 그리고 4월 8일부터 학전블루에서 장기공연에 돌입했다. 〈웬일이세요, 당신〉, 〈11월의 왈츠〉에 이은 박정자의 세 번째 모노드라마.

막이 오르면 검은색 군화에 빛바랜 주름치마를 입은 그녀가 뛰어나와서 마이크를 들고 신나게 노래를 불러 젖힌다. 곡목은 〈굳세어라

금순아〉, 시작부터 서사적인 극적 구성이나 스토리보다는 한 여배우의 열정과 끼의 세례 속에 정신없이 휘둘릴 것 같은 분위기가 역력하다. 한국 전쟁이 한창이던 51년 부산. 징용 간 남편과 의용군으로 끌려간 아들을 둔 한 여배우가 브레히트의 〈억척어멈〉을 공연하려다 브레히트가 공산주의자란 이유로 공연금지를 당하자, 검열을 피해 작품배경을 동학혁명 당시로 바꿔 무대에 올린다는 게 대강의 줄거리.

극장 측에서 준비한 전단을 보면 이 연극의 제목 아래 조그만 글씨로 '박정자의 노래하는 연극'이라는 부제가 붙어 있는데, 그래서인지 배우는 극중 내내 노래를 부른다. 〈억척 어멈의 노래〉, 〈낭만에 대하여〉, 〈밀양 아리랑〉, 〈정선 아리랑〉등등 한순간 가라오케에 와있나 하는 착각을 할 정도로. 물론 브레히트가 소외효과의 한 방법으로 노래를 많이 사용하기는 했지만 그건 감정이입을 막겠다는 확실한 의도가 있었는데, 이 연극에서도 그런 미학적 고려가 있었는지는 좀 의심스럽다. 하지만 어쨌든 중저음의 묘한 매력을 가진 박정자의 노래는 관객들의 귀를 즐겁게 해주었고 산만하고 허술한 극적 구성의 빈틈을

메꾸어 준 것만은 부인할 수 없는 사실이다.

외국공연을 위해 만들었기 때문인지 이 작품은 대사보다는 노래나 인형 같은 다양한 시청각적인 이미지의 활용을 통해 극을 이끌어 가고 있다. 무대미술가 이병복씨가 만든 3개의 무대막과 수레, 사다리, 은은한 질감의 색동저고리를 입은 인형과 만석중 놀이를 이용한 그림자극은 특유의 여성적인 섬세함으로 극을 한층 격조 있게 만들어 주었다.

그러나 뭐니뭐니해도 이 연극의 압권은 의연하고 강인한 어머니상을 연기해낸 배우 박정자의 저력이다. 전쟁통에 자식을 잃고도 꿋꿋하게 걸어가는 우리들의 할머니와 어머니를 재현한 그녀의 열정은 우리에게 단순한 모성

▲ 〈그 여자 억척어멈〉의 박정자.

애 이상의 힘을 느끼게 해 준다. 어떤 연극이든지 옥의 티랄까 결함은 있게 마련이다. 〈그 여자 억척어멈〉도 구성상의 허점과 브레히트의 독특한 연극미학적인 기법, 즉 소외효

커튼콜에서 그녀는
까만 미니스커트에 그물스타킹을
신고 보랏빛 숄을
걸치고 나와
다시 노래를 부른다.
차림새만으로 충분히 쇼킹하다.
아니 56세의 여배우가 이럴 수가!
약간 주착이지 하는 생각을 하는 순간,
그녀는
예의 겸손한 목소리로 은근하게
멘트를 시작한다.
"참 염치도 좋죠? 하지만
연극의 진정한 매력과 아름다움은
바로 이 순간에
있습니다."

과 차용에 있어서 의 문제점을 드러 냈다. 좀 심하게 말 하자면 브레히트 의 작품과는 아무 런 상관이 없는 듯 이 보인다. 그러나 모노드라마가 배 우 1인의 개성적이 고 매력적인 연기의 힘으로 관객을 사로잡았다가 잠시 풀어주었다가 긴장과 이완의 하모니라면 역시 배 우 박정자는 탁월한 연기력의 소유 자다. 단지 사랑받고 싶어 하는 그 녀의 열망이 너무 강해 조금 '오버' 하는 경우가 있긴 하지만.

예를 들면 커튼콜에서 그녀는 까만 미니스커트에 그물스타킹을 신고 보랏빛 숄을 걸치고 나와 다시 노래를 부른다. 차림새만으로 충분 히 쇼킹하다. 아니 56세의 여배우 가 이럴 수가! 약간 주착이지 하는 생각을 하는 순간, 그녀는 예의 겸 손한 목소리로 은근하게 멘트를 하 기 시작한다. "참 염치도 좋죠? 하 지만 연극의 진정한 매력과 아름다 움은 바로 이 순간에 있습니다. 객 석에 앉아있는 여러분과 마음을 나 눌 때 저는 배우로서 가장 행복함을 느낍니다." 그리고 깊숙이 머리를

숙인다. 끝까지 최선을 다하는 배우 는 역시 연극의 꽃, 아름다움의 결 정체다. 한 중견 여배우가 가진 강 한 연기자로서의 카리스마를 흠씬 느낄 수 있다는 것, 이것이 바로 연 극이 가진 장점 중 하나, 살아있는 배우와의 직접적인 교감이라는 관 객만의 특권일 것이다.

다음은 유진 오닐의 자전적인 작품 〈밤으로의 긴 여로〉.

극단 산울림이 3월 20일부터 고 이해랑 선생을 추모하기 위해 기획 한 공연이다. 시간이 흘러도 변하지 않는 감동적인 작품을 발굴, 계승하 겠다는 취지와 작가 자신의 개인사 를 예술로 승화시킨 한 가족의 초상 화를 통해 오늘날의 가족의 의미를 되새겨보겠다는 극단 측의 진지한 의지가 깔려 있다.

유진 오닐은 부인에게 이 작품 을 자신이 죽은 뒤 25년간 공개하 지 말 것을 당부했다. 그 스스로 '눈 물과 피로 쓰인 지난날의 슬픔'이라 고 밝혔듯이 떠올리고 싶지 않을 만 큼 아픈 가족의 이야기가 담겨 있 기 때문이었다. 지독하게 가난했던 어린 시절의 경험 때문에 돈에 강한 집착을 보이는 보수적인 연극배우 출신의 아버지 제임스, 배우의 아내 이기에 정착하지 못하고 여기저기

떠돌아다닐 수밖에 없었던 고단한 삶, 그리고 남편의 인색함 때문에 마약중독에 빠진 어머니 메어리, 반항적이고 냉소적인 알코올중독자형 제이미, 예민하고 염세적인 폐결핵환자 동생 에드먼드(오닐 자신) 등 비정상적인 가족 구성원 간에 얽힌 갈등과 화해의 과정이 담겨있는 작품.

미국 사실주의 연극의 진수를 보여주는 〈밤으로의 긴 여로〉는 위대한 작가의 인생에 대한 깊은 통찰력과 표현력이 돋보이는 수작이다. 흔히 자신의 이야기를 그려낼 때 빠지기 쉬운 함정, 즉 객관적인 시선의 부재에 매몰되지 않고 냉철하게 거리두기를 하면서도 한편 따스한 시선으로 자신과 가족을 관찰해내는데 성공했다. 그러나 정작 무대 위에서의 형상화는 그다지 만족스럽지 못했다. 강한 개성과 충격적인 스타일을 고수해온 연출가 채윤일씨는 '기교나 형식이 아니라 오직 내면의 진실만이 관객을 감동시킬 수 있다'는 서해랑 선생의 사실주의 연극정신을 되새기며 작품에 임했다고 밝히고 있다. 하지만 원전대로 고집스럽게 작품을 만들었기 때문에 관객들은 무려 3시간에 가까운 공연시간 동안 지루함과 싸워야 한다. 이 작품에서 필자가 주목한 것은 어머니였다. 아니 여성으로서의 비극이었다고 하는 게 옳을지도 모르겠다. 사랑에 대한 환상을 안고 결혼을 했지만 현실은 참혹할 정도로 자신의 꿈과는 거리가 멀다는 사실을 깨닫고 절망하는 어머니. 공연을 하느라 한 곳에 정착할 수 없는 남편의 직업 때문에 단란한 가정을 꾸리지 못했다며 꿈 많고 자유롭던 유년 시절에 집착하는 그녀가 마약에 빠져든 건 어쩌면 자연스러운 일이었는지도 모른다.

끊임없이 사랑을 확인하기 위해 불안하고 위태롭게 남편과 자식을 챙기는 어머니의 모습에서 우리는 자신의 정체성을 상실하고 혼돈에 빠져 있는 '나약한 여성'의 모습을 읽을 수 있다. 그러기에 마지막 장면에서 마약에 흠뻑 취한 어머니가 봉아상태에 빠져 백발을 소녀처럼 땋아 늘어뜨리고 창백한 얼굴로 웨딩드레스를 끌고 나타나 말하는 마지막 대사는 섬짓하기까지 하다.

"…그리곤 봄이 오자 어떤 사건이 일어났죠. 그래요. 생각나는군요. 제임스 티오론하고 사랑에 빠져 한동안은 행복했어요."

물론 위에서 지적한 다른 문제점도 있긴 했지만, 무엇보다 어머니 역을 맡은 여배우가 좀 더 연기를 잘해주었다면 가슴 찡한 감동을 느낄 수 있었을 텐데 하는 아쉬움이 남는 공연이었다.

연극의 생명력은 좋은 희곡, 탁월한 연출, 그리고 뛰어난 배우의 삼위일체에 있다. 그 중에서도 관객의 내면 저 너머까지 넘나드는 배우의 연기술이 가장 섬세하게 빛날 때 무대를 찾아오는 사람들의 발길이 영원히 이어질 것이다.

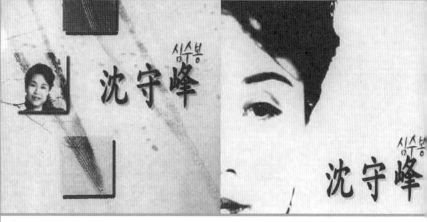

여가수 앨범 100만장 시대 열리다

모처럼 가요계에 여가수들이 활짝 피어나고 있다. 신예 양파와 리아가 오빠부대로 무장한 남자가수들 틈에서도 음반판매 순위 상위권에서 당당히 경합중이며 실력파 가수들인 심수봉, 이상은, 권진원 등이 그 뒤를 튼튼히 뒷받침하고 있다. 한층 세련된 섹시함으로 무장한 엄정화, 김혜림, 이예린도 주류시장에서 주목받고 있으며 신인 하니는 내로라하는 해외 록 스타들과 작업한 데뷔앨범으로 화제를 불러 모았다. 과거 '돈 안 되는 음반'으로 밀쳐져왔던 여가수들의 음반이 지난 95년 말 이소라 데뷔앨범 100만장 돌파를 계기로 우먼파워를 과시하고 있다. 한 분기에 제대로 대접받는 음반 1, 2장 나오기 어렵던 여가수들의 음반은 올해 1/4분기에만 10여장이 쏟아져 바야흐로 여가수 앨범 100만장 시대를 열고 있는 것이다.

• 심수봉 〈오리지널 골든 베스트, 오리지널 골든 애창곡〉

"지난해부터야 비로소 가수의 인생을 살고 있는 것 같다"는 그가 노래인생 20년을 결산하며 직접 선곡해 마련한 2장의 중간결산집이다. 심수봉이 70년대 트롯가수로서 유일한 싱어송 라이터라는 점에서 가요사에서 그가 차지할 비중은 크다. 아쉬운 점이 있다면 골든 베스트에 옛날 목소리 그대로인 '당신은 누구시길래', '남자는 배 여자는 항구', '무궁화'를 그대로 실으면서 '그때 그 사람'을 옛 목소리로 수록하지 못했다는 점이다. 본인이 직접 작사 작곡한 노래임에도 옛 음반사가 판권을 지니고 있어 허락하지 않았기 때문이다.

• 이상은 〈외롭고 웃긴 가게〉

장난기 어린 '담다디' 시절의 보이시걸 풍은 이제 더 이상 이상은의 외모와 음악에서 찾아볼 수 없다. 그는 지난해 '공무도하가'로 돌아왔을 때 주었던 충격과 또 다른 음악으로 한 번 더 놀라게 한다. 더 이상 주류시장에서 자신을 소모시키지 않겠다며 미련 없이 가요계를 훌쩍 떠났던 그는 이 음반으로 명실상부한 언더그라운드 가수가 됐다. 자기를 찾아 떠난 여정이 주제인 이 음반은 자신이 하고 싶은 음악을 다 한, 음반판매에는 전혀 관심 없다는 듯한 태도로 일관하는 자신만만함을 지니고 있다.

• 권진원 〈집으로 가는 길〉

〈노래를 찾는 사람들〉(노찾사) 출신의 권진원은 포크계의 명맥을 이어가는 몇 명 되지 않는 여가수 중 하나다. 노찾사 시절 불렀던 김민기 작사 작곡의 '아름다운 사람'을 다시 녹음해 향수를 불러일으킨다. 딸 하나를 둔 주부인 권진원의 노래에는 세상을 바라보는 따뜻한 시선이 편안한 보컬 속에 담겨 있다. 지친 심신을 달래기에는 더없이 좋은 음반이다. 90년대를 살아가면서도 아직까지 노래운동을 하던 80년대 정서를 고이 접어 간직하고 있는 그의 마음을 직접 작사, 작곡, 편곡한 노래들에서 찾아볼 수 있다.

• 엄정화 〈후애〉

한층 세련된 섹시함으로 무장한 엄정화의 세 번째 앨범이다. 유럽풍의 테크노댄스에 랩 등 흑인 음악적 요소를 가미해 국적 불명의 노래들이 대부분이다. 그러나 수록된 대부분의 댄스곡들이 다운타운가의 취향을 발 빠르게 파악, 박미경이 빠진 가요계에서 그는 당분간 새로운 댄스여왕의 자리를 지킬 것으로 보인다. 어느새 3집 앨범을 내게 된 엄정화는 초기에 비해 성숙하고 차분한 노래실력을 들려준다. 특히 흐느끼는 듯한 엄정화의 보이스컬러는 뭇남성들을 잠 못 이루게 할 것 같다.

▲ 하니 〈파라다이스〉.
▶ 김혜림 〈더 비기닝〉, 이예린 〈이프〉, 양파 〈애송이의 사랑〉 (왼쪽부터).

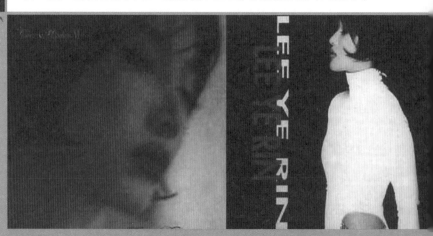

• 리아 〈다이어리〉

19세 소녀의 목소리라고는 믿어지지 않는 기교가 노래 곳곳에서 배어나온다. 자신이 직접 작사를 맡은 '유토피아', '복장 불량', '가출한 친구에게', '개성' 등은 스무 살도 안 된 젊은이의 톡톡 튀는 개성과 감성을 발산, 동년배들로부터 공감을 사고 있다. 주주클럽의 주다인이 먼저 선보였던 얼터너티브 창법을 제대로 구사할 줄 아는 리아는 이미 언더그라운드와 오버 그라운드의 스타가 됐다. 대학로 라이브극장 측은 이 신예 로커의 공연을 위해 올 한 해 동안 매달 마지막 주말을 비워두는 배려를 했다. 모처럼 가요계는 탁월한 가창력의 신인 하나를 건진 셈이다.

• 양파 〈애송이의 사랑〉

소울 창법을 구사할 줄 안다는 이유 하나만으로 청소년들로부터 폭발적인 인기를 모으고 있다. 그러나 자질은 갖추고 있으나 아직은 설익은 목소리여서 더 많은 음악훈련을 받지 않는다면 롱런하기는 어려울 것이라는 평을 많이 듣는 가수다. 공삭은 소리의 대명사인 소울 창법의 특성상, 어린 소녀를 앞세운 상혼이라는 지적도 많이 들린다. 타이틀곡 '애송이의 사랑'은 기독교윤리실천위원회로부터 "잃어버린 만큼 자유롭다는 걸 세상은 쉽게 잊으려해…만약 열정을 끌어안을 수 있다면 우리는 또 다른 곳에 도달할 수 있어"라는 가사가 선정적이라는 이유로 청소년에 유해하다는 판결을 받기도 했다.

• 이예린 〈이프〉

외모의 섹시함만을 내세우면 기복이 심하다는 것을 보여준 대표적인 가수다. 한층 눈길을 자극하는 표지로 3집 앨범을 내놓았지만 지난해 청소년들의 우상이었던 톱의 위치를 후배들에게 내어주고 말았다. 이예린은 가수라면 으레 갖추고 있어야 할 자신만의 매력적인 목소리도 지니지 못하고 있다. 여기에다 '날 버리지 말란 말야…'로 시작하는 타이틀곡 '용서'가 여성의 자기비하로 일관된 앨범 전체의 가사를 대변한다.

• 김혜림 〈더 비기닝〉

어느덧 6집 앨범을 내놓는 김혜림의 새로운 각오가 들어 있다. 팝 발라드 가수였던 그가 쟁쟁한 '넥스트'의 멤버들을 세션으로 한 록버전 곡 '메모리'를 타이틀곡으로 내세운 앨범이다. 싱어송 라이터여야만 비로소 실력 있는 뮤지션으로 각광받는 요즘 가요계 풍토에서 그저 가수인 그가 지금까지 생존해온 비결을 엿볼 수 있게 한다. 그러나 발라드 작사가로선 톱클래스인 박주연이 대다수의 작사를 맡은 이 앨범은 여전히 사랑타령이다. 록비트 '옛 애인'의 경우도 그(옛 애인)의 말 한마디에 더 살아보겠다, 옛 애인을 위해 행복해지겠다는 다짐을 하는 수동적 여성상을 강조할 뿐이다.

• 하니 〈파라다이스〉

음악성에 감탄한 미국의 쟁쟁한 록 스타들이 대거 참여해 화제가 된 가수다. '딥 퍼플' 출신의 키보드주자 팻 리건이 프로듀서를 맡았으며 '토토'의 스티브 루카서, '미스터 빅'의 팻 토페이, 빌리 쉬 등 20여명이나 되는 록의 실력자들이 자발적으로 음반작업에 참여한 일은 한국가요 역사상 이번이 처음이다. 이 음반을 위해 10년을 준비해왔다는 신인여가수 하니는 요즘의 현란한 상업적 음악들과는 거리가 멀다. 초등학생을 비롯한 10대보다는 청장년 팬들이 더 많아질 것으로 기대된다. 캐나다 출신 여가수 조안 모스본의 초기음악이나 김추자처럼 힘 있는 보컬이 그의 매력이다.

한 소 영

66년 부산생.
그러나 고향을 서울이라
떠벌리고 다니는 서울내기.
92년 문화일보에 입사해
방송·대중음악을 담당해왔다.
94년 결혼.

◆ 이 광고는 1997년에 실린 것으로 2017년에는 출판사의 사정으로 절판된 도서입니다.

나는 길들여지지 않는다

자기의 표정으로 당당하게 살아가는 사람이 아름답다!

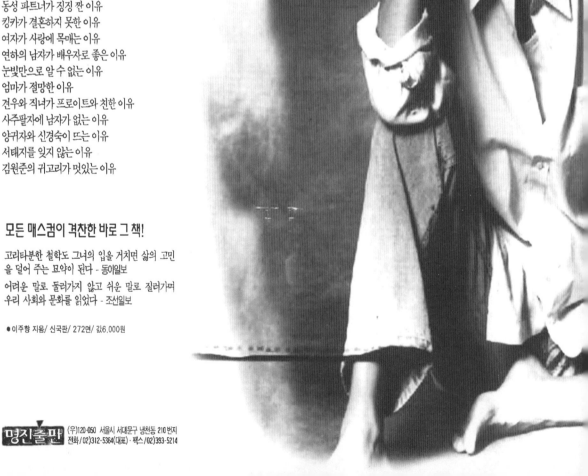

신세대 철학교수 이주향의 90년대 사랑과 문화 읽기

CONTENT······

더이상 결혼이 감미롭지 않은 이유
순결이 웃기는 이유
목욕탕집 둘째 며느리가 슬펐던 이유
섹스가 운동이 된 이유
동성 파트너가 징징 짠 이유
킹카가 결혼하지 못한 이유
여자가 사랑에 목매는 이유
연하의 남자가 배우자로 좋은 이유
눈빛만으로 알 수 없는 이유
엄마가 절망한 이유
견우와 직녀가 프로이트와 친한 이유
사주팔자에 남자가 없는 이유
양귀자와 신경숙이 뜨는 이유
서태지를 잊지 않는 이유
김원준의 귀고리가 멋있는 이유

모든 매스컴이 격찬한 바로 그 책!

고리타분한 철학도 그녀의 입을 거치면 삶의 고민
을 덜어 주는 묘약이 된다 - 동아일보
어려운 말로 돌러가지 않고 쉬운 말로 질러가며
우리 사회와 문화를 읽었다 - 조선일보

● 이주향 지음/ 신국판/ 272면/ 값6,000원

명진출판 (우)120-050 서울시 서대문구 냉천동 210 번지
전화/02)312-5364(대표)·팩스/02)393-5214

BOOK
review

히스테리아가 뽑은 여름의 책

사진 임종진

히 스 테 리 아

호흡을 멈추는 날까지
페미니스트로 살아가려 하는
미친 여자들.
분노와 저항을 목에 걸고,
가부장제 문화를 향해 돌진하려는
미친 여자들.
이미 『이갈리아의 딸들』을 번역 출판.
현재는 한권의 변역서와 기획서를
준비 중이고,
성교육 슬라이드와 비디오 프로그램을
기획/제작하려 하고,
페미니즘과 관련된
일체의 행사를 하고 싶어하는
미친 여자들.

지적욕구가 넘치는 독자들을 위한 책들

『슬픈 누드 & 화려한 거짓말』 이재기 옮김
두영

서양회화의 한 장르였던 누드화에 개입되어 있는 남성중심적인 시각을 지적하면서, 현 사회의 성차별성과 남성에게 볼거리의 대상이 되고 있는 여성성을 비판적으로 다뤘다. 존 버거의 『시각』이라는 책과 다양성에 대한 새로운 인식과 중심성의 해체를 주장하는 포스트모던이라는 신시대 상황에서도 엄존하고 있는 남성중심성을 비판하고 있는 크레이그 오웬스의 『타자들의 담론 : 페미니스트와 포스트모더니즘』이라는 책을 중심으로 해서 엮은 책이다.

루시 구디슨 『여자들의 꿈』 김인성 옮김
또 하나의 문화

20년 이상 꿈을 연구해온 루시 구디슨은 이 책에서 꿈꾸는 사람이면 누구나 꿈의 주인으로 꿈을 적극적으로 풀어나갈 힘을 지니고 있음을 알려 주고 있다. 특히 남자들과 여자들의 경험이 다르기 때문에, 프로이트나 융 등 남성 이론가들이 세워놓은 꿈 해석체계로는 여자들의 꿈을 제대로 다룰 수 없다는 것이다.

꿈의 의미를 발견하기 위해 꿈을 기억하고 꿈을 다루는 방법에 대해 실질적인 조언을 많이 담고 있는 이 책은 도구를 제공하고, 가능성을 보이고, 개인적으로든 친구와 함께든 스스로 탐색해보라고 격려한다. 이제 우리의 꿈을 풀어보자. 서로의 꿈을 나누면서, 낮과 밤을 하나로 이으면서 마음을 여는 긴 여행을 떠나자.

조혜정 『학교를 거부하는 아이, 아이를 거부하는 사회』 또하나의 문화

학교에 적응하지 못한 문제아를 통해 역으로 우리사회가 얼마나 이들을 내몰고 있는가를 드러내는 한편, 입시 중압감 속에서 찌들지 않고 나름대로 살기 위해 안간힘 쓰는 아이들의 모습을 그들을 둘러싼 환경 속에서 파악해보려 한 글이다. 우리의 미래를 엮어갈 아이들의 현재에 관한 보고서.

우테 에하르트 『모나리자 신드롬』
홍미정 옮김 글담

저자는 이 책을 통해 여성에게 길들여진 무력감의 총체적 증후군을 모나리자 신드롬이라고 명명한다. 다양한 사례분석을 통해 여성 독자들이 자기의 신드롬 증세를 파악하고 어떤 경우에 어떻게 대처해야 할지를 체득해나갈 수 있는 구체적이고 실질적인 전략들을 선사하고 있다. 최근 한국에 부는 '나쁜 여자가 되자'라는 구호의 원조 격인 책.

모성에 대해 새로운 읽기

어머니는 항상 거기 있었다. 항상 환한 웃음으로. 우리가 알고 있는 것은 단지 그 모습 뿐이었다. 주름살과 늘어진 가슴과 점점 작아지는 여성으로서의 어머니를 새롭게 볼 때, 우리는 그 주름살이 삶의 오랜 경륜과 넉넉함에서 나온 여성의 힘이라는 것을 알았다. 어머니에게 모든 것을 포기하고 나만을, 우리만을 보아줄 것을 요구하던 우리사회의 억압적인 모성이 아니라 사람을 키우고 보살피고 살리는 여성으로서, 개인으로서의 어머니가 일구는 세상은 어머니와 우리 모두에게 건강한 삶을 만들어갈 수 있는 힘을 준다.

오숙희『딸들에게 희망을』석필

그녀의 말과 행동에는 힘이 넘친다. 가정과 사회에서 제대로 된 대접 한번 받아보지 못하고 주눅 들고 응어리진 여성의 목소리를 대변해 왔기 때문일 것이다. 그런 그녀가 곰삭은 내 나는 자신의 식구들 이야기를 풀어낸다. 핏줄이 같은 사람부터 다른 사람까지 닫힌 가족이 아닌 열린 식구(그녀 말대로라면 비빔밥 식구)의 생활을 해온 그녀. 새롭게 땅 내음 나는 김포의 고촌으로 안착하기까지의 사연, 말다운 말을 못하는 그녀의 둘째 딸과의 어렵지만 의미 있는 모녀관계 등을 보여준다.

여자로 태어나면 손해 보는 이 세상에서 딸딸이 엄마로 살아가는 그녀가 일상생활의 자질구레한 성차별의 문제를 바라보며 딸들에게 희망을 주는 씩씩한 어머니로서의 힘을 보여 준다. 이제는 안 먹고 안 입고 허기지고 배고프면서도 그것을 참아냈던 과거의 어머니에서 벗어나 당당한 어머니로 딸들에게도 용기를 주며 세상을 바꾸어 나가라고 충고한다.

레기네 슈나이더『일하는 엄마가 좋은 엄마』김순화 옮김 글담

엄마와 아이!? 아이의 말과 귀가 트이자마자 어머니에게 요구하는 일은 몇 배로 늘어나고 그 모든 것을 감당해야 하는 어머니들은 어디에다 하소연할 데도 없이 끊임없이 자신이 잘하고 있는가 하는 심사를 받게 된다. 특히 취업주부가 늘어나고 있는 현실에서 직장을 다니는 어머니들은 심한 자책감에 시달리는 경우가 다반사이다.

여기 이 책은 어머니와 아이의 관계에서 가장 중요한 것은 "엄마가 얼마나 오랫동안 아이와 함께 지내느냐가 아니라 아이와 있는 시간이 얼마나 즐거우냐이다"라고 주장한다. 그를 위해서 직업을 갖든, 전업주부로 집에 머물든 자신만의 일을 갖고 만족하는 엄마가 중요하다는 것을 일깨워 준다.

남성들에게 권하는 책

세상이 변해가는 만큼 여성들의 의식도 날로 변해 가는데 남성들의 의식과 행동은 여전히 과거의 언저리만을 맴돈다. 그들의 변화가 필요한 때이다. 변화해가는 여성들에 발맞추어 그 보폭이라도 맞출 수 있기 위해서 남성들이 읽어보아야 할 책을 다음과 같이 소개한다.

게르트 브란덴베르그『이갈리아의 딸들』노옥재 외 옮김 황금가지

여성과 남성이 아닌, 움과 맨움으로 이루어진 평등한 나라 이갈리아. 여성의 평균적 생리 주기를 따라 1년이 13개월로 이루어지고 마지막 13월에는 화려한 월경축제가 열리는 곳. 평등하다고 알려진 그 사회에서 불평등한 맨움과 움의 관계를 바꾸어 나가고자 하는 맨움 해방주의자들이 주인공이 되어 사회변화를 도모해가는 과정이 생생하게 그려져 있다. 이 책을 읽는 까다롭지만 즐거운 재미는, 단어와 어투에서 풍기는 언어성차별을 찾아보는 것과 뒤바뀐 세계가 가진 긍정점은 무엇일까, 주인공이 자신의 사회적 현실을 뒤바꾼 소설을 펴냈을 때의 반응과, 현재 이 책을 읽으면서 느끼는 반응을 비교해보는 것이다. 특정한 성에 의한 지배, 한 사회가 특정한 성의 지배를 만들고 유지하기 위해 동원하는 의미와 상징체계에 대해 고민을 던지는 계기가 될 것이다.

조재구『마지못해 한 이혼, 뜻밖의 행복』석필

남자 나이 44세, 어느 정도 사회적 위치를 가진 그가 '마지못해' 이혼 하고 '뜻밖의' 행복을 얻은 자신의 삶을 과감하게 드러냈다. "나는 왜 아내와 헤어져야 했을까?"라는 물음에서 벗어나기 위한 노력의 결과로 13년의 결혼생활과 이혼, 이혼 후의 생활이 솔직하게 정리 되어 있다. 이혼 후 3부자가 살면서 부딪쳤던 갖가지 모습은 자신의 내면에서 일어나는 혼돈과 3부자간의 격렬한 다툼과 반목, 끈질긴 노력과 정성으로 부자간의 화해를 이루어내고 새로운 가족의 삶을 만들어가는 모습이다. 결혼이 행복을 찾아 떠나는 길이라면 이혼 또한 또 다른 행복, 차선의 행복을 찾아 떠나는 길임을 보여주는 이혼 이야기이다. 여성의 입장에서 쓰인 이혼 이야기와 비교해본다면 더욱 재미있을 것이다.

세상을 보는 틀거리가 필요할 때

프리가 하우그 외『마돈나의 이중적 의미-레이브걸과 일상적 성사회화』박영옥 옮김 인간사랑

대중매체를 통해 흘러나오는 몇몇의 세상이야기들을 듣다보면, 문득문득 의문이 들 때가 있다.

왜 그럴까? 왜 여자들은 속병을 앓아가며, 수백만 원씩을 쏟아 부으며, 골다공증도 두려워하지 않으며, 다이어트를 하는 것일까? 수많은 광고들이 팔아야 할 물건이 아니라 온통 여성들의 이미지로 채워지는 이유는 무엇일까? 이 책은 바로 이 의문들을 풀어줄만한 것이다.

이 책은 여성의 육체가 어떤 과정을 통해서 성적인 의미를 띠고 성의 대상으로 만들어져 가는가를 육체, 다리, 헤어, 슬레이브걸 프로젝트 등으로 나누어 추적해가고 있다. 하지만 무엇보다 이 책의 매력은 단순한 이론서가 아니라, 연구자들이 자신들의 성장과정의 에피소드를 기억해 기술한 자서전적 구술자료와 사진자료 등 여러 가지 생생한 보조자료를 활용하면서, 이론을 논증해간다는 점에 있다. 비록 독일여성들의 사례이지만, 여성이 되어가는 과정이 우리와 크게 다르지 않다는 점에서 세상읽기를 시작하는 여성들에게 꼭 필요한 책이라 권하고 싶다.

세상 살아가는 지혜를 배우고 싶을 때

윤종훈 『바람난 여자가 알아야 할 세금』 여성신문사

여자든 남자든 세상을 살아가기 위해 모든 것을 알아야 할 필요는 없다. 그러나 어떤 어려움이 닥쳤을 땐, 피해 갈 방법을 알고 있다면, 세상살이는 훨씬 즐거울 수 있지 않을까? 특히 여성들에게 취약한 부분에 대한 해결책을 가르쳐주는 책이 있다면, 아무리 바쁘더라도 짬을 내어 읽는 것이 바로 지혜를 배우는 것은 아닐까? 그의 지론은 억울한 세금을 내지 말자는 것이다. 세금은 부담스러운 것, 피하고 싶은 것, 억울한 것이라는 이미지를 연상시키지만, 알고 보면 안 내거나 적게 낼 수 있는 조항들이 많기 때문에 기본적인 지식을 갖추어야 억울한 세금을 내는 일이 없다는 것. 그는 자신의 논리에서 여성들 역시 예외는 아니라는 생각에 이 책을 썼다. 저자가 페미니스트인지 아닌지는 알 수 없지만, 적어도 이 책이 여자들에게 필요하고 유용한 것이라는 점은 분명하다.

살아남고 성공하기 위하여

세상의 문이 모든 이에게 열린 것은 아니다. 좁은 문틈으로 밝은 세상의 모습을 이미 보아버린, 그 세상의 꿈틀대는 생명력을 몸으로 겪었던 여성들의 이야기를 통해 우리는 열린 문틈으로 보이는 햇살의 아름다움을 느낄 수 있다.

강희옥 『결혼한 여자의 아름다운 반란』 아세아미디어

서른을 훨씬 넘기고 일곱 살 난 아이의 어머니로서 그녀는 아이를 데리고 모스크바로 떠난다. 춥고 너무나 낯선 그 동토의 땅에서 그녀는 새로운 문을 열어가는 가능성을 발견한다. 불가능하다고 말하는 것들을 가능한 것으로 바꾸고 자기 자신에 대한 사랑과 도전에서 오는 어려움과 희열을 느끼며 그녀는 우리에게도 세상의 주인이 될 수 있다고 얘기한다.

외국 페미니즘 소설읽기

버지니아 울프 『댈러웨이 부인』 정명희 옮김 솔출판사 & 도리스 레싱 『황금 노트북』 김수정 옮김 평민사

영국여성 작가의 계보에 확고한 위치를 점유하고 있는 버지니아 울프와 도리스 레싱의 두 책은 굳이 긴 설명을 하지 않더라도 여성주의 소설에 관심 있는 독자들에게는 필독서라고나 할까?

『댈러웨이 부인』은 서로 만난 적 없는 댈러웨이 부인과 써티머스라는 청년을 죽음으로 연결시킴으로써 삶과 죽음, 정상과 비정상의 화해를 보여주는 그래서 우리가 살고 있는 현실 자체가 이율배반적이며 다중적이라는 것을 있는 그대로 보여주는 소설이다. 그러나 이에 비해 『황금 노트북』은 여성의 삶과 얽혀있는 다양한 영역의 문제들을 진지하게 고민하면서도, 현대 삶의 징후인 파편화와 혼돈감 속에서 새로운 해결책과 돌파구를 제시하고 있는 소설이라는 점에서 방대한 분량을 끝까지 읽어내야 하는 수고가 결코 아깝지 않을 것이다.

그 밖에

최 안드레아 『터부에서 상식으로의 전환』 아미

무지와 무관심에서 비롯된 우리 사회의 동성애자에 대한 편견과 오해를 바로잡기 위해 동성애자가 직접 쓴 동성애와 동성애자에 대한 다각적이며 심층적인 기록서.

이용숙 외 『프랑스 소설 속의 여인들을 찾아서』 여성신문사

대학에서 만나 제자와 스승, 그리고 선후배들이 모여서, 소설 속의 여주인공들을 다시 끌어내어, 남성적 편견을 벗어던진 눈으로 다시 재평가하려는 의도에서 쓰여진 책으로, 현대 프랑스 소설가 18명의 22개 작품에 대한 새로운 독해를 시도하고 있다.

여성이여, 너 자신이 되어라!

가 이 아 (佳珥我)

가이아란
그리스 신화에서 생명을
불러일으키는 대지의 여신으로,
세상의 뭇생명을 잉태시키고
낳아 기르며 이들을 돌보는
위대한 어머니,
혹은 대자연 그 자체를
일컫기도 한다.
아울러 생명의 여신 가이아는
창조적이고 직관적인
여성의 힘으로
스러져가는 자연과 우리의 몸
그리고 영성을 치유하며
회복시키는 생명력의
상징이다.

'가이아설(說)'은 미생물학자인 린 마굴리스 (Lynn Margulis) 그리고 두뇌공학과 기후학을 연구한 러브록(James Lovelock)이 공동으로 연구하고 내놓은 가설로 지구생태계는 전체가 하나의 살아있는 유기체라는 점에서 붙인 이름이다. 그들은 지구상의 생물이 지구의 대기권 조성을 비롯하여 해양·대륙·암석 등의 무생물적 환경에 어떤 영향을 미쳤는지를 범지구적 차원에서 검토했는데, 이들은 가이아가 스스로를 짝지어가며 항상성(homeostasis)을 유지하는 지성적이고 생리학적인 시스템이라고 결론지었다.

대자연과 생명의 신비에 매혹당한 오늘날의 진보적 과학자들은 정신/물질, 주체/객체, 인간/자연으로 양분하는 근대적 세계관과 방법론에 회의하여 기계덩어리였던 우주의 삼라만상에 생기를 불어넣는 작업에 몰두하고 있다. 가이아설은, 지구의 역사와 생물의 진화에 대한 종래의 시각과 견해를 달리하는 새로운 입장을 표명한다. 근대과학은 생물과 무생물을 철저히 구분하고 지구과학과 생물학, 천문학 등으로 나뉘어 각 분야의 세분된 특성대로 자연현상을 분석한다. 이에

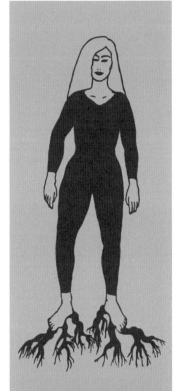

가이아 명상

나의 치유는 지구의 치유이며 세상의 치유이다. 가이아 명상은 나와 우리를 치유하는 해법을 제시하노니, 이의 핵심은 '웃자·놀자·뒤집자'이다.

두 발로 서는 연습:말 타는 자세로 지구에 뿌리내리기. 매일 5분 이상 이 연습을 하면 안정감과 자신감을 증진시키는데 많은 도움을 얻는다. 실외에서 맨땅에 맨발을 디디고 하면 더욱 효과가 있다.

비해 가이아설은 지구환경과 관련한 여러 분야의 상호연관성을 옴살스런 시각(holistic view)에서 조망하며, 생물은 지난 40억년 동안 지구환경을 변화시키는 원동력으로 지구 역사를 이루어 왔다는 점에 주목한다.

우리가 살고 있는 파란 별 지구는 생명이 살고 있는 별일뿐만 아니라 그 자체로도 온갖 생명 현상을 나타내는 커다란 생명체라는 것이다. 그리고 지구의 생물권 전체는 단순히 주변 환경에 적응하며 적자 생존하는 소극적 존재가 아니라, 오히려 지구의 여러 가지 물리화학적 환경을 활발히 변화시키는 능동적 존재임을 천명한다.

가이아설의 놀라운 점은, 남성적 폭력과 지배가 지구문명을 지배하고 억압하고 착취하는 형태로 변형되기 이전까지 '어머니이신 대지'의 생명을 수호하던 여신숭배의 신앙체계를 과학적으로 새로이 정립했다는 데 있다. 가부장제가 생

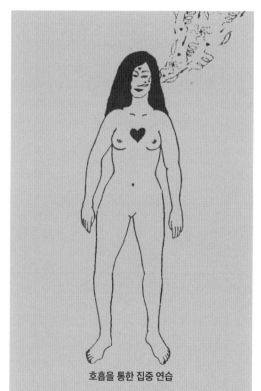

호흡을 통한 집중 연습

자궁은 몸과 마음이 만나는 생명의 자리. 집중을 통해 우리는 내 존재의 근원을 알고 그에 일치하는 몸의 체험을 할 수 있다. 집중이란 나의 에너지를 나 자신에게 오롯이 모으는 일이다. 그리고 더욱 근원적인 나, 생명의 여신 가이아에 일치시킨다.

▷ 우리의 근원은 흙, 말 타는 자세로 그림처럼 바로 선다 : 어깨 넓이로 발을 벌리고 허벅지를 약간 벌린 채 무릎의 힘을 뺀 편안한 자세로 말에 올라 탄 듯 윗몸을 약간 앞으로 구부린다.
▷ 가능한 몸의 무게를 두 다리 전체에 균등하게 분산시켜 몸의 어느 부분도 긴장하거나 힘이 쏠리지 않도록 한다.
▷ 길게 호흡을 내쉴 때마다 마음을 발쪽으로 내려 보낸다.
▷ 차분히 그렇게 서서 호흡을 조절하며 발바닥으로 지구의 기운이 통하는 체험을 한다.

거나기 전, 그러니까 지구상에 등장한 호모 사피엔스가 여기저기 무리를 이뤄 자연스런 모계 중심의 생활을 영위하던 시절, 그들은 삶의 기반인 대자연을 신성한 인격체로 여겼더랬다.

가이아란 이름은 여기서 파생되는 심상으로 대자연의 모든 것을 잉태하여 낳고 또 젖 먹여 기르며 이들을 돌보는 위대한 어머니에서 비롯한다. 한편 위대한 어머니란 창조적이고 직관적인 여성의 힘으로 성을 통한 창조의 행위를 표현하는 상징이기도 하였다. 모계사회 전통에서 '위대한 어머니' 가이아는 땅의 열매를 맺게 하는 대지의 여신일 뿐만 아니라 온갖 동물의 수호신인 하늘의 여왕이기도 하다. 이렇듯 가이아란 희랍인들이 지상의 모든 것을 불러일으키는 생명의 여신을 칭하던 이름이다.

21세기를 눈앞에 둔 오늘, 인류가 바야흐로 새로운 문명에 들어서는 다양한 전망이 교차되고 있으니, 크게

는 환경위기로 말미암은 종
말론적 진단과 다른 하나는
정보사회·지식사회를 이룰
새로운 테크놀로지의 확산
에 따른 낙관적 진단이 그
것이다. 아울러 새로운 문
명으로의 진화를 북돋우
는 필수적인 원동력으로 이
른바 '생태여성주의 (Eco-
Feminism)'라하여 여성
의 고유한 감수성·창조성·
생명성이 많은 주목을 받고
있다. 그러나 오늘날 급변하
는 사회와 환경, 시대의 충
격들은 많은 여성에게 감당
하기 어려운 내면적 억압으
로 작용하면서 21세기를 주
도할 무한한 여성 에너지의
폭발을 지연시키는 장애가
되기도 한다.

『페미니스트저널 IF』는
우리 쪼그라든 자궁 속에
감금당해 있던 생명의 여신
가이아를 해방시켜 지구적
문명전환의 조류와 요청에
부응할 수 있는 단계로 우
리의 의식과 삶의 질을 향
상시키는 전기를 마련하고
자 한다. 21세기는 가이아의
부활과 함께 개막되리라.

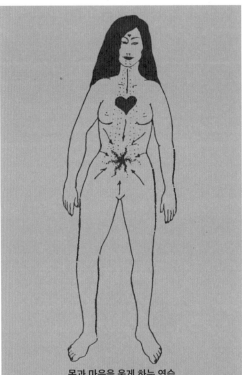

몸과 마음을 웃게 하는 연습

세상을 치유하는 자궁의 웃음. 몸속에서 터져 나오는 웃음은 고통
스런 기억들을 씻어주며 묵은 상처를 낫게 해준다. 이런 웃음은 모
든 세포를 정화시키고 강화시켜 감정적인 균형을 유지할 힘을 주
고, 몸과 마음의 진정한 변모를 가능케 한다.

▷ 말 타기 자세를 유지한 채, 입이 아니라 코로 부드럽고 깊은 숨
을 쉬며 두 손을 겹쳐 아랫배를 부드럽게 쓸어준다.
▷ 편안한 자세로 온몸에 긴장을 푼 후, 고르고 차분하게 깊은 숨을
천천히 들이 마시고 내쉰다.
▷ 자궁은 여성에너지의 근원, 숨을 내보낼 때는 힘과 기운을 치유
력의 근원인 자궁으로 끌어내려 이 부분의 활력을 높이도록 한다.
▷ 자궁이 있는 아랫배 쪽에 새로운 힘이 모아진 것을 느낄 때까지
차분히 호흡한다.

자궁은 생명의 궁전!

걸음마를 배우는 아이들
을 보면, 쉴 새 없이 넘어지
고 다시 일어난다. 네 발로
기어 다니던 세상을 두 발
로 서서 걷기 위해 아이들
은 부단히 노력을 한다. 아
이의 세계가 달라지는 것이
다. 이제 곧 세상이 달라지
리니, 우리도 더 이상 기지
않고 두발로 걸어 다닐 세
상이 온다. 기는 데에 익숙
해진 오랜 습관을 떨쳐 버
리고 굳세게 두 발로 서는
연습이 필요하다. 우리를 새
롭게 하는 생명의 여신 가
이아의 힘을 믿고 우리들
속에 잠들어 있는 그녀를
깨워 일으키자. 그녀의 숨결
에 우리 호흡을 일치시키면
이제 생명의 궁전에서 억센
힘이 용솟음치리니, 기쁨과
생명의 에너지가 다시 우리
를 채우리로다.

내 안의 가이아와 대지
의 여신 가이아를 일치시킬
때 스스로를 치유하는 힘이
생긴다. 이러한 힘은 집중에
서 비롯한다. 집중이란 사방
팔방으로 흩어졌던 나의 에

너지를 나 자신에게 오롯이 모으는 일이다. 나 자신과의 관계에 대해, 우리는 바람직한 관계를 맺는 법을 배워 본 적도 거의 없고, 진정한 내가 무엇을 원하는지 귀 기울여 본 적이 없었다. 어머니의 자궁 시절부터 젖먹이 시절까지는 적어도 내가 무엇을 원하는지 알고 있었고 정직하게 표현할 줄 알았겠지만, 그 무렵부터 우리는 벌써 주변의 바람대로 적응하는 법을 온몸으로 받아들이고 익혔으리라.

이제는 그렇게 굳어진 나 아닌 나를 벗고 진정한 내가 내게 무엇을 원하는지 그 점을 깨우치는 법을 받아들여야, 내가 살고 세상이 산다. 여태껏 누구도 내 안의 내가 외치는 이런 욕구와 욕망을 들어준 적이 없고, 나 스스로도 그런 소망을 절실히 키워보지 못했더랬다.

이제 '진정한 나', 죽어가는 지구와 세상을 살려놓을 생명의 여신 가이아인 내 속의 진정한 나를 찾

▷ 눈을 감고 저절로 미소가 나오는 장면을 떠올린다.
▷ 아주 편한 마음으로 생각해야지 복잡한 일상으로 들어가면 마음이 쉽게 단순해지지 않으니, 예컨대 아기의 맑은 웃음이나 뒤뚱거리는 동물의 우스꽝스런 모습을 그려도 좋다.
▷ 이 편안한 기분을 생생히 느끼며 그 따뜻한 기분을 깊숙이 밀어넣어 두고두고 그 좋은 기분을 온몸으로 돌리는 상상을 한다.

으러 가자. 과거의 문명은 우리에게 타인을 거룩하게 하는 죽음을 통해 진정한 나를 보지 못할 것을 요구했다. 그러나 새로운 문명은 진정한 나와 맺는 관계가 가장 소중하다고 이야기한다. 나의 진정한 욕구와 바람을 자각하고 이를 세상에 알리고 성취시킬 것을 요구한다. 이제 내 자궁의 소리에 귀 기울이자! 낡은 문명의 온갖 상흔을 말끔히 치유하고 새로운 문명에 대한 책임과 주도적 역할을 다시 생명의 여신 가이아에 위임하노니, 그동안 지구상에 인간이 저지른 온갖 과오와 새로 닥쳐올 재난의 위기를 극복할 여성에너지를 가동시키기 위해 우리의 영성과 감성을 온전히 발휘하게 할지어다.

새로운 문명을 책임질 21세기 여성 가이아여! 그대 온 자궁으로 웃고 온몸으로 놀고 온 세상을 뒤집을지어다!

남자를 도마 위에 올려보면

깨인 남자일수록 여성문제를 여자들 탓으로 돌리지 않고 스스로 반성한다. 여성문제의 원인은 남자라는 것을 똑똑한 이들은 잘 안다. 지금까지 여성을 주체로 인정하기보다는 자기 머릿속의 환상 속에 가둬 놓고 제멋대로 대상화 시켜왔다는 것을 인식한 깨인 남자들은 스스로를 분석하기 시작한 것이다.

이제껏 남자는 자신을 도마 위에 올린 적이 없었다. '모든 문제는 여성 탓이다' 하는 태도가 한국 남자들의 변치 않는 전통이다. 이들은 자기들이 벌인 일조차도 이

는 것이다. 지금이야 극소수의 남자들은 여자에게 기생하는 것을 마다하고 자립한다는 통계도 있지만, 이 통계도 믿을만한 건 아니다. 진실로 인간으로서의 남자는 극소수이고 거의 모두 기생충 근성을 버리지 못하고 여자들의 노동력에 기생한다. 얼마 전까지만 해도 집안이 어려운 경우 딸들이 돈을 벌어 자기 공부는 못하면서 아들의 학비를 보탠 사회현상이 있었다.

이러한 기생충들은 그 대가를 여자들에게 보답하려고도 않았다. 보답하면 기생충이 아니지. 또 여자 애인에게 학비를 벌게 하고 학교 다녔던 기생충들도 있었다.

그 여자의 페미니즘
남성의 기생충 근성

걸레들과 기생충들에게 보내는 사과문

이 난은 자타칭 페미니스트라고 불리는 사람들의 생각을 듣는 장이다. 수많은 이즘(ism)을 한 방향으로만 말할 수 없는 것처럼 페미니즘도 다양한 시각과 말투로 담아낼 수 있다는 게 편집자의 생각이다. 우리는 여러 해 PC통신이라는 가상공간에서 페미니스트 논객으로 활발하게 활동 중인 신정모라의 페미니즘을 소개한다. 도전적이고도 기발한 그의 세상읽기는 읽는 이의 가슴을 후련하게도 또 간담을 서늘하게도 할 것이다. 이미 출간된 『공자를 울린 여자』(과학과 사상) 가운데서 필자와 출판사의 승낙을 얻어 가려 뽑았다. - 편집부

런 식으로 꾸며댄다. "중요한 사건 뒤에는 반드시 여자가 있다." 이들은 이렇게 모든 문제를 여성 탓으로 돌린다. 여성들에게 의지하고 기생해서 스스로의 책임을 회피하고자 하는 유아심리를 평생 동안 버리지 못하는 것이다. 특권의식에 물들어 정신적으로 성숙하지 못하니까 자기들이 저지른 일도 여자 탓으로 돌려 정신적으로도 기생하고 싶은가보다.

이들은 대가도 지불하지 않고 어렸을 때부터 여성들에게 기생해서 산다. 어렸을 때는 물론 부모에게 의지해서 사는 것이 당연하니까 그렇다 치고, 오누이 사이에서도 아들은 딸에 기생한다. 예를 들어 부모가 장기간 집을 비울 경우, 아들은 딸에 의지해서 식사를 제공받는 것을 당연시 여긴다. 오빠이든, 남동생이든 간에 보통 딸이 가사를 돌보고 아들에게 노동력을 제공하도록 사회는 교육시킨다. 그러나 딸에게 돌아오는 가사노동의 보상은 전혀 없다. 여자는 무작정 베풀고 남자는 기생하

이들은 결혼해서 다시 아내의 노동력에 의지하면서 보상을 해주기는커녕 "여자가 집에서 하루 종일 놀면서 뭐하냐?"는 식이다.

어른이 되어도 결혼 전까지 이들은 식사뿐 아니라 거의 모든 집안 생활에서 어머니에 기생해서 산다. 자기의 양말, 속옷조차 자기 힘으로 빨지 못하는 남자가 허다하다. 세탁기 돌리는 것도 이들은 마다한다.

이들의 기생충 근성은 결혼과 더불어 절정에 이른다. 맞벌이 부부의 가사노동분담은 10% 이내라는 통계가 나와 있다. 나는 이 통계도 정확하지 못하다고 본다.

왜냐하면 아주 극소수의 남자만이 여성과 동등하게 가사를 분담하고 있고 대부분은 청소나 빨래 정도, 설거지 등등을 도와주는 선에서 그치는 것이다. 자기 일로 생각하는 것이 아니라 여성의 일로 간주하고 도와준다는 표현을 쓴다. 역시 기생충답다. 맞벌이 부부가 아닐 경우, 여성이 전적으로 아이를 낳고 키우고 가사노동을

한다. 그런데 여성의 가사노동에 대한 대가가 정당하게 보상되지 않고 하잘것없는 것으로 치부되고, 돈은 남자가 벌어 온다고 해서 남자가 집안의 가장 노릇을 한다. 여자에게 가사노동 보상을 해주기는커녕 여자가 집안에서 노는 것쯤으로 남성중심의 사회는 규정한다.

그렇다고 직업 선택에 있어 여성에게 남성과 동등한 기회를 주지도 않는다. 구조적인 직업 성차별은 세계에서 악명 높은 위치를 차지하고 있다. 직업 성차별은 심지어 개발도상국 중에서도 으뜸이고, 또 일본보다도 심하다. 여성은 직업보다는 가사에 전념하도록 교육받고 강요된다.

신세대라고 자처하는 젊은이들 중에서도 통신상에서 여성들하고 논쟁을 벌이다 지겠으면 언어폭력을 휘두르는 남자들이 있는데 그때 제일 많이 나오는 말이

여 여성 위에라도 섰으니 나는 잘났다고 환상에 사로잡혀 만족하려고 한다.

그래서 여자들 사이에 이런 진리가 통용된다. "똑똑한 남자들은 오히려 성차별을 안 해요." 못난이들이 성차별을 심하게 하고, 여자가 담배를 피우면 안 된다 어쩌고 하면서 여성의 행위를 제멋대로 판단한다. 사회문제를 바라볼 때도, 사회에서 기득권을 쥐고 권력을 가지고 있는 남자에게서 그 원인을 찾지 않고, 안 되는 일은 기득권도 권력도 없는 여자 탓으로 돌리며 스스로를 반성하지 않는다.

무엇보다 이들이 즐겨 쓰는 말은 "여자는 여성다워야 한다"는 말이다. 여자에 기생하며 사는 것을 합리화시키려면 여성답다는 이데올로기가 무너지면 곤란하니까.

나는 "한국남자는 걸레"라고 하면서 당신들을 모독한 적이 있습니다. 이에 사과문을 올립니다. 내가 한국남자를 걸레라고 칭한 것은 세상을 깨끗하게 만드는 모든 걸레들에 대한 모독이었습니다. 제가 그런 말을 한 것은 한국남자를 비유하기가 참으로 곤란했기 때문에 어쩔 수 없이 걸레라고 한 것입니다. 걸레들은 너무 섭섭해 하지 마시고 열심히 방을 청소하는 역할을 계속하시기 바랍니다.

바로 "시집이나 가라"는 말이다. 이 '시집이나'라는 말이 무슨 뜻인지 여러분들은 잘 알 것이다. 여성은 열등한 존재이고 여성의 임무는 남성의 기생충 근성을 만족시켜줘야 한다는 것이다.

기생충들은 자기가 기생충임을 다분히 인정한다. 그래서 그들은 '이나'라는 말을 쓰는 것이다. '시집이나'에서 이 '이나'는 자랑스러운 인간의 행위가 아님을 스스로 인정하는 말이다. 어떤 행위를 별 가치 없는 것이라고 판단할 때 우리는 '이나'라는 조사를 붙인다. 남성의 기생충 근성이나 만족시켜 주는 행위가 시집이니 이들도 이것을 가치 있는 훌륭한 행위라고 말할 수 없는 것이다.

이 기생충이란 표현이 풍자라고만 보기에는 부적당하다. 적나라한 현실 반영이기 때문이다. 자기반성할 줄 아는 남성들은 오히려 남자의 여성 노동 착취를 인정한다. 진짜 기생충들이 대개 여성을 도마 위에 올려놓고 잘근 잘근 씹는다. 즉 자기의 열등감을 이런 식으로 여성들을 학대함으로써 보상받고자 한다. 현실을 도피하

걸레들에게 사과문

나는 앞에서 '한국남자는 걸레'라고 하면서 당신들을 모독한 적이 있습니다. 이에 사과문을 올립니다. 내가 한국남자를 걸레라고 칭한 것은 세상을 깨끗하게 만드는 모든 걸레들에 대한 모독이었습니다. 제가 그런 말을 한 것은 한국남자를 비유하기가 참으로 곤란했기 때문에 어쩔 수 없이 걸레라고 한 것입니다. 걸레들은 너무 섭섭해 하지 마시고 열심히 방을 청소하는 역할을 계속하시기 바랍니다.

'한국남자는 걸레', 이 말은 모든 걸레들을 모독하는 것이기는 해도 한국남자를 모독하는 것은 아닙니다. 한국남자들은 이번 명절에도 흡혈귀 근성을 발휘했다고 들었습니다. 이것도 세상의 모든 흡혈귀를 모독하게 되는 것 같아 약간 미안합니다. 흡혈귀들이 명절 때 여자 흡혈귀들을 혹독하게 노예로 부려먹고 남자 흡혈귀만의 명절을 즐긴다는 소문을 들은 적이 없으니까요. 그래서 이런 말을 하면서도 흡혈귀들에게 미안한 마음이 듭니다.

기생충들에게 사과문(?)

나는 '한국남자는 기생충'이라고 말함으로써 세상의 모든 기생충을 모독했습니다. 기생충의 본분은 숙주에게 기생해서 영양분을 조금 얻어 살아가는 것입니다. 그러니까 기생충은 자기 본분대로 사는 것입니다. 그런데 한국남자들은 자기 본분대로 살아가는 것도 아닌데 내가 기생충에 비유했기 때문에 기생충들이 몹시 자존심이 상했을 거라고 생각됩니다. 그래서 이렇게 사과문을 올립니다. 기생충은 맞벌이 기생충 부부가 명절 때 암컷만 혹독하게 음식 만드느라 허리가 휘어지게 일한다는 소문을 들은 적이 없습니다. 음식 만들기뿐 아니라 설거지까지 포함하여.

그런데 한국남자는 기생충과 경우가 다르고말고요. 맞벌이 부부이면 당연히 맞벌이 요리, 맞벌이 청소, 맞벌이 육아를 담당해야 하는데 한국남자는 자기 본분을 모두 여자에게 미뤄버리는 관습을 따르고 있지요. 자기 본분도 안하니까 기생충들과 사실 동일시될 수는 없습니다. 이 점 기생충들에게 사과드립니다.

내가 이상과 같은 사과문을 올릴 거라고 예상하고 있던 남자들이 내 글이 올라오자마자 "신정모라가 '걸레들에게 사과문'이란 글 속에서 한국남자를 띄워 주었으니 이번에도 동일한 수법으로 글을 썼을 거야. 봐봐. 사과문이란 제목이 들어간 걸 보니 동일한 수법이 틀림없어. 그럼 우리 모두 반대를 하자." 이렇게 속으로 다짐하고 있었습니다. 특히 한국남자 기생충들은 기생충이란 소리만 들어도 호르몬이 성전환 하는 것 같은 환상적 황홀한 아름다운 분노 속에 예술적 경지를 체험하고 있습니다. 그래서 비슷한 글이 또 올라오자 더욱 신경이 마른 장작 타듯 제멋대로 뛰어 손가락이 컴퓨터 자판 위에서 디스코를 추고 있을 것입니다. 왜 디스코를 추냐고요? "신정모라 성토하기 위해서"겠죠. 자기들한테 너무나 뼈저리게 사무치는 이름을 말이죠.

그러나 나는 사실 이런 식으로 기생충님들께 사과할 생각이 없습니다. 기생충은 생물이고 걸레와는 다릅니다. 걸레는 무생물입니다. 하물며 생물과 무생물을 같은 식으로 대우하겠습니까? 이제 판단의 축을 무생물에서 10킬로미터 생물로 옮겨와 미분한 다음 적분하겠습니다. 왜 이런 쓰잘데기 없는 원점 돌아오기 작업을 하느냐고요? 그거야 남자들은 자극을 원하고 매번 같은 수법을 쓰면 남자들이 "신세대는 새로움을 추구해" 이렇게 요구 하는 걸 어떡합니까? 그래서 사과문 형식을 이번에 정 방향으로 옮겨 찍어냈습니다. 각도가 정면으로 달라졌답니다. 아깐 비스듬하게 기울여 좀 어지러웠죠? 자, 이제 정면 사진을 보세요. 나는 모든 기생충들에게 이렇게 사과하겠습니다.

세상의 기생충 여러분, 안녕하십니까? 신정모라입니다. 상쾌한 저녁시간입니다. 이제 여러분 식사시간입니다. 이 음식을 먹고 모두 공멸해 주십시오. 기생충은 박멸되어야 하는데, 나는 지금까지 통신에서 여성운동 하기 바빠 현실적으로 기생충을 박멸하지는 못하고 있습니다. 모든 일을 한꺼번에 하기는 어려우니까요. 그래서 내가 기생충 박멸을 소홀히 한 것입니다.

나는 기생충의 본분 속에 기생충은 박멸되어야 한다는 속성도 있다고 생각합니다. 그래서 여러분은 기꺼이 박멸되어야 하는데 내가 여러분의 본분 중의 하나를 수행 하시도록 돕지 못하고 있음을 진심으로 사과드립니다. 명절만 되면 너무나 많은 기생충들이 음식만 먹고 혼자 놀면서 숙주들 피를 빨아 명절병에 걸려 앓아눕는다는 확실한 데이터가 있습니다. 그 데이터를 쉽게 구할 수는 없습니다. 현실은 형체부정의 기생충들이 장악하고 있어서 기생충이란 단어를 사용하지 않기 때문입니다. 그들은 스스로 기생충인 줄 모르고 있는 자아무감각병이란 신종 유행병에 걸려 있다고 합디다. 이번 명절에 기생충을 박멸해드리지 못한 점을 깊이 사과드립니다.

신정모라

시인. PC통신 여성운동가.
저서로는 페미니즘 칼럼 『공자를 울린 여자』(과학과 사상)가 있다.

당신이 가장 되기 싫은 여자는?
아줌마? 페미니스트?

'아줌마'가 되는 것, 특히 아줌마처럼 보이는 것, 아줌마라는 말을 듣는 것은 한마디로 여자로서의 끝을 의미한다. 어쩌다 '아줌마'로 불린 젊은 여자들은 한순간에 머리카락이 곤두설 정도로 끔찍해하며 자신감을 상실해버린다. 미혼의 젊은 여성들 뿐 아니라 결혼해서 '공식적'으로 아줌마가 된 여성들도 마찬가지다.

어떤 사람이 자신을 누군가와 동일시하고자 했을 때 혹은 동일시하고 싶지 않을 때 그것을 단지 하나의 취향으로 생각할 수 있을까. 또한 그 취향이라는 것을 그저 개인적인 문제로 쉽게 치부해버릴 수가 있을까.

페미니스트로서 이런 문제제기에 대해 고민하는 것은 매우 중요한 일이다. 왜냐하면 한국사회에서 이 시대를 살아가는 젊은 여성들이 다른 사람들에게 자신이 어떻게, 어떤 여성으로 비춰지기를 바라는가, 누구와 동일시되길 바라는가를 바로 아는 것은, 이 가부장제 사회가 어떻게 여성들간의 차이를 만들어 내고 그러한 차이를 통해 차별적 가치평가를 관철시키면서 여성들의 연대를 불가능하게 만드는가를 깨닫게 해주기 때문이다. 이것은 그다지 새삼스러운 문제제기가 아니다. 곰곰이 생각해보면, 이것은 남성중심적인 사회에 저항했던 여성들에게 늘 첨예한 고민을 안겨다 준 문젯거리였다.

'헤픈 여자'가 되지 않기 위해

그러나 이제 이 사회에서 90년대 후반을 살아가는 젊은 여성들에게 이 문제를 다시 한 번 화두로 던지는 것은 똑같은 시대와 사회를 새로운 관점으로 돌파하려는 페미니스트로서의 절박함 때문이다. 그리고 이제 우리가 말을 걸고 연대하고자 하는 여성들과 만나 이야기할 수 있는 창구를 찾고 싶은 커다란 열망 때문이다.

무엇보다도 여성들은 오랜 역사를 통해 '헤픈 여자'가 되지 않기 위해 노력해왔다. 이 사회에서 '창녀'가 된다는 것이 가지는 의미를 여성들로 하여금 철저하게 체화시키기 위해 미묘한 언어와 사회화의 권력이 동원되고, 제도가 움직인다. 여성들은 '까졌다', '지저분하다', '문란하다'와 같은 형용사가 자신에게 적용되는 것을 절

대적으로 피해야만 하고 그러한 낙인의 언어 권력에 결혼이라는 제도가 대응한다. 헤픈 여자와 그렇지 않은 여자를 이분화하려는 현상은 '실제로 헤프지 않은 여자'들에게 지대한 권력을 행사한다. 조금이라도 '그렇고 그런' 여자들과 동일시되지 않기 위해, 여성들이 얼마나 남성들의 시선에 노출되고 검열 당해왔는지 그리고 남성의 시선을 여성 안에 내면화해서 주변의 여성들과 자기 자신까지도 철저하게 검열하지 않으면 안됐는지, 우리는 최근에야 분명히 알게 되었다. '피억압자들끼리의 감시와 자아에 대한 검열', 이것이야말로 모든 권력이 관철되는 가장 미묘하고 철저한 억압효과이다.

그러나 이것에 대해 아는 것만으로는 충분치 않다. 아직도 우리는 그들이 그어 놓은 선을 넘어, 이 사회가 쳐놓은 이분법의 그물을 완전히 벗어던지지 못하고 있기 때문이다. 그렇게 우리가 서로를 '미워하는' 지금 이 순간에도 이 사회는 여성들 사이에 계속 수많은 경계를 만들어내고 있다. 특히 여성들의 저항이 거세지면 거세질수록 그러한 경계의 숫자는 더욱 늘어나고 그것의 높이는 더욱 높아만 간다. 일견 모든 것을 갖게 해주겠다는 소비자본주의 사회의 달콤한 유혹 속에서 여성들은 그러한 경계를 자꾸만 내면화한다.

그렇다면 90년대 후반, 지금 이 시점에서 젊은 여성들의 내면에 깊이 자리 잡은 바람과 두려움들은 어떤 것일까. 젊은 여성들은 자신들이 어떤 여자로 보이길 원하는가(혹은 원하지 않는가).

어떤 여자로 보이길 원하는가

우선 이 소비자본주의 사회가 얼마나 여성의 '젊음'과 '아름다움'에 대한 찬양을 기반으로 스스로를 팽창시키고 재생산하는지를 생각해보자.

여자는 '젊고 예쁠 때에만' 여자가 될 수 있다. '젊음을 유지하는 것'은 곧 '여자다움'을 유지하는 것이며 여자가 여자다운 것이야말로 모든 남성들에게 가장 바람직한 일일 것이다. 그래서 젊은 여성들이 싫어하는 여자는 당연히 '아줌마'일 수밖에 없다. 사실 '아줌마'는 결혼한 여자들을 일상적으로 일컫는 말이기도 하지만 그것에는 노골적인 비하와 경멸의 뉘앙스가 내포되어 있다. 나이를 먹어 더 이상 여자처럼 보이지 않는 여자를 칭하는 말인 '아줌마', 한 남자에게 소속되어 더 이상 뭇 남자들에게 존경받지 못하는 '아줌마', 사회에서 공적인 지위가 없이 집에서 살림이나 하고 애나 키우는, 무언가

도태된 느낌을 주는 '아줌마', 나긋하고 섬세한 맛이 없고 억척스럽기만 한 인상을 주는 '아줌마', 날씬한 몸매는 간 데 없고 펑퍼짐한 외모를 가진 '아줌마'.

'아줌마'가 되는 것, 특히 아줌마처럼 보이는 것, 아줌마라는 말을 듣는 것은 한마디로 여자로서의 끝을 의미한다. 어쩌다 '아줌마'로 불린 젊은 여자들은 머리카락이 설 정도로 끔찍해 하며 대번에 자신감을 상실해버린다. 미혼의 젊은 여성들뿐만 아니라 결혼해서 '공식적'으로 아줌마가 된 여성들도 마찬가지다. 아줌마이지만 아줌마처럼 보이지 않기 위해 노력하는 여성들, '미시'니 '프로 주부'니 하면서 그런 심리를 조장하고 부추

▼ 페미니스트는 '아줌마'와 함께 여자답지 못한 여자들로 비춰진다. 사진은 한국여성단체연합이 성추행 진상조사 요구시위를 벌이고 있는 장면.

기는 소비자본주의, '처녀 같은 아줌마'에 대한 감탄과 선망의 시선들….

"너도 페미니스트구나?"

이 모든 것이 이 땅의 여성들을 또 다시 양분시키고 있는 것이다. 아줌마와 그렇지 않은 여자들로 말이다. 그래서 젊은 여성들은 아줌마 같은 외모, 아줌마 같은 삶을 갖지 않기 위해서 안간힘을 쓰게 된다. 이제 날씬하고 멋진 외모를 가꾸어 여성다움을 잃지 않는 것과 집에서 살림만 하는 여자가 되지 않기 위해서 사회활동을 하는 것, 이 두 가지는 현대의 젊은 여성들에게 가장 중요한 지상 명제가 된 것이다.

이렇게 여성다움의 상실에 대한 두려움과 그 상실이 갖는 사회적 의미에 대한 인식으로 인해 여성들이 결코 동일시되고 싶지 않은 또 하나의 유형이 등장하게 되는데 그것은 다름 아닌 '페미니스트'이다. 페미니즘과 페미니스트를 둘러싼 편견과 거부감은 분명 이 가부장제 사회의 남성들이 자신들의 기득권을 강력하게 방어하는 가운데 형성된 것이다. 그러나 이러한 거부감과 편견은 남성들의 기득권에 대한 접근을 쉽게 포기하거나 무시할 수 없는 여성들에게도 마찬가지로 내면화된다.

왠지 과격해 보이는 여자들, 못생긴 여자들, 여자답지 않은 여자들, 대가 세 보이는 여자들, 남자들을 미워하는 여자들, 무조건 남녀대립구도로만 몰고 가는 여자들, 이기적인 여자들, 열등감과 콤플렉스로 똘똘 뭉친 여자들, 피해의식으로 무언가 삐뚤어진 여자들, 개인적인 문제를 무조건 사회의 탓으로 돌리는 여자들 등등. 얼마나 많은 편견들이 이 '페미니스트'라는 말을 둘러싸고 존재하는가. 페미니즘에 대해 진정으로 고민하고 이해하려고 노력하며 자신들의 삶을 통해서 실천하려는

여성들마저도 쉽사리 자신을 페미니스트로 동일시하거나 다른 사람들에게 표현하지 못할 정도로 이러한 편견과 거부감은 매우 심각한 수준이다.

페미니스트에 대한 남성들의 불편함과 정형화에 동일시되어 젊은 여성들은 남자들에게 "난 페미니스트는 아니야", "난 저런 여자들과는 달라"라고 말한다. 이런 식으로 말을 해야 남자들이 비로소 그 여자를 여자로 받아들여주고 인정해주고 이야기를 들어주기 때문이기도 하다. 남자들은, 마치 데모하는 애들은 다 빨갱이들이라고 생각하는 것처럼 가부장적 사회에 저항적인 여성들을 다 그런 식으로 몰아붙이면서 조금이라도 그것에 동조하는 여성들에게 너도 빨갱이지? 하는 식으로 너도 구제불능의 페미니스트구나? 하며 더 이상의 관심과 사랑을 차단해 버린다. 따라서 직장에서, 학교에서, 가정에서, 연애 관계에서 많은 남성들과 얽혀있는 여성들이 페미니즘에 대해 동조하고 페미니스트로서 자신을 동일시하기는 참으로 어려울 것이다.

"난 저런 여자들과는 달라"

더욱이 젊은 여성들이 보기에 페미니스트들은 가난하고 가진 것이 너무 없으며, 자꾸만 무언가를 포기해야만 한다고 말한다. 무엇보다도 자기 성찰의 힘겨움과 고통스러움을 감내하라고 하는 것은 제일 피하고 싶은 일이다. 여자로서 정해진 길을 가는 것의 수월함, 남자에게 '약간은' 의지하며 사는 삶이 주는 편안함, 여자로서 많은 사람들에게 대접받는 것이 주는 즐거움 등을 포기하는 것은 정말로 쉽지 않은 일이기 때문에.

그러나 페미니즘은 가진 것을 버리고 즐거움을 포기하라고만 이야기하지 않는다. 페미니스트에 대한 편견과 거부감이 가진 가장 무서운 효과는 페미니즘이 가져

다주는 새로운 관점과 해방감과 체험에 대한 부정과 은폐이다.

'헤픈 여자', '아줌마', '페미니스트' 그리고 '천상 여자'

내가 생각하는 페미니즘은 하나를 버리고 열을 얻을 수 있는 삶을 여성들과 함께 꾸려가는 것이다. 설사 그것이 열을 버리고 하나를 얻는 것이라 할지라도 그 하나는 무엇보다 소중하다. 여성을 온전한 인간으로 설 수 있게 하기 때문이다. 또한 무엇보다 '페미니스트'라는 인간형은 다양한 여성들이 만나 그 내용을 채우고 스타일을 만들어갈 수 있는 전혀 새롭고 즐거운 세계이기도 하다.

우리는 이 사회와 남자들이 우리에게 일방적으로 부과하고 강요하는 전형화된 여성상을 해체하고 여성들 사이에 그어진 보이지 않는 강력한 선을 넘나들기 위해서라도 더 이상의 두려움 없이 페미니즘을 이야기하고 만날 수 있어야 한다. 왜 해체해야 하지? 난 이대로가 좋은데, 날 괴롭히지 말아줘라고 이야기하는 젊은 여성들을 향하여 때론 강하게 때론 부드럽게 말을 건네고, 그들과 만날 수 있는 창구를 찾아내야 한다. 그것이 당분간 서로에게 고통스럽고 힘겨운 작업이 될지라도 지금 이대로 이 사회가 여성들을 계속 분열시키면서 서로를 밀어내게 하도록 방기해서는 안 될 것이다. 어느 대학의 페미니즘 문화제에서 내세운 슬로건처럼 '가부장제가 전형성과 이분법으로 우리를 공격해온다면 우리는 진정한 다양성으로 맞서야'하는 것이다.

'헤픈 여자', '아줌마', '페미니스트' 그리고 이 모든 것을 거부해온 '천상 여자'들이 함께 만나 새로운 다양성을 만들어가야 할 것이다. 바라건대, 이 잡지가 그러한 다양성을 생산하고, 여성들이 서로를 감시와 검열이 아니라 연대와 사랑의 눈으로 바라볼 수 있는 공간으로 태어나기를.

한 설 아

많이 공부하면 좀 더 더 자유로워질 수 있을 거란 '순진한' 생각에 여성학을 전공으로 택했지만 그것이 주는 고민들 속에서 여전히 방황하고 있는 여자.
크게는 여성의 몸, 작게는 여성의 외모, 더 작게는 젊은 여성들의 다이어트 경험으로 논문을 준비하고 있는 여자.
8년째 영어 과외를 하며 먹고 살지만 하루빨리 이 억압적 교육제도에 빌붙어 사는 걸 청산하고 싶어하는 여자.
그래서 앞으로 먹고 살 일과 페미니스트로 사는 것을 즐겁게 통합시킬 수 있는 길을 줄기차게 찾고 있는 여자.
흥분 잘 하고 잘 울고 극단적인 사고를 잘 하는 여자, 어쨌거나 한번뿐인 인생 좀 더 진실하게 살고 싶은 여자, 저는 그런 여자입니다.

바지 HERSTORY

하렘 팬츠 스타일에서 레깅스까지 여자들의 바지 편력

초기 미국의 여성운동가들이 입은 블루머 스타일로
동양풍 바지 위에 짧은 치마를 덧입었다. (위)
프랑스 디자이너 폴 프와레의 하렘 팬츠.
블루머가 발전된 듯한 스타일로 1911년 작품이다. (아래)

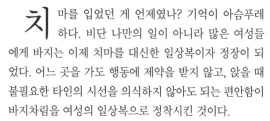

치마를 입었던 게 언제였나? 기억이 아슴푸레
하다. 비단 나만의 일이 아니라 많은 여성들
에게 바지는 이제 치마를 대신한 일상복이자 정장이 되
었다. 어느 곳을 가도 행동에 제약을 받지 않고, 앉을 때
불필요한 타인의 시선을 의식하지 않아도 되는 편안함이
바지차림을 여성의 일상복으로 정착시킨 것이다.

그러나 바지가 이처럼 여성들의 옷으로 정착되기까
지는 많은 우여곡절을 겪어야만 했다. 바지가 치마와 외
형상 다른 점이라면 양다리의 모양에 맞춰 갈라짐으
로써 활동성을 부여한 것 뿐이지만, 바지는 역사적
으로 힘과 활동의 상징이며 따라서 남자의 것이라는
인식의 지배하에 있었기 때문이다.

남성의 것인 바지를 입었다는 이유로 세인의 비난
을 받고 당대의 표적이 되었던 여성을 역사 속에서 쉽
게 찾아볼 수 있다. 프랑스의 영웅 잔다르크, 아멜리아
블루머 등 미국의 여권운동가들, 남북전쟁시대에 외과의
였던 에드워드 워커 같은 이들이 바지로써 남성고유의
영역을 침범했다는 비난을 받았고, 20세기에 들어와 바
지패션을 선보인 일부 디자이너들도 강력한 사회적 반발
을 감수해야 했다. 전설적 디자이너 가브리엘 샤넬은 남
성복 같은 차림으로 레스토랑에 갔다가 거절을 당했고,
배우 마르렌느 디트리히는 바지를 입고 산책하다가 경찰
의 제지를 받기도 했다.

바지 입은 여배우, 경찰의 제지 받기도

이는 단지 프랑스나 미국만의 이야기는 아니다. 문화
관습에 따라 조금씩 차이는 있으나 전 세계 어디에서나
남성의 옷차림을 여성이 흉내 내는 일은 권위에 대한 도
전으로 받아들여졌다. 가까운 예로 황산성 전 보사부장
관이 국회발언시 '바지를 입고 주머니에 손을 찌른' 예의

승마복 차림의 디자이너 샤넬,
1912년까지만 해도 보통 여성들은 치마를 입은 채 말을 탔다. (위)
1932년에 등장한 바지스타일. (가운데)
남자친구인 웨스트민스터공작의 옷을 입고 연어낚시에 나선 샤넬.
1928년의 모습이다. (아래)

없는 자세로 정계의 거센 반발을 받은 적이 있
다. 신문마다 대서특필된 황장관의 행태는 외견
상 장관답지 못한 품위를 지적했으나, 내용상 여성
장관의 바지차림에 대한 거부감을 배제하지 못한
게 사실이다.

그러나 바지는 여성의 사회적 지위가 변하
면서 서서히 여자들의 세계로 들어왔다. 여
자들이 집안에 갇혀 남자를 위한 세련된
교양만을 쌓던 시절에는 필요 없던 바
지가 여성들조차 스포츠에 참여하
게 될 때에 입혀지기 시작했고, 남
자들이 전쟁터로 나가 사회가 여
자의 손을 필요로 했을 때도 입혀
졌다. 여권운동이 기치를 올릴 때
여성의 바지차림은 그 상징이
되었고, 남성과 여성이 법적
평등을 확보할수록 남자와 여
자의 옷은 차이를 좁혀왔다.

치마가 여자만의 의상이 된 건 르네상스 이후

서양 패션사에서 볼 때 '바지는 남자 것, 치마는 여자
것'이라는 원칙(?)이 성립된 것은 르네상스시대다. 그 이
전에는 굳이 옷으로 남녀를 구별 지으려는 인식이 강하
지 않았다. 물론 남성은 활동성, 여성은 인체미를 추구하
는 경향은 있었으나 기원전 이집트나 그리스, 로마에서
는 재단이나 봉제를 거의 하지 않은 드레이프 형의 옷을
남녀가 같이 입었다.

중세에 들어와서는 영혼을 중시하는 세계관에 의해
육체의 중요성이 무시되었고, 금욕주의 또한 옷에서의
성적 표현을 자제해 장신구나 문양 등으로만 성차가 구

1930년대에 유행한 폭넓은 큐롯 바지. (위)
1937년 『보그』에 소개된 패션 일러스트레이션.
여성은 다소 폭넓은 바지차림이다. (가운데)
2차 세계대전 당시 영국의 군수공장에서 일하던 여성들. (아래)

별되었다. 십자군 전쟁 이후 고딕시대(13-15세기)에 와서야 옷에 입체적 재단감각이 생겨났고, 남자는 전쟁시에도 실용적인 바지형태로 옷차림이 정착되기 시작했다.

신에게로 향했던 사람들의 관심이 인간에게로 방향을 돌린 르네상스시대에는 관능미가 중시되었다. 당시 남성들은 상의를 부풀리고, 여성들은 가슴 선을 드러내고 치마부분을 강조함으로써 에로티시즘에 접근했다. 이렇게 옷의 성차는 점점 강조되면서 남자의 하의는 스타킹 형태에서 반바지, 긴 바지로 점진적인 변화의 길을 걷게 되었다.

화제만발의 '블루머 스타일'

근대에 들어와 시작된 여성들의 바지입기는 여권운동과 연결되었다. 이미 남자의 것으로 고정된 바지를 입는 데는 질서를 거스르는 용기가 필요했던 것이다. 1851년 미국의 여성운동가 아멜리아 블루머는 자신이 편집장으로 있던 잡지 『릴리』에 발목에 닿는 풍성한 하렘 팬츠 스타일의 바지 위에 짧은 치마를 덧입은 실용적인 옷차림을 소개했다.

이는 원래 엘리자베스 스미스 밀러 부인이 처음 고안해 입은 것을 그의 사촌이자 블루머여사와 친분 있는 엘리자베스 캐디 스캔튼부인이 따라해 입고 곧이어 블루머여사 등 몇몇 여성운동가들이 입기 시작한 것이다. 여성적인 아름다움을 가꾸는 것만이 여성의 의무라 할 만큼 노출과 과장으로 치장된 여성복이 풍미하던 시절이었기에 '블루머 스타일'은

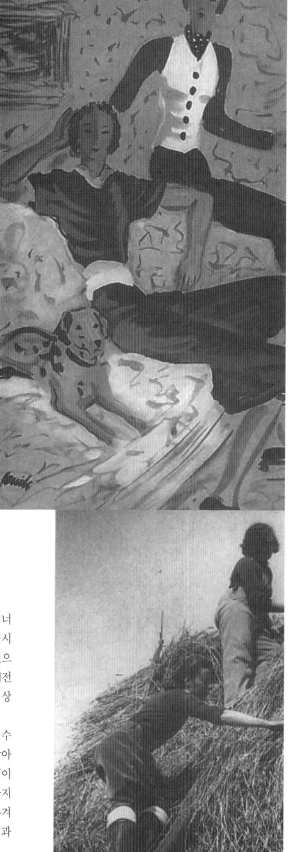

1937년의 바지스타일을 보여주는 『보그』의 일러스트레이션. (위)
2차 세계대전 중 여성들은
남자를 대신해 바지차림으로 거친 집안일을 했다. (아래)

화제가 되었다.

여성의 참정권을 역설하며 다니는 블루머여사의 활동에 비추어 블루머를 입는 것은 여성들에게 일종의 혁명적 의식으로 여겨졌다. 그러나 그만큼 이 바지는 남성과 보수사회에 위험스러운 존재로 비쳐져 사회적인 반대여론에 부딪혔고, 대중적인 유행을 확보해내지는 못했다. 미국은 물론 영국에서도 블루머로 사회를 타파하려는 여성들에 대한 풍자화가 잡지를 장식했고, 연극무대에서 조차 웃음거리의 대상으로 삼기도 했다.

블루머가 사회에 용인되기 시작한 것은 오히려 이로부터 40여년인 지난 1890년대. 승마, 골프, 사이클 등의 스포츠를 여성들도 즐기게 됨으로써 여성들은 공공연하게 블루머를 입었고, 20세기 초 스포츠 열풍이 일자 대중적인 의상으로 자리 잡게 되었다.

전쟁과 스포츠가 바지입기 동력

그러나 바지를 패션의 영역에 최초로 받아들인 디자이너는 프랑스의 폴 프와레. 그는 1909년 파리에서 공연된 러시아 발레 〈봄의 제전〉에서 영감을 얻어 하렘 바지를 선보였으나 교황청의 퇴치캠페인 대상이 되기도 했다. 제1차 세계대전이 일어난 1914년까지 바지는 여전히 부도덕과 비정숙의 상징으로 여겨졌던 것이다.

남자들이 전쟁터로 나가자 여자들의 노동력을 활용할 수밖에 없어진 사회는 여성들의 바지를 현실적인 것으로 받아들였다. 남자 대신 공장에서 일하는 여성들은 '슬랙스 걸'이라 불렸으며, 전쟁이 끝난 후에도 여자들은 실용적인 바지를 포기하지 않았다. 전후에 일어난 스포츠 붐도 이를 부추겨 1920년 샤넬은 요팅 팬츠를, 루시앙 르롱은 스키용 튜닉과

1966년 앙드레 꾸레주의 슈트를 입은 가수 프랑스와즈 아르디. (위)
1965년 엠마뉴엘 칸이 발표한 이브닝모드. (아래)

팬츠를 선보여 바지패션을 주도했다.

제2차 세계대전 중에도 유럽여성들은 박스형의 윗도리와 바지를 입고 공장에서 일했으며, 언제 있을지 모를 공습에 대비해 바지와 위아래가 붙은 형태의 일명 '사이렌 슈트'를 입었다. 이 시기에 전쟁으로부터 떨어진 미국여성들 사이에는 바지와 스커트, 블라우스 등 실용적인 세퍼레이트 룩이 정착되기 시작했다. 당시 일제하에 있던 우리나라에서도 '간단복'이라는 이름으로 일본여성들의 일복인 몸빼가 권장되어 여성들의 일상복 및 교복 등으로 입혀졌다. 몸빼는 그 편리함 때문에 광복 후에도 계속 입혀졌으며, 6. 25 전쟁 이후 맘보바지 등 양장의 도입과 함께 우리여성들이 바지패션을 받아들이는데 매개역할을 하였다.

90년대는 커리어우먼 룩 개발이 과제

그러나 바지가 운동복의 기능성을 뛰어넘어 오늘날처럼 패션의 한 영역으로 들어온 것은 60년대에 와서였다. 60년 노만 노웰이 큐롯 바지를 선보여 관심을 끌었고, 미니멀리즘패션의 기수 앙드레 꾸레주는 다리에 꼭 끼는 활동적인 바지를 내놓았다. 이브생로랑이 남성의 예복을 흉내 낸 이브닝 웨어로 일명 턱시도 슈트를 선보인 것은 66년이었다.

70년대 이후 바지에 얽힌 성의 제약은 사라졌다. 모든 디자이너가 다양한 소재와 디자인의 바지를 발표하면서 바지는 여성복 패션의 유행을 좌우하는 중요한 품목으로 등장했다. 나팔, 맘보, 디스코, 시가렛, 배기, 버뮤다 팬츠에서 힙스터 남성바지의 원형에 가까운 레깅스에 이르기까지 온갖 유형의 바지패션을

1928년 『보그』에 소개된 스키복 일러스트. (위)
요즘 다시 복고풍의 판탈롱이 유행하고 있다. (가운데)
1970 추동 컬렉션에 선보인 장 폴 골티에의 남성용 슈트.
화려한 색감에 남성 소품인 넥타이를 착용했다. (아래)

여성들은 바꿔가며 시대의 스타일로 즐기고 있다.

젊은이들의 청바지문화가 세계를 지배한 70년대에는 남녀노소가 같이 청바지를 즐기는 유니섹스모드가, 80년 대에는 왕성해진 여성의 사회진출을 상징하듯 남성복처럼 어깨가 강조된 재킷과 바지차림의 파워 슈트가 패션을 이끌 었다. 그리고 90년대 들어와 디자이너들이 몰두하고 있는 것은 커리어우먼 룩. 즉 일하는 여성들을 주인공으로 하 는 활동적이면서도 세련된 패션이 당대의 과제가 된 것 이다.

이렇듯 바지를 입기 위한 여성들의 여정은 수많은 여 성들의 잠재적인 지지 속에서 이루어져왔다. 그러면 반대 로 남자들은 스커트를 입기 위해 어떠한 노력을 했을까? 최근 장 폴 골티에 같은 진보적인 디자이너들이 간혹 남성 복에 스커트를 덧입는 패션을 선보이고, 국내에서도 가수 서태지나 김원준이 이런 의상을 입은 적이 있다. 그러나 이는 이야기 거리에 그칠 뿐 어떠한 사회적 반향도 일으키 지 못했다. 여전히 남성이 여성보다 아쉬울 게 적은 사회 의 기득권층임이 패션에서 증명된다고나 할까.

이 형 숙

문화일보 기자

뒤집어봐야 바로 보인다
군주의 딸 목강(穆姜)이 전해 준『주역』의 의미

우리 사회에 떠돌고 있는 사주팔자의 오해는 극복되어야 한다! 편집부는 이런 야심(?)을 포기할 수가 없었다.

그동안 너무나 많은 여자들이 '그 놈의 사주팔자' 때문에 그리고 '철학관' 때문에 울고 웃었다.

그리고 점집을 나설 땐 자신이 '여자'라는 사실을 절감해야 했다.

해서 우리의 야심을 성공하게 해 줄 이를 찾고 찾다가 드디어 '궁합이 딱 맞는' 귀한 필자를 만났다.

그는「사주팔자 뒤집어보기」라는 제목의 원고를 써 달라는 우리에게「사주팔자 비로소 바로보기」라고 해야 한다고 주장했다.

우리보다 더 강적이었다. 첫 호엔 총론을 싣고 다음호부터 주제별로 여성들의 운명을 되짚어볼 계획이다.

권혁조 진수

이숙인

철학박사, 국민대 강사.
성균관대 동양철학과를 졸업하고
동대학원에서 〈중국고대의 여성 윤리사상
형성에 관한 연구〉의 논문으로 철학박사
학위를 받았다.
〈페미니즘과 유교〉, 〈우리들의 동양철학〉(동녘),
〈한국여성과 유교윤리〉 등
다수의 논문이 있으며,
번역서로는 『열녀전』(예문서원)이 있다.

'여자팔자는 뒤웅박팔자', '그놈 팔자 한번 늘어졌구나', '사주팔자가 나빠서….' 그 팔자타령을 여기저기서 쉽게 접할 수 있다. 우리의 전통 관념에는 여자가 개가를 하는 것을 '팔자를 고친다'는 말로 표현해 왔다. 팔자란 아마도 변경 가능한 것인가 보다. 사주팔자에 특별한 관심을 갖고서 점집을 드나드는 사람이 많다는 것은 사주 봐주는 것을 업으로 하려는 사람이 줄을 섰다는 것에서도 증명된다. 그들을 양성하는 교육기관도 꽤 되나보다.

그런데 우리는 사주팔자를 통해 무엇을 얻으려고 하는가? 우리는 무엇이 그렇게 궁금하고 무엇을 그렇게 원하는 것일까. 사주팔자가 우리에게 궁금한 것을 속 시원히 다 알려줄 수 있을까.

1982년도에 제작된 〈블레이드 러너〉라는 영화는 2019년의 미국 LA를 무대로 한 가상의 미래세계를 그리고 있다. 고도의 과학기술은 복제인간을 만들어 상품화하기에 이른다. 미어터질 듯이 사람들로 우글거리는 지구는 우주 기지 건설을 불가피하게 하였고 거기에 복제인간이 투입된다. 복제인간 전문회사인 타이렐사의 사훈은 '인간보다 인간답게'이다. 전투용, 위안부용 등 각각의 용도를 가지고 제조된 이들의 생명은 4년, 지구

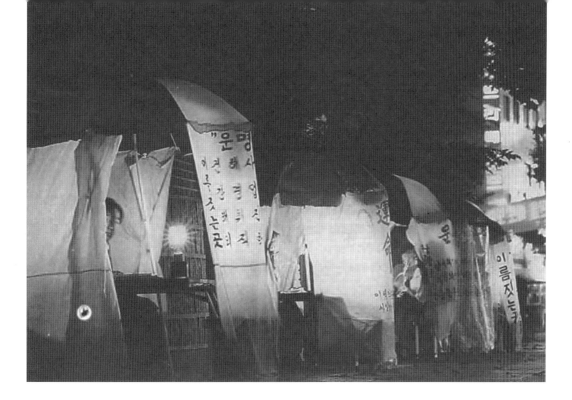

로 돌아오는 것은 금지 되어 있다. 그러나 사랑과 연민, 노여움과 욕망이라는 감정을 느낄 수 있는 이들은 기계적 인간이기를 거부하고 지구로 숨어들어 오는데 진짜 인간과 구별하는 것은 고도의 기술이 아니고는 불가능하다. 운명을 거부한 복제 인간을 가려내어 사살하는 직업이 바로 블레이드 러너인 것이다.

"나의 삶의 자리는 무엇인가요?"

"그건 당신을 제조한 회장만이 알고 있지"

일정한 용도로 만들어진 유한한 존재에게 암울한 미래가 앞을 가로막고 있을 때의 절박한 외침이다. 그러나 그 비밀은 아무나 알 수 있는 것이 아니다. 오직 그를 만든 회사의 회장만이 알고 있다. 회장은 그에게 창조주 아버지이다.

"더 살게 해 주세요. 아버지!"

"너의 생명은 만들 때 정해진 것이고, 변경할 수가 없어. 주어진 삶을 충실히 살아."

복제인간의 소원은 곧 인간의 보편적 욕망이기도 하다. 인간의 욕망을 극화시켰을 뿐 더 인간답게 오랜 삶을 누리고자 하는 우리 인간의 꿈인 것이다.

우리가 태어나고 살아가는 데에 어떤 목적이 있다면 창조주가 기획한대로 살다 갈 뿐이다. 그러나 우리 동양인의 사유에는 삶의 목적이라는 개념이 없다. 따라서 창조주라는 존재도 없다. 인간과 만물을 생겨나게 하고 살아가게 하는 것은 그 자체의 원리에 의해서이다. 무엇보다 인간과 자연의 능동성이 강조된다. 그것을 동양의 철

인들은 '도(道)'라든가 '자연(自然)'으로 포착하였다. 인간존재에 대한 호기심은 일정한 공식을 만들어내게 되었는데 즉 사주팔자라고 이름 붙일 수 있을 것이다.

사주란 태어난 연월일시의 네 가지 기둥을 말하고, 팔자란 사주를 천간과 지지로 나눈 여덟 글자를 말한다. 태어나면서 이미 정해지는 것이 사주팔자라는 것이 된다. 『주역』은 우주의 원리를 궁구한 철학서지만 그것이 또한 점치는 원리를 제공한 것은 사실이다. 산하대지의 변화와 초목금수에 대한 이해는 당시 사람들의 생존에 필수적인 것이었다. 그것은 천(天)·지(地)·산(山)·택(澤)·뇌(雷)·풍(風)·수(水)·화(火)의 팔대(八大)현상으로 분류될 수 있었다. 여기에 음양이 관련을 맺어 자연계에 대한 체계적인 인식의 틀이 마련된다. 농업 노동의 과정을 통해 인간이 획득한 『주역』의 사유체계는 일련의 자연현상뿐 아니라 사회현상, 그리고 정신현상을 분류하였고, 그것으로 세계의 질서를 설명하려고 하였다. 사주팔자의 원리도 이러한 과정의 산물인 것이다.

자연의 운행에 따른 인간의 운명을 점칠 수 있다는 사주팔자는 창조주의 의도를 읽어내는 것만큼이나 어렵지 않을까. 복제인간은 그들의 창조주를 만날 수 있겠지만 인간은 인간의 창조주를 만날 길이 없으며, 더구나 창조주란 인간의 의식이 만들어낸 가상의 존재일 가능성이 크다. 그렇다면 누가 오독 없이 이 사주팔자를 읽어낼 수 있는가?

기원전 3세기에 최초로 중국을 천하통일한 진시황은

우리는 종종 '사주팔자는 정해져 있으므로 바꿀 수 없다'
그러나 '노력으로 운명을 바꿀 수는 있다'는 논리를 접하게 된다. 이 무슨 애매한 말인가?
사주팔자와 운명은 아무런 관계가 없다는 것인가?
사주팔자와 운명, 그 어느 곳에 강조점을 두어야 하나? 목강이라는 여자의 말을 들어보자.

자신이 수행한 업적이 자손대대로 계승되길 바란다. 그래서 자신의 이름을 진나라 첫째 황제라는 뜻의 시황(始皇)이라 짓고 아들은 2세황, 손자는 3세황의 식으로 이어가길 바랐다. 그는 특히 예언자의 말을 즐겨 믿었으며 그것을 정치에 운용하였다. 신선을 찾아 불사약을 구해 오게 한 것은 유한한 생명에 대한 무한한 욕망의 도전이라 할 수 있다. 그 길에 나섰던 노생(盧生)이라는 예언자는 선약을 구하지 못하고 바다에서 예언서라고 들고 나왔는데 거기에는 이렇게 씌여있었다.

"진나라를 망하게 할 것은 호(胡)이다."

호는 북쪽 오랑캐이다. 이에 시황은 장군 몽염에게 병사 30만을 징발하여 북쪽의 흉노를 쳐부수도록 하였다. 이러한 철저한 대비에도 불구하고 진나라는 시황의 아들 2세황제에 이르러 망하고 만다. 진시황 아들의 이름이 바로 호해(胡亥)였던 것이다. 이 참어를 해석한 후대의 사람들은 '호'는 진시황의 아들 호해(胡亥)를 말한 것이라고 하였다.

국가의 대사나 개인의 소사를 점치고자 하는 마음에는 현재에 대한 위기의식이 잠재되어 있다. 즉 그 자체의 원리에 따라 합리적인 운행을 할 때, 내 삶의 자리가 확실할 때 다른 것에서 원조를 얻을 필요가 없는 것이다. 그러나 과학의 급속한 발달은 그 반대의 현상, 신비적인 경향을 파트너로 삼는다. 대형서점에 가보면 컴퓨터 서적 등의 첨단 분야와 사주나 술수학 등의 미래 예언서들의 수가 가장 많다는 게 그것을 말해준다. 빠른 속도로 변하는 외부의 상황만큼 인간의 마음이 따라가지 못하기 때문일 것이다. 그래서 현실과의 거리감과 미래의 불확실함이 내면에서 오는 것이다. 이러한 불안은 특히 현실적인 입지가 약한 사람에게 강하게 다가오는 것이 아닐까.

우리는 종종 '사주팔자는 정해져 있으므로 바꿀 수 없다', 그러나 '노력으로 운명을 바꿀 수는 있다'는 논리를 접하게 된다. 이 무슨 애매한 말인가? 사주팔자와 운명은 아무런 관계가 없다는 것인가? 사주팔자와 운명, 그 어느 곳에 강조점을 두어야 하나? 목강이라는 여자의 말을 들어보자.

목강(穆姜)은 중국의 춘추전국 시대의 사람이다. 제(齊)나라 군주의 딸로 태어나 노(魯)나라 군주의 부인이 된 사람이다. 그의 학식과 총명은 『주역』의 철학적 해석에 영향을 미칠 정도였다. 『주역』은 훗날 『역전』으로 재구성되면서 64괘에 대한 철학적 의미를 부여하는데 수괘(隨卦)에 대해서는 목강의 해석을 채택하였던 것이다. 그런데 군주의 부인이었던 그는 남자관계가 복잡했고 그의 정부(情夫)가 권력을 독점할 수 있도록 음모를 꾸민다. 또 나라의 이익보다는 개인의 욕망을 우선으로 하여 노나라를 국제질서에서 불리하도록 이끌어갔다. 이러한 음모가 들통나자 궁중 깊숙한 곳에 위치한 궁에 유폐되었다. 동궁에 유폐된 목강은 자신의 앞날이 어떻게 될 것인지 점을 치게 하였는데 간지육(艮之六)이라는 점괘가 나왔다. 점쟁이가 말한다.

"간괘(艮卦)가 여섯번 변하여 수괘(隨卦)로 간다는 것입니다. 수괘는 밖으로 간다는 뜻이니 부인께서는 곧 이 동궁을 빠져나가게 됩니다."

그러나 목강은 자신의 미래를 점괘에 그대로 맡기지 않았다. 점괘대로 행하지 않았던 이유를 목강은 이렇게 설명한다. 『주역』에서 말하는 원형리정(元亨利貞)은 64괘를 해석하는 기본원리이다. 이것은 각 괘를 뽑아 행동 방향을 결정하기 전에 전제되어야할 네 가지의 기본적인 덕인 것이다. 최고의 선(善)인가, 훌륭하다고 할 수 있는가, 이익을 추구함에 정당성을 얻을 수 있는가, 올바른 토대를 갖추고 있는가 하는 것이다. 즉 하나의 괘만을 독립시켜 해석할 수 없으며 일의 정황과 사회가 지향하는 보편관념에 부응하는가를 먼저 따져봐야 한다. 수괘 그 자체에는 좋은 의미가 들어 있지만 자신의 행위를 비춰볼 때 사회가 지향하는 가치에 위배되었던 것이다. 그는 자신의 행위에 대해 스스로 평가하기를 다소곳이 아래에 처해야 하는 여자의 몸임에도 국난을 유발하였으므로 최고의 선이 아니며, 나라를 불안하게 한 것은 훌륭한 일이라 할 수 없다. 또 일을 꾸미며 자신을 해쳤으니 정당한 이익을 도모했다고 할 수 없으며, 지위를 생각지 않고 멋

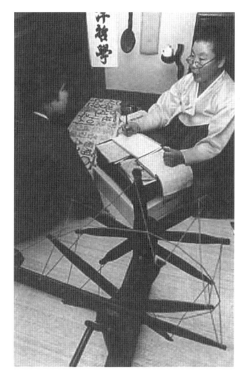

대로 굴었으므로 올바른 토대를 갖추었다고 볼 수 없다고 했다.

『주역』의 논리대로라면 이 네 가지 덕을 모두 갖추어야만 점괘의 결과에 따를 수 있다는 것이다. 결국 목강은 자신의 의지대로 동궁에서 죽음을 맞이하였다.

위에 서술된 '목강의 판단'이 여성의 역할과 가치가 엄격하게 규정되었던 시대적 한계를 넘어서지 못한 점에서는 아쉬움이 남는다. 그러나 자신의 욕망을 객관적으로 살피고 그 가치를 전체 사회와의 관계 속에서 파악한 점은 뛰어난 통찰이라고 할 수 있다. 목강에게 있어

서 미래 예측이란 스스로 역사와 가치를 내면화하고 자체적인 운동방향을 결정하게 해준 하나의 계기에 불과하였다. 이와 같이 동양인의 마음은 어느 것이든 따로 떼어내어 읽지 않는다. 상황과 관계가 중시되며 그런 관계를 통해 개체를 해석한다. 사주팔자의 원리도 이러할 것이다.

'동양 철학'이라고 하면 보통 사주팔자라고 한다. 그래서 이른바 동양철학 전공인 나에게 이 난을 엮어보라고 한 것 같다. 죄송스럽게도 그런 기대와 달리, 사주팔자는 나에게 아주 소박한 의미로 다가올 뿐이다. 어린 시절의 이야기다. 좀 모자란 듯하여 동네에서나 학교에서나 항상 소외되었던 친구가 있었다. 함부로 대하는 나에게 할머니는 "저 애는 사주가 좋아서 나중에 귀하게 살 것이다. 너보다 훨씬 잘 살지도 모른다"고 하셨다. 그 후로 왠지 모르게 그 애에게 막 대할 수가 없었다. 할머니는 사람이 사는 원리와 사람됨의 의미로서 어린 나에게 참어를 이용하여 참사람이 되기를 바라신 것이다. 내가 수용할 수 있는 수준의 것으로.

사람들에게, 특히 현재의 암울함이나 미래의 우환의식에는 그 어떤 논리적인 설명보다도 보이지 않는 초월적인 힘이 훨씬 설득력을 지닐 수 있다는 것일까?

엄마의 바람, 지금은 잃어버린 열정에 대하여

우리를 키우시던 우리의 어머니들은 대체 어떻게 살아오셨을까.
한국 여자들의 끼는 백제시대로 올라갈 만큼 유서가 깊으니
60, 70년대 어머니들이라고 해서 달랐을 리 없다.
그저 오늘보다 나은 내일을 위해 한없이 허리띠를 졸라맨 채 밥하고 빨래하고 아이를 돌보는 일에
하루 종일 종종걸음을 쳐야 했기에 '끼'를 발휘하는 일쯤은 너무 사치스럽다고 느꼈을지도 모른다.
그래서 가슴 속 저편에 자신도 알지 못하는 어떤 불덩어리 같은 열정을 묻어두고 말았으리라.
지금은 사회의 주역이 된 30, 40대를 딸로 둔 잘 살아보세! 이른바 '새마을운동' 세대 어머니들.

창간호에선 그 시대 '어머니들의 외도'를 조망해 보기로 했다.
진짜 바람을 피웠어도 좋고, 뭐 다른 것이어도 좋다.
집안일 하고 아이를 기르는 틈틈이 연애하듯 뭔가에 정신을 쏟았으면
우리는 그것을 '외도'라고 말하고 싶다.
우리 잡지의 슬로건 웃자! 뒤집자! 놀자! 와도 일맥상통하는 재미있는 주제라는 생각에서
머리를 짜내고 짜낸 끝에 '즐거운 외도'를 주제로 잡았다.

버지니아 울프도 부러워 할 '자기만의 방'

"뭐가 무서워서…", "에이, 더러워 죽겠네…." 그 뒤에 엄마가 덧붙이는 말은 자신에 대한 당당함이다. 우리 집 가족관계에서 가장 기세등등한 사람은 엄마가 아닐까 싶다. 당신이 하는 일은 언제나 완전무결하고 그래서 다른 사람의 대충 대충을 봐 넘기지 못하고, 그러다 보니 할 말은 기어이 해야 하고, 그러나 뒤끝은 없다.

내가 어릴 때 엄마는 참으로 억척스럽고, 욕심 많은 여자였다. 자식에 대해서, 돈에 대해서. 엄마는 늘 아버지의 흉을 보면서 은근히 동조를 강요했지만 나는 누구나 인정하는 호인인 아버지가 훨씬 좋고 마음이 가는 걸 어쩔 수 없었다. 스무 살이 되면서 나는 비로소 엄마의 아버지 흉보기에 동참했다. 우리가 같은 여자라는 걸 알게 되면서부터.

그때부터 엄마는 크고 작은 반란을 일으켰다. 어느 날 갑자기 서울로 올라와서는 이혼을 할 건데 너는 누구와 살 거냐고 다그치기도 하고, 잎이 떨어져 마당이 지저분해진다는 이유 하나만으로 아버지가 아끼는 자귀나무를 뽑아버리기도 하고, 갑자기 돈을 한 뭉치 가지고 와서는 옷 사러 가자! 하기도 하고.

그러던 어느 날 엄마는 혼자 살 집이 필요하다고 했다. 이제 당신은 더 이상 일만 하면서 살기도 싫고 몸도 아프고 가고 싶은 데 가고, 하고 싶은 거 하면서 살고 싶다고. 아버지를 어르고 협박하고 한 1년 싸우시더니 드디어 엄마 이름으로 된 아파트를 얻었다. 엄마는 신바람이 났다. 새로 지은 아파트라 모든 것이 깨끗했지만 페인트칠도 다시 하고 벽지도 직접 골라 새로 발랐다. 장롱을, 소파를 고르러 다니고, 그릇이며 가재도구를 사러 다니고, 전자제품을 고르고, 알록달록한 이부자리를 새로 마련하고. 하루는 언니를, 하루는 나를 또 하루는 이모를 번갈아 끌고 그렇게 돌아다녀도 엄마는 지치지도 않았다.

엄마는 근사하게 집들이도 했다. 큰집, 외삼촌네, 고모네, 이모네 할 것 없이 모두 불러들였다. 엄마 집, 엄마만의 공간은 바로 그 몇 달 전 결혼한 내 신혼집보다 더 예쁘고 화려했다. 핑크빛이 은은히 감도는 우아한 커튼에 아이보리색의 야들야들한 천으로 싸인 침대가 놓여있는 침실, 소나무 옆에 사슴이 놓고 있는 장롱에 고상한 보료가 놓여있는 안방, 노래방 기계까지 갖춰놓은 거실. 엄마는 너무도 행복해 보였고 눈부시게 빛났다. 덩달아 그 자리의 우리 모두도 행복했다. 참 못 말리는 여자다. 그리고 참 건강한 여자다.

김정선, 자유기고가, 32세

> 자기만의 공간이 필요하다고 요즘 젊은 여자들은 목을 매지만 언제나 하소연에 불과할 뿐이다. 부엌을 멋들어지게 꾸며 자기만의 공간으로 만들라고 주방가구회사들이 속삭여대는 통에 잠시 홀려서 돈을 써도 일상은 별로 달라지지 않고, 쓸고 닦는 품만 늘어날 뿐이다.
> 우리가 늘 꿈만 꾸고 있는 자기취향의, 자기만의 방을 만들어 자기만의 삶을 꾸려가는 이 '과격한 어머니'는 그래서 참으로 놀랍다. 이제 우리도 미래의 온전한 자기만의 방을 위해 조금씩 자기만의 돈을 모아본다면 또 다른 사는 재미를 느끼지 않을까.

엄마의 올인원

"엄마! 이게 뭐예요?"

무엇인가를 손에 들고 오는 딸아이의 물음에 문득 고개를 돌린 나는 '쿡' 터져 나오는 웃음을 막을 수 없었다. 그것은 이름 하여 '올인원'. 우리 어머니가 합창공연 때 은빛 드레스를 폼 나게 입기 위해 속에 받쳐 입는 언더웨어다.

가끔 아이들을 보러 오시는 친정어머니가 깜빡 벗어 놓고 가셨음에 틀림없다. 덧붙이건대 우리 어머니는 건망증이 심하시다. 〈바람과 함께 사라지다〉의 스칼렛 오하라가 입었음직한 것과는 그 크기가 비교도 되지 않을 만큼 큰 것이지만 환갑이 지난 지 어언 5년째로 접어드는 친정어머니의 몸매를 타이트 업(Tight-up)시켜 줄 튼튼한 지지대이다. 그 올인원을 받아들며 생각은 어느새 과거로 달려가고 있었다.

5년 전 동업자에게 사기를 당해 사업은 시작도 못

해 보고 큰돈을 잃으셨던 아버지에게, 대놓고 푸념도 못 하다가 지병인 당뇨병으로 쓰러지셨던 어머니. 그 이후 몸을 추스르고 일어나긴 하셨지만 평생 그래왔듯이 모질지 못한 마음에 항상 주변 사람들의 한마디에도 안절부절, 노심초사하시는 모습이 늘 내 마음을 안타깝게 했다.

그러다가 어느 날인가 어머닌 친구 따라 모 구청 실내 합창단 모집 오디션에 갔다가 당당히(?) 합격을 하셨다. 그날 이후 어머니의 얼굴에는 조금씩 옛날의 명랑하던 성격이 나타나고, 그늘도 걷혀갔다. 일주일에 두 번, 아침 10시까지 참석하기 위해 8시면 집을 나서야 하는데도 오로지 노래하는 즐거움에 피곤을 못 느낀다며 열심이시다. 봉사활동에 방송국 출연, 외국 초청연주까지 다녀오면서 생활의 활력을 되찾으시고 식이요법에 신경 쓰던 일도 언제였던가 싶을 정도로 달라지셨다. 우리 집에 오시는 날도 항상 가곡 테이프를 들으며 배에 힘을 주시는 어머니의 모습은 이제 익숙한 풍경이다. 아이들도 할머니가 자주 오신 주에는 노랫말을 처음부터 끝까지 따라 부르느라 정신이 없다.

어머니, 부디 실버 합창단의 최고령 할머니로 남아주세요!

장 미 경, 주부, 35세

요즘 텔레비전을 보면 끼가 철철 흐르는 여자들이 쉽게 눈에 띈다. 토요일 오전에는 방송국 3사가 경쟁이라도 하듯 주부 노래경연대회를 하는데 가수 뺨치게 노래 잘하는 여자들이 매회 포진해 있는 걸 보면 도대체 저 잘난 여자들이 그동안 어디서 뭘 하고 있었을까 싶다. 그중에 특히 〈별주부전〉이라는 프로그램은 노래뿐 아니고 춤, 악기연주, 연극에 성대모사까지 하는 일종의 주부장기자랑대회인데 그 프로그램을 보고 있노라면 "어머머, 저 끼를 다 어찌하고…" 하는 소리가 입에서 저절로 나온다. 사람이란 모름지기 자신의 재주를 표현하고 싶어하고 이를 통해 사회와 교류함으로써 인정받고 싶어한다. 특히 끼 많은 이들일 경우는 그 몸살이 더욱

심하리라. 그래서 그 옛날 여자들이 전혀 자신의 재주를 재주로 인정받지 못하던 시절엔 끼를 폭발시키듯 무병이란 걸 앓고 차라리 무당이 되어버린 게 아닌가, 추측되기도 한다. 그래도 요즘은 낫다. 저런 주부 대상 프로그램도 있고 동네마다 노래경연대회에 어머니 합창단까지 비록 획일적이긴 하지만 그런 숨통들이 트여 있지 않은가.

엄마가 너무 싫었어요.

내가 초등학생이었을 때다. 아버지는 낚시에 빠져 일주일에 5일은 낚시터로 나갔고, 맏이인 나를 비롯해 우리 사남매는 학교에서 돌아오면 엎치락뒤치락 장난치기에 여념이 없었다. 하루라도 말썽 없이 조용히 지나가는 날이 없어 엄마도 참 힘들어 하셨다.

그러던 중에 엄마는 친구를 따라 춤을 추러갔고 거기서 일명 '제비'를 만났던 것 같다. 나는 가끔 엄마가 숨기듯 전화를 받는 것을 봤고 뭔가 이상하다고 생각했다. 그때 엄마가 어떤 감정이었는지 그 남자와의 사랑에는 얼마나 빠져있었는지 나로서는 알 수 없지만 어쨌든 엄마의 외도는 곧 아버지에게 발각이 됐다. 제비라는 족속에게 '물리고' 난 후의 수순이었겠지만 그는 엄마에게 돈을 요구해왔고 결국 그 요구를 들어줄 수 없는 지경까지 왔을 때 아버지가 알아챈 것이다.

그 후 얼마간 우리 집은 정말 지옥이었다. 매일매일 부부싸움이 계속됐고 아버지는 엄마를 닦달하다가 우리까지도 못살게 굴었다. 아내의 외도를 알아버린 남편이 얼마나 기세등등한지는 보지 않아도 알 일이다. 그리고 엄마의 외도는 끝이 났다.

아버지가 식구들을 들볶는 것도 힘들었지만 어린 내 가슴에 엄마가 바람을 피웠다는 사실도 받아들이기 너무 어려웠다. 그때 받은 상처라니…. 그때 엄마는 내게 못나고 칠칠맞고 부정하며 엄마답지 않은 낯선 여자였다. 나는 그런 엄마의 모습이 정말 끔찍했다.

그리고 지금은 내가 엄마가 되어 있다. 지금은 결혼한 여자의 외도가 그때처럼 끔찍하지 않다. 요즘은 드라마에서도 혼외관계를 아름답게 묘사하고 있으며

실제로 친구들 중에도 다른 남자와 연애를 하는 경우를 가끔 본다. 세상이 달라졌는지 요즘 여자들은 나의 엄마처럼 주눅들어하지 않고 아주 당당하다. 스스로 아주 심플하게 생각하고 낭만적으로까지 받아들이고 있는 듯하다.

여 인 형, 주부, 33세

어머니가 속칭 '제비'와 바람이 났었다는 진짜 외도에 관한 이 원고는 정말 받아내기 어려웠다. 생각도 하기 싫다는 것이다. 필자와 편집자가 '절친한 사이'라는 이유를 대며 억지로 원고를 쓰게 하는 데 성공하긴 했지만 그래도 마음이 편치 않다. 자신들은 얼마 전 시청률 1위를 기록했던 〈애인〉이라는 TV 드라마에 푹 빠져있었으면서도 엄마의 바람은 아직도 마음속에서 용서가 되지 않는 것일까. 그 어머니가 느꼈음직한 소외감, 육아의 과중함, 그리고 아직도 사랑할 수 있는 따뜻한 감성은 누구에게 위로받아야 했을까?

어쨌든 '엄마의 바람'이 기존 윤리에서 어긋나 있을 때 딸들은 그걸 오랫동안 받아들이지 못한다. 자신이 엄마가 되었어도 말이다.

또 이런 예가 있다. 6·25시절 혈혈단신 남하해 아이를 낳고 곧 남편을 잃은 한 어머니는 일수놀이를 해서 생계를 이어갔는데 틈만 나면 그 일수놀이 계원들을 모아놓고 대청마루에서 사교춤을 췄다는 것이다. 물론 춤이 있는데 음악이 없을 리 없다. 일명 '야전(야외전축)'을 크게 틀어놓는 바람에 동네에선 항의가 곧잘 들어왔다. 그러면 그 어머니 왈 "과부가 춤도 못추면 무슨 재미로 살겠냐"고 지지않고 대들었다나. 이 얘긴 그 어머니의 딸의 친구로부터 전해들은 것이다. 우리가 들으면 신나고 재미난데 그 딸은 동네 사람들의 비난이 듣기 괴로웠나보다. 기억하기도 싫다고 했다나. 편집부에서 딸의 친구를 통해 원고청탁을 하려고 했지만 결국 그 원고는 받지 못했다.

그렇지만 엄마 좀 심하지 않우?

50대 종반에 이르자 어머니는 달라지기 시작했다. 여느 주부들처럼 집 보는 일을 업으로 끌어안고 안방 구들을 지켜온 어머니가 "이제 더 이상 집에 있기 싫다!"고 선언한 것이다. 당황한 가족들은 모두 의아해했다. 어머니가 집을 비운다는 건 도대체 어떤 의미일까? 그러나 대답은 간단했다. 주방을 비우고, 집안에 쌓이는 먼지를 방치하는 것으로 시작하여 더 이상 가족을 위해 희생하는 심청전-심부름하고 청소하고 전화 받기-의 주인공으로 살지 않겠다는 뜻이었다.

그럼 어머니는 집을 나서서 대체 어디에 가겠다는 것일까? 주부대학에 다니시더니 게서 만난 친구분들과 갖은 친목 모임을 만들어내셨다. 물론 전부터 관계하던 계모임에도 여전히 열심이시다. 아버지 사업에 필요한 재정을 지원하는 용도로 관계하던 모임들이 어느새 주요 일상이 되어 이젠 남편과 자식들의 생일을 잊는 대신 그 많은 모임들의 날짜를 외우는 데 열중하신다. 더욱이 친구들과의 여행을 통해 해방감을 확인한 어머니는 점점 가족으로부터 멀어지는 희열(?)에 도취되어 있다.

그런 어머니의 변화가 대수롭지 않다고, 그럴 수도 있는 거 아니겠냐고 여유를 보이던 나는 요즘 곤혹스럽기만 하다. "너, 결혼하지 마라!" 어느 날 갑작스런 이 청천벽력의 한마디가 계속해서 내 인생을 구속하고 있기 때문이다. "할 일이 있고 좋은 우정이 있어 외롭지 않은데 그냥 혼자 살지, 결혼을 왜 해?" 나 스스로 결혼에 대해 아무 계획 없이 지내고 있긴 하지만 그래도 이 주문은 몹시 부담스러운 것이었다. 게다가 아버지까지, "내가 너라면 혼자 산다. 자유롭게 말이지." 부모의 강요에 의해 결혼이라는 말을 자유롭게 꺼내지도 못하는 스물아홉 살의 나는 마치 별세계에서 온 우주인이 된 것 같다.

우주인 아버지는 요즘 어머니가 없는 별을 지키며 홀로 심청진을 탐독하고 계신다. 어머니보다 집안일을 더 잘한다고 자랑하시는 아버지. 그래, 그런 거였다. 누구든 할 수 있고 또 마땅히 모두가 함께 해야 할 일을 오랫동안 어머니께만 짐을 지우고 있었던 것이었다. 그렇지만 엄마, 좀 심하지 않우?

이 은 희, 사회단체 간사, 29세

대다수 엄마들의 외도는 아이들을 어느 정도 다 키워놓은 최근에야 시작됐으며 대부분 가족의 건강을 위한 수지침 강좌나 남편의 사업을 위한 모임으로 시작해서 자신만을 위한 동성 친구 모임으로 비화(?)되는 경우가 많다. '비화'라는 말은 장난스러운 표현을 넘어선다. 딸들이 모두 엄마의 이런 모습을 달가워하지 않기 때문이다. 웬만하면 젊은 딸을 위해 손주도 봐주면서 집에 있으면 좋으련만. 그리고 예전처럼 늘 엄마가 있는 따뜻한 가정을 만들어주면 좋으련만 하루가 멀다 하고 아침부터 밤까지 모임을 만들어 집을 빠져나간다.

늦바람이 무섭다던가. 친구 만나고 여행하는 재미에 빠진 어머니들은 하나같이 가정생활을 팽개치다시피 했다. 예전에 살림꾼이던 엄마일수록 한번 바람이 나면 전혀 딴 모습으로 돌변해 정년퇴직한 남편, 며느리 심지어 딸이 대신 살림을 떠맡는다. 그러니 엄마의 외도가 곱게 보이지 않는 것도 이해가 된다. 그래서 엄마의 외도에 대해 비교적 긍정적인 필자를 찾느라 사실은 좀 애를 먹었다.

"우리 엄마는 공부가 취미"

집에서 초등학교 산수 과외지도를 하고 있는 나는 산수문제 풀기를 죽기(?)보다 싫어하는 학생들에게 "공부하는 걸 좋아하는 사람은 이 세상에 거의 없어. 공부하기 싫어도 모두 꾹 참고 하는 거야"라고 타이르면서 곧잘 우리 어머니를 떠올리곤 한다. 이 세상에 거의 드물다고 말한 '공부하는 걸 좋아하는 사람=우리 어머니'라는 등식이 성립하기 때문이다.

보통 다른 어머니 같으면 결혼한지 얼마 되지 않은 딸에게 전화를 걸었을 때 딸 내외의 안부를 묻는다거나 요리 지도를 할 테지만 우리 어머니는 중학교 수학문제를 불러주고 문제를 푼 후 다시 전화를 걸어달라고 하신다. 어머니의 이런 전화를 받은 후 문제를 푸느라 고심하는 나의 태도에 남편은 의아해했지만 우리 어머니의 알고자 하는 욕구-지적 욕구에 지난 30년간 시달려온(?) 나에게 그것은 전혀 이상한

일이 아니다.

학창시절 욕조 안에서 목욕을 할 때 등을 밀어주시면서 일어섰다, 앉았다를 반복하게 하여 아르키메데스의 원리를 설명해 주시거나 시장바구니를 함께 들 때 힘의 원리를 얘기해 주시고, 심지어는 식사시간에도 영양소와 열량에 관한 이야기를 반찬 삼아 들려주셨던 분이 우리 어머니다.

밤에 잠이 오지 않으면 그릇장의 그릇들을 다시 꺼내어 정리하신다는 우리 시어머니와는 달리 친정어머니는 그런 잠이 오지 않는 밤에 자식들의 옛날 수학 교과서를 꺼내어 문제를 푸시거나 하다못해 국어사전을 옆에 놓고 낱말 퍼즐카드라도 푸신다. 이른 아침에 우리 집에 전화를 걸어 조간신문에 나와 있는 수학능력시험 중에 언어 영역 문제를 풀어보라고 하거나 우리 집에 와서 지하철 안에서 읽은 책 내용을 얘기해 주시는 어머니….

이제 나도 결혼을 하여 한 아이의 엄마가 되고 보니 공부하기 좋아하는 우리 어머니를 이해할 수 있을 것 같다. 해도 표시나지 않고 하루라도 안하면 많이 표가 나는 집안일을 해오시면서 어머니가 어느 때 기쁨을 느끼셨는지 이제는 알 것도 같다.

변순원, 주부, 30세

이런 어머니가 요즘 세상에 태어나 공부를 계속할 수 있었다면 아마 대단한 석학이 되었으리라. 이렇게 공부가 취미인 자식이 아들로 태어났다면 집 팔고 논 팔아서라도 학업을 계속하게 했으리라.

솔직히 나는 이 어머니에 대한 놀라움보다 안타까움이 앞섰다. 하지만 이런 감정도 편집자의 자의적인 판단에서 나왔을 것이다. 이 어머니는 공부를 해서 그 무엇을 이루겠다는 생각조차 없이 그저 배운다는 것 자체가 즐겁고 기쁜 일일 수 있기 때문이다.

그렇게 보면 엄마들의 외도도 가지가지다. 누구는 살림하며 공부할 시간이 어디 있냐고 변명을 하는데 이 어머니는 공부가 즐거움이고 외도였으니 말이다.

"당신이 의사해라"

화요일! 일주일 중 가장 바쁜 시간이다. 큰 아이는 유치원, 작은 아이는 놀이방에 보내고 에어로빅에, 수지침 공부에 오전을 보내고 나면 몸은 많이 피곤하지만 스트레스가 확 풀리고 목구멍까지 차올랐던 갈등-전업주부들이 겪어야 하는-이 어느 정도 해소된다. 그런데 우리 엄마는 자식 키우면서 생기는 갈등과 스트레스를 어떻게 풀었을까? 또 직장생활을 하고 싶어서 마음의 갈등이 있지는 않았을까? 엄마만의 시간과 생활을 갖고 싶지 않았을까? 또 모두다 훌훌 털어버리고 어디론가 훌쩍 여행을 하고 싶었던 적은….

고등학교 땐 엄마가 멋진 직업을 가졌으면, 그래서 좀 더 품위 있고 교양이 있었으면 하고 꿈을 꾼 적이 있다. 이런 이유로 엄마에게 짜증을 부리고 갈등과 마찰을 빚기도 했다.

"엄마의 꿈은 뭐였어요? 또 해보고 싶었던 일은 없었어요?" 아무리 여쭤 봐도 말씀도 안하시고 평소 내색도 하지 않아서 잘은 모르겠지만 머리도 좋고 의학상식에도 밝으셔서 여건만 허락됐다면 지금쯤 신바람 건강학의 황수관 박사보다 더 유명한 의학박사가 되었을지도 모르겠다. 아버지도 때때로 농담 삼아 "당신이 의사해라" 하고 말씀하시기도 하니 말이다.

어쨌든 엄마는 자식들 시집 장가보내고서야 엄마 자신에게 시간을 할애하셨다. 진정 하고 싶었던 일은 아닐지 몰라도 삶에 애착이 많으신 분이라 새벽 일찍 일어나 단전호흡도 다니시고 운동도 하셨다. 하지만 요즘은 건강이 허락하지 않아 중단하셨다. 하루빨리 예전의 자유를 되찾아 활기차게 운동하시는 모습을 보고 싶다.

손윤흥, 주부, 33세

자식들 결혼하고 나서야 자신에게 시간을 할애한 어머니, 의학상식에도 밝고 삶에 애착이 많은 어머니, 자식들 다 키워놓고 뭔가 해보려다 이젠 건강이 허락하지 않아 그도 할 수 없게 된 어머니들이 우리 사회엔 너무나 많다. 제대로 바람 한번 피워보지 못한 어머니들이 훨씬 더 많다는 말이다. 외도란 주제에선 그게 더 심한 것 같다. 뭘 원하는지, 뭘 하고

싶은지, 가슴 속에 아련하게 품은 꿈은 무엇인지 딸도, 어머니 자신도 잘 모른다. 아직 우리 세대도 그렇지 않은가. 혹 우리의 딸이 커서 "엄만 이 세상에서 뭘 제일 하고 싶어요?" 하고 물으면 자신 있게 대답할 그 무엇을 가지고 있을까? 내가 진정으로 원하는 게 뭔지 내가 어떤 열정의 소유자인지 꿈을 접고 아이를 키우느라 너무 오랫동안 내 속의 것을 방치해 놨기에 이젠 모든 게 어렴풋하지 않은가. 우리가 그런데 하물며 어머니 세대야 오죽할까. 아, 그래도 엄마의 바람기에 대해서 관심을 좀 갖자. 이제는 다 사그라진 엄마의 열정, 엄마의 꿈 그리고 엄마의 사랑에 대해서 말이다. 우리의 할머니에게서 어머니에게로 그리고 나에게로 전해져 내려왔을 그 끼에 대하여. 지금은 친구를 만나고 계모임을 갖는 것으로 변질된 엄마의 바람기 저 깊은 곳에 숨겨진 엄마의 욕망에 대하여. 그리고 그것 때문에 겪어야 했던 아픔에 대하여. 그러면 그동안 모녀관계를 가로막았던 벽이 일시에 허물어질지도 모를 일이다.

여성 / 백화점 / 공간실천

글을 시작하며

소비의 '합리적'인 사용이 교육되는 이런 시대에는, 욕구는 광고나 대중매체 등을 통하여 사회적으로 생산될 뿐만 아니라, 그 욕구를 충족시키는 것 또한 적절한 사회적 제도의 매개에 의해서만 가능하다. 백화점은 물론 제도가 아니다. 일단 그것은 하나의 장소(site)로 보이는데, 그렇더라도 이 시대의 모든 소비 공간이 그렇

듯이 이 장소는 장소로 보이기보다는 총체적 욕구 생산과 욕구 충족의 중간쯤에 놓여 있는 '제도'로 보인다. 욕구 생산과 욕구 충족의 매개항 역할을 톡톡히 해내고 있는 셈인데, 이 백화점 논의에서 무엇보다 중요한 것은 이 장소가 소비의 제도화를 통해 그 소비외관적 화려한 모습을 띤 정점으로만 부각되어서는 안 된다는 점이다. 우리의 논의는 일방적 생산과 일방적 소비의 분리만을

백화점에 놓인 상품들은 스스로 연기한다.
이는 곧 상품에 '서사'를 꾸려 넣음으로써 가능한 것인데,
가장 단순한 예를 들자면 멋진 배경을,
이국적인 색다른 배경을 설정하여 상품을 전시하는 방식 등이 그것이다.
또한 이상한 장소에,
기대치 않았던 장소에 상품을 놓아두거나 하여 구매자의 상상력을 발동시키기도 하는 것이다.

기술할 것이 아니라, 우리의 일상적 구매행위 속에서 이 장소를, 이 제도를 공간실천의 한 지점으로 삼는 것을 모색해야 한다.

백화점/주체생산/공공영역

서구에서 처음 백화점이 등장한 시기는 19세기 중반이라고 한다. 새로운 판매방식-그저 가격만 매겨 진열된 상품들, 그리고 그 상품들 스스로가 찬란히 빛나는 방식으로 구매자에게 이야기를 건네는-을 내놓았던 백화점에서 여성들은 그때까지와는 다른 방식으로 구매하거나 마주치기 시작했다. 인근 상점이나 시장에서 우연히 만나 안부도 묻고 수다도 떨곤 하던 사교행위는 고객 역할과 필연적으로 연관되지는 않았다. 백화점은 이러한 여성의 구매행태와 여가행위를 바꾸어 놓았다. 백화점을 통한 여성의 구매행태는 상품과의 끝없는 대면, 상품과의 대화를 통한 구매자체가 되었고, 백화점을 통한 여성의 여가행위 역시 바로 이 쇼핑을 의미하게 되었다.

그러나 쇼핑이 '여가'에만 그치면 안 된다. '소비사회'로 규정되는 현대사회에서 훌륭한 주부 역할을 수행하기 위해서는 이것에 어느 정도 시간을 투여해야 한다(고 한다). 예전에는 시장이나 상점에서 물건을 놓고 흥정할 수 있었지만, 이제 여성은 이 백화점 저 백화점 돌아다니며, 끝없이 광고에 주의를 기울이며 어느 곳이 어떤 물건이 싼지 파악해야 한다. 지식은 곧 돈으로 환산된다. 그러나 이 지식은 새로운 지식이라는 부담을 줄 뿐 백화점 안에 들어서면 소용이 없어져야 하는 지식이다. 그것은 오히려 합리적인 의사결정을 방해하는 방식으로 작동하는 지식이어야 한다. 19세기 중반 이후, 서구에서 처음 백화점이 세워지고 그것이 번성하면서, 여성들의 역할(혹은 그 변화)이 백화점을 중심으로 남성들의 그것과 더욱 간극

이 넓어지는-물론 도시 중간계급 여성에 국한되는 것이었지만-경향을 띠었다. 그전 시기까지는 그리 두드러지지 않았던 구매자로서의 역할을 떠맡으면서, 남편이 생산에 종사하게 된다면 여성은 소비를 담당하는 방식으로 역할이 양분되는 것처럼 보였다. 현대적 노동 분할이 이런 식으로 이루어지면서, 여성은 상품 앞에서 충동적이고 감정적인 존재로 상정되었다.

이런 식으로 백화점은 두 개의 정형화된 여성이미지를 재생산하는데, 이것들은 얼핏 보건대 서로 양극단에 있는 것-능력 있고 합리적인 주부/ 비합리적인, 그리고 충동적인 여성 구매자-처럼 보인다. 하지만 이 두 이미지는 양극단에서 그 끝을 마주대면서, 현실에서는 완전히 '상품화'된 전통적 역할을 수행하는 여성주체를 생산해 낸다. "주부는 역시 좋은 정보에 빨라야죠"라는 광고 카피가 당연시되는 자본주의 사회에서 "주부의 역할을 하는 여성에게 있어서 진정 중대한 기능, 정말 중요한 역할은 가정을 위해서 좀 더 많은 물건을 구매하는 것이라는 사실이 왜 한 번도 언급되지 않는가"라는 베티 프리단(1963)의 불만은 이제 오히려 과도하게 충족되어서 백화점 등은 그 존립의 효과로 가정을 위해서 현명한 방식으로 좀 더 많은, 좀 더 적절한 물건을 구매하는 것이 훌륭한 어머니, 훌륭한 아내라는 정형화된 여성주체를 생산해낸다.

전통적 여성성이 백화점과 같은 공간을 통해 전문적인 소비자로 자리매김 되면서 다시 한 번 전통적 여성 역할 수행자로 강화되는 이 지점에서, 우리는 이 공간을 어떤 방식으로 점거할 수 있을까?

상품에 대한 지식이 곧 돈으로 환산되는 사회에서, 실제로 쇼핑은 여성의 여가행위만이 될 수는 없다. 쇼핑은, 일상적인 구매활동은 여성들의 공식적인 활동이 되었다.

따라서 이제 우리는 자본주의 도시공간 속에서 새롭게 나타나는 사적, 공적 공간의 경계 변동을 설정하여 백화점을 새로운 공공영역으로 확보해야 한다. 그것은 백화점 형성의 역사를 되돌아 보건대도 가능한 이야기다. 19세기의 서구남성들은 이미 자신들의 클럽, 술집, 스포츠를 가지고 있었으며, 더구나 그들은 도시의 거리들을 지배했다. 이런 남성에 비해 그때까지 자신들의 공공영역을 확보하지 못하고 있던 여성들은 백화점의 도래와 함께 서로 만나볼 수 있고, 일종의 공공적인 이동의 자유를 경험할 수 있는 공공장소를 획득하게 되었다. 마찬가지로 이제 우리도 사적·공적 영역의 경계들을 동요시키는 방식으로 백화점을 여성의 사교장, 지역문화의 중심지, 문화행사장 등의 공간으로 공공영역화해내야 한다. 물론 백화점들은 이미 이런 식으로 영역화 되어있기도 하다. 그러나 우리는 백화점들의 이런 기획 안에서 수동적 소비주체로만 매몰되어 있는 경향이 높다. 해방의 공공영역 공간을 기획할 필요가 있다.

사용가치/기호가치의 접경, 그리고 그 굴곡에서의 실천

우선 특정 백화점 정문에 서보자. 화려한 무대의 전면에 높이 치켜 올려진 번들거리는 자줏빛 휘장을 연상시키는 백화점 전면의 장식은 백화점을 들어서는 고객에게 안정된 세계로의 진입을 암시해주는 상징이다. 입장에 내재된 상징은 이미 그 자체로 기호가 되어 떠도는데, 이

것은 부르주아 계급에의 약속을 단단히 비끌어매주는 욕구의 발동으로부터 요동, 승인으로까지의 긴 맥락의 '기호'이다.

1852년 개장한 파리의 봉마르세 백화점이 어떤 외관과 형상을 보였는지 여기서 인용해보자.

"곳곳에서 물건들은 물건들 자체에 무슨 특질이 있다는 것을 나타내는 장식의 효과를 살리게끔 되어 있었다. 실크들이 실크화랑의 벽에서 폭포처럼 늘어져 나와 있었고 리본 홀 위로 리본들이 한 줄로 죽 매어져 있었으며 우산들은 색깔과 디자인별로 펼쳐진 채 드리워져 있었다. 백화점 밑에서 구경하는 사람들이 보게끔 매끈하고 화려한 동양제의 양탄자가 걸려 있었다."

오페라 무대 같기도 하고 박물관 같기도 하고, 살롱 같게도 느껴지는 백화점의 외관은 이미 상징적 기호 가치로 고객을 포섭해 들이는데, 이때 이 외관과 이 공간에 진열 되어 있는 상품을 둘러싸고 있는 분위기, 또 그 분위기가 약속해주는 가상이 바로 구매의 조건이 된다. 사용가치와는 구별되는, 실로 그러한 가치와는 다른 위상을 갖는 '기호가치'가 이 공간이 가지고 있는 것들의 모든 외관에 부여되어 있는 것이다.

그럼 백화점 전체를 둘러싸고 있는 이 기호가치의 강화는 어떻게 이루어지는가? 우선 백화점은 시선이 지배

하는 공간이라는 점부터 지적해야 겠다. 상품들은 누군가가 매개해주는 설명도 없이, 자기 몸체를 스스로 빛내며 스스로를 드러내는데, 이런 세계에서는 시각적인 것이 모든 것을 지배할 수밖에 없다. 표면적으로는 스스로 드러내는 것으로 보이는 상품들은 실제로는 시각의 전문적 통제에 의해 배열된 것인데, 이 시각적 통제를 통해 백화점은 단순한 상품에 불과한 것을 '볼 만한 상품기호', 혹은 '상징적 상품'으로 변화시킨다. 그런가 하면 미셸 푸코가 말한 바처럼 시각이 지배하는 백화점은 감옥, 공장, 학교 등 다른 근대적 공간들이 가지는 공간배치와 마찬가지로 피수용자들의 시선을 지배하여 피수용자들이 이들 공간에서 벌어지는 지배를 스스로 내면화하는 효력을 생산해낸다. 시각을 매혹시키는 것, 권력은 바로 '기술적으로 생산된 미적 외양에 대한 매혹'을 통해서 작동하는 것이다.

백화점에서 행해지는 기호가치의 강화는 또 다른 방식을 통해서도 생겨난다. 백화점에 놓인 상품들은 스스로 연기한다. 이는 곧 상품(의 배치, 전시)에 서사(narration)를 꾸려 넣음으로써 가능한 것인데, 가장 단순한 예를 들자면 멋진 배경을, 이국적인 색다른 배경을 설정하여 상품을 전시하는 방식 등이 그것이다. 또한 이상한 장소에, 기대치 않았던 장소에 상품을 놓아두거나 하여 구매자의 상상력을 발동시키기도 하는 것이다. 상품에 서사가 개입되는 이때 상품에는 그것의 사용가치와는 무관한 기호가치가 덧붙여지게 되는데, 이런 방식으로 상품과 그것의 기호가치 사이에 아무런 연관도 없지만 등식이 성립하게 되고, 그 둘 사이에 형성된 '무의미함' 자체가 오히려 그 상품의 의미를 소통시키는 조건이 된다.

백화점에 가보면, 그곳의 화려함에서 기인하는 것만도 아닌 축제 분위기가 늘상 있다. 이런 축제의 일상화는 이미 생산방식의 변동을 집약적으로 지시해주는 것이다.

기존의 포드주의적 대량생산체제는 소비시장을 만족시킬 만한 디자인상의 유연한 대처를 불가능하게 했다. 포디즘의 이런 문제들로 인해 결국 생산과정에서 경직성 대신 '유연성'이 도입되는데, 이 유연성을 기본으로 한 생산방식을 한마디로 요약하면 '다품종 소량생산'이라고 할 수 있다. 종래 대규모 생산라인에서 소품종을 대량으로 생산하던 것과는 달리 적소(니치)시장에 부응하는 다품종을 소량으로 생산하는 것이다. 이런 생산형태는 생산에서의 회전시간을 단축하고 가속화하는데, 바로 이 생산에서의 회전시간 가속화는 그에 상응하는 소비부문의 가속화를 수반한다. 말하자면 유연성을 기조로 한 축적(유연축적)이 자본축적의 주된 방식이 되면 자본의 회수방식 역시 즉각적인 형태를 띠게 된다는 말이다. 따라서 지난한 기간을 요하는 상품의 생산에 주력하기보다는 대규모 이벤트나 스펙터클, 페스티벌 생산에 주력하게 된다. 이런 양상은 작게는 백화점에서 온갖 종류의 이름(예를 들면, '불우이웃 돕기 자선바자' '사계절상품 기획전' '향토 물산전' '선생님 감사합니다' 등등)을 걸고 벌어지는 기획전에서부터 크게는 '96 서울 국제만화 페스티벌', '97 서울 모터쇼', '2002년 월드컵'과 같이 외관상으로 스펙터클의 양상을 띠는 대규모 이벤트들에서 찾아볼 수 있다. 계절이 바뀔 때마다 요란한 제스처나 화보로 신문과 잡지를 장식하는 파리, 밀라노 등의 국제적 패션쇼들, 그리고 그 후 일어나는 특정 패션의 유행 역시 말하자면 이런 유연축적에 바탕한 생산, 교환, 소비 방식을 따르는 일례들이다.

위에서 이미 보았듯이 단순한 판매전략으로만 보였던 백화점 내부의 축제의 상시화조차도 생산방식과 관련된 문제인데, 여기서 가장 주목할 점은 이미 소비가 생산의 조건을 규정한다는 사실이다. 그런데 이 생산의 조건을 규정하는 소비의 가속화는 끊임없는 취향의 변경을 통해 지속될 수 있다. 또한 판매되는 상품과는 아무런 관련도 없는 이미지들을 유포시켜 욕망을 조장해야 한다. 게다가 어떤 의미에서 이미지 그 자체가 상품화되기도 해야 한다. 백화점 역시 이와 같은 방식으로 상품의 기호가치를 강화시키는데, 이런 지적이 중요한 것은 이 기호가치의 강화가 일정한 라이프스타일을 규정하여 개인들을 새로운 주체로 만들어내기 때문이다. 백화점은 소비 자체를 이미 하나의 생활양식으로 만들었을 뿐 아니라, 기호 가치의 강화를 통해 어떻게 옷을 입어야 하는지, 가구는 어떻게 배치해야 하는지, 여가는 어떻게 즐겨야 하는지 등의 라이프스타일을 유포시킨다. 백화점 기획전에서 내놓은 가구로 우리 집 부엌과 누구네 집 부엌이 동일한 모양새를 갖추게 되는 것은 백화점이라는 소비 공간이 우리의 일상공간을 분할하고 지배하는 효과로 나타나는 것이면서 동시에 우리의 라이프스타일을 규정하는 효과로 나타나는 것이다.

이제 구매자로서의 우리들은 상품을 둘러싸고 있는 상징적 기호가치와 사용가치의 경계가 서로 범람하고 굴곡 되어 있는 접경에 서있다. 정당한 소비가 있듯이 정당한 욕구도 있다. 욕구의 정당한 사용은 일상적 소비생활을 새롭게 조직화할 수 있는 가능성을 잠재하고 있다. 무조건 절제하지 않고, 무조건 금욕하지 않으면서 소비와 어떻게 연계할 것인가를 숙고하고, 우리의 라이프스타일이 소비의 조건에 의해 규정되도록 하지 않고 반대로 우리의 라이프스타일이 소비의 합리적인 양태를 구성하게끔 만들어야 한다. 일방적으로 생산과 분리된 채 소비의 기능만을 담당하기보다는 이제는 다양한 경로들을 통해 생산에 우리의 의사를 반영시키는 '생산소비자'가 되어야 한다. 그리고 생산소비자로서의 역할이 관철되는 새로운 공간들을 확보해야 한다. 미흡하기는 하지만 새로운 형태로 떠오르고 있는 생산적 소비방식이 통용되는 소비 공간-할인점, 대중양판점(GMS), 회원제 창고형도매점, 전문점, 카테고리 킬러(디스카운트 전문점), 교외형 쇼핑센터 등-이 그 예들이 될 수 있을지도 모른다.

글을 맺으며

백화점이라는 소비 공간이 공공영역화되거나 될 수 있다는 것은 자본에 의한 공간의 조직화가 때로는 그 장소에 각인된 권력을 파괴하고, 공간을 민주화하는 계기가 되기도 한다는 것을 말해준다. 그러나 결과적으로 자본은 공간을 상품화함으로써-우리는 그 예를 백화점이라는 공간 자체가 기호가치화 되는 것을 통해 보았다-새롭지만 똑같이 억압적인 지리적 체계를 생산해냈다. 영국의 역사-지리학자 데이비드 하비는 이런 사실에서 "공간은 공간의 생산을 통해서만 정복된다"는 명제를 도출하는데, 우리도 백화점이라는 공간을 이런 방식으로 이해하여 그 공간을 언제나 급진적 방식으로 또 다른 공간으로 전화해내야 한다. 그것이 바로 그 공간을 통한 '소비의 정치'를 실험하는 것이기 때문이다. 그리고 그것은 동시에 개인들을 새로운 주체형태로 생산해내는 문화정치에 관여하는 것이 되기 때문이다.

손자희

문화이론 전문지 〈문화과학〉에서 일하고 있다. 작년, 마흔 살을 지나면서 갑자기 결혼생활이 생각의 중심에서 달아났다고 느끼고 있으나, 그것이 결혼생활에 적응한 결과인지, 아니면 결혼생활 자체가 유연해진건지 아직 판단을 못 내린 상태. '공간', '서사' 등에 관심 있고 그 주제를 열심히 공부할 계획 가지고 있음.

나의 그림일기

신 현 경

엄마는 말씀하시기를 우리 가족이 피란 후 서울로 다시 돌아왔을 때 내가 태어났다 하여 서울 경(京)자를 붙여주었다 하지요.
1974년 이화여고를 졸업하고 서울미대 회화과에 다녔습니다.
결혼 후 모라도에서 디자이너로 일하다 큰아이를 가진 후 그만두었지요.
아이가 한 살이 되었을 때 계원예고에서 일하게 되어 남편이 호주로 유학가기 전까지 5년 반 동안 학생들을 가르쳤습니다.
호주에 있는 동안 신문사에서 일도 하고 도밍그 스튜디오에서 텍스타일 디자인 계통의 프리랜서로 일하며 재단사,
숍-키퍼(shop-keeper) 등 여러 가지 일을 했습니다.
또한 매도우 뱅크 테크니킬 킬리지에서 2년 과정의 세라믹과 칼라 디자인도 공부했습니다.
남편의 박사공부를 위하여 1988년 미국에 갔을 때 둘째아이가 태어났지요.
그 아이가 한 살이 되었을 때 나는 예술교육의 석사과정을 시작했고
1992년에 졸업과 동시에 미네소타 대학원의 스튜디오 아트 스칼라십(studio arts scholarship)을 받고 들어가 작업에 충실하다가
〈MFA Thesis Show : My Rewritten Drawing Diary〉를 끝으로 한국에 돌아왔습니다.
미국체류 6년간 K. L M에서 한국부모들에게 동양화를 가르치면서 즐거운 시간을 나누었습니다.
돌아와서 공동육아민우회, 참교육학부모회, 책 읽는 마을 등에서 미술문화운동을 하고 있으며
지금은 영산국제산업대학교에 있습니다.

'빛' 을 보기 위한 旅路-나는 지금까지 많은 모습을 보고 나의 화폭에 담아왔지만 그것들이 내 모습이라는 것을 알기 전까지는 나는 보고 있는 것이 아니었다.

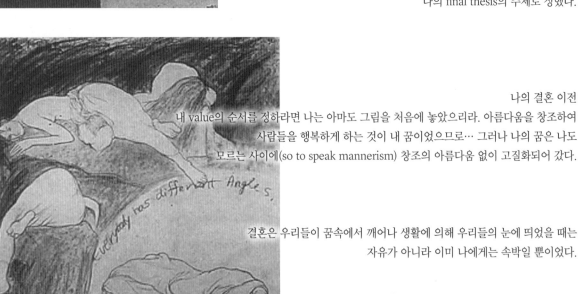

예술가로서의 내 作業은 나의 struggle을 통해서 나 자신을 보기 위한 하나의 과정이요, 내 作品은 내가 속에 있는 사회에 대한 나의 視覺이다.

결혼 전의 순수할 정도로 무지한 자아와 결혼 후 그 꿈같던 허의 삶에서 깨어나 보기 시작한 나의 꿈의 좌절과 삶의 고통, 마지막으로, 그 좌절과 새로운 문화와의 접촉에서 나는 conflict를 통해 내가 스스로 그 수렁에서 헤엄쳐 나올 수 있는 방법을 모색해 나가는 과정을 나는 M.F.A를 끝내면서 나의 final thesis의 주제로 정했다.

나의 결혼 이전
내 value의 순서를 정하라면 나는 아마도 그림을 처음에 놓았으리라. 아름다움을 창조하여 사람들을 행복하게 하는 것이 내 꿈이었으므로… 그러나 나의 꿈은 나도 모르는 사이에(so to speak mannerism) 창조의 아름다움 없이 고질화되어 갔다.

결혼은 우리들이 꿈속에서 깨어나 생활에 의해 우리들의 눈에 띄었을 때는 자유가 아니라 이미 나에게는 속박일 뿐이었다.

시집에 대한 의무와 가정을 지킬 의무는 모두 여자들의 것이었으며 그것은 나를
움직이지도 못하게 하는 것들이어서 나는 나도 모르는 눈물을 밤마다 흘렸다.
나는 행복하지 않았다.

그는 내게 사랑한다 했다. 그는 그렇게 내게 들어와 나의 빈자리를 모두 차지했다.
나는 더 이상 그림도 그리지 않았다.

낡은 wedding dress 한 벌이 eazel에 걸려 있었다.
허리 부분이 잘려 있다.
나는 나가고 싶었다. 나는 하늘을 날고 싶었다.
하늘을 그렸다. 그것은 환상 그 자체이므로….

그곳에는 마네킹과 사람들의 모습을 그린 그림들과 밧줄이 놓여 있었다.
나는 사실을 그리고 싶었다, 나 자신의 reality를. 그들을 묶고 있는 밧줄들은 내게도 있었다.

이 일기는 '한때는 깨어나라는 말을 할 필요가 없을 때가 있었지요' 로 시작된다.
이것은 내가 나 자신을, 다른 이들을 보기 시작하면서 그들의 모습이 나의 모습임을
알아내는 하나의 과정이다.

나의 남편은 바닷소리 나는 소라 껍데기를 내게 쥐어 주었다.
그 소라껍데기에는 바닷소리가 없다. 귀를 기울여서 들리는 그 소리는 소라의
모양에 반향 되어 나오는 소리일 뿐이다. 빈 약속임에도 불구하고
그 소라껍데기는 내게 쥐어져 있다.

나는 움직이고 싶었다. 집안 살림과 애를 키우는 의무가 여자의 의무만일 때 그녀는
움직일 수 없다. 그것들은 너무 무겁다.
나는 듣고 보고 말하고 싶었다. 나는 나를 가두고 있는 벽들을 뜯어내기 시작하였다.
나는 내 눈이 자라고 있는 것을 느낀다.
나는 여자란 무엇인가하고 물어보기 시작하였다.

나의 일기는 다시 시작된다. 깨어남, 깨달음, 각성, 깨어나라…. 깨어나라는 것은 무엇인가?
무엇을 위하여 깨어나라는 것인가. 무엇에 대한 깨어남인가.
나는 깨어나고 싶다. 아니 나는 깨어나고 싶지 않다. 아니다…, 아니다…. 나는 다시 헤매고 있었다.

나는 눈이 있으나 보고 있지 않았으며 귀가 있으나 들은 것이 아니었으며
입이 있으나 말하지 못하는 내 모습을 보았다.

그러나 내가 나의 모습을 그리기 시작하면서 나는 그림을 그릴 수 없었다.

내가 한참 나의 삶과 art 속에서 고전하고 있을 때 수없이 많은 어두운 꿈을 꾸었다.

움직일 수 없는 벽을 보았으며 그 사이에서 나의 죽음을 보았으며 깨어있는 동안

싸울 수 없는 이들과 꿈속에서 싸웠다. 이 작품은 그중 하나의 꿈을 벗어나고 싶어 만들어낸 것이다.

그리고는 실제로 그 벽을 뚫은 것 같은 짧지만 날아갈 듯한 환희를 경험했다.

그것은 짧은 행복이었으나 나는 더 이상 까만 꿈은 꾸지 않았다.

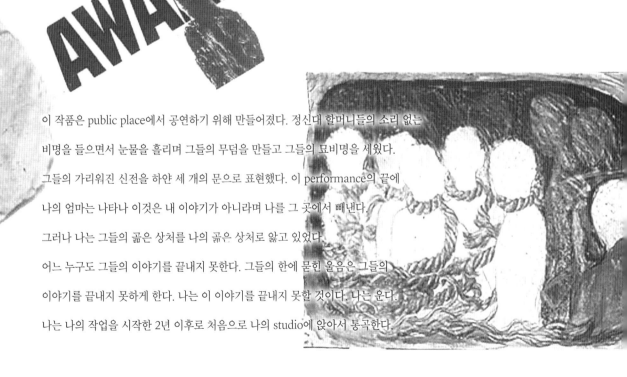

이 작품은 public place에서 공연하기 위해 만들어졌다. 정신대 할머니들의 소리 없는

비명을 들으면서 눈물을 흘리며 그들의 무덤을 만들고 그들의 묘비명을 세웠다.

그들의 가리워진 신전을 하얀 세 개의 문으로 표현했다. 이 performance의 끝에

나의 엄마는 나타나 이것은 내 이야기가 아니라며 나를 그 곳에서 빼낸다.

그러나 나는 그들의 곪은 상처를 나의 곪은 상처로 앓고 있었다

어느 누구도 그들의 이야기를 끝내지 못한다. 그들의 한에 묻힌 울음은 그들의

이야기를 끝내지 못하게 한다. 나는 이 이야기를 끝내지 못할 것이다. 나는 운다.

나는 나의 작업을 시작한 2년 이후로 처음으로 나의 studio에 앉아서 통곡한다.

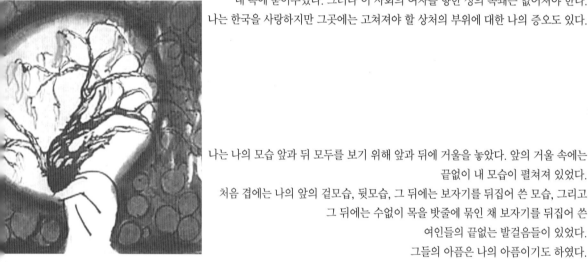

그들의 아픔을 나는 다 이해할 수 없겠지만 내 속에도 그 한 부분이 있다.
나는 이 글 속에서도 차마 쓰지 못하는 아픔이 있다. 그것은 내가 사회 속의
한 사람이므로 그들과 같이 살기 위해 그 아픔이 그 사회 속에서는 나의 수치심이 되기에
내 속에 묻어두었다. 그러나 이 사회의 여자를 향한 성의 족쇄는 없어져야 한다.
나는 한국을 사랑하지만 그곳에는 고쳐져야 할 상처의 부위에 대한 나의 증오도 있다.

나는 나의 모습 앞과 뒤 모두를 보기 위해 앞과 뒤에 거울을 놓았다. 앞의 거울 속에는
끝없이 내 모습이 펼쳐져 있었다.
처음 겹에는 나의 앞의 겉모습, 뒷모습, 그 뒤에는 보자기를 뒤집어 쓴 모습, 그리고
그 뒤에는 수없이 목을 밧줄에 묶인 채 보자기를 뒤집어 쓴
여인들의 끝없는 발걸음들이 있었다.
그들의 아픔은 나의 아픔이기도 하였다.

나는 여러 개의 비석을 한꺼번에 묶어버린 그 밧줄을 푼다.
그 중 한 개의 묘비에는 이렇게 쓰여 있다. "This Is You."
그곳에 앉아서 나는 운다.
그곳으로 나의 엄마는 들어온다. 그리고 이렇게 말한다.
"현경아, 이것은 네가 아니란다."
그녀는 나를 그곳에서 꺼내어 어둠 속으로 데리고 들어간다. 그 어둠 속에서
나는 드디어 지르지 못했던 비명을 질러본다.
엄마는 나를 말린다. 엄마는 "너의 남편은 어디 있니?"하고 물으신다.

나는 대답한다. "Mom, this is my story. He is not me."
내가 논문을 쓰기 시작할 때 창 밖에는 눈이 내리고 있었다.
이 글은 지독하게 추운 Minnesota의 겨울 속에서 쓰여졌다.
내가 이 degree를 공부하는 2년은 무척 추웠으나 많은 것들이 내 삶 속에 다가와
꿈틀거렸다.

창 밖에 봄이 오고 있었다.
나는 밖에 나가 따스해진 햇살을 받으며 하늘과 맞닿은 잔디에 몸을 부착시킨다.
그곳에는 잔디가 파릇파릇 자라나고 있었다.

나는 끝낼 수 없는 이 글들을 끝낸다.
다시 시작하기 위하여….

그림 그리는 이의 그림일기는 어떤 걸까?
그의 그림일기장을 하나하나 넘겨가던 우리는 여자로 살아가기와 그림 그리기의 그 신산함과
작가가 바라보는 삶의 진정성에 가슴 뭉클했다.
만장일치로 그의 그림일기를 IF가 싣고 가야한다고 결정했다.
(전문의 일부를 IF가 거칠게 편집했다.) — 편집부

이 주 향

1964년생, 수원대학교 인문대 교양교직과 교수.
90년대의 문화를 반성해보는 문화평론집
『나는 길들어지지 않는다, 1996』의 저자.
이화여자대학교에서 1994년 제1호 철학박사학위를
받았다.
현재 경향신문에 격주로 〈이주향의 세태 엿보기〉를 쓰고
있고, SBS 라디오(AM792KW)에서 매일 밤 9:30-10:00
까지 〈이주향의 테마문화〉를 진행하고 있다.
「거꾸로 선 사유와 계산주의」, 「누가 심성실재론자인가?」,
「기호, 여성 그리고 아름다움」, 「비개성주의와 주체 : 우리
사회에서 '아름답다'고 개별화되는 것을 대상으로」, 「주체
적 관점에서 본 서구의 근대와 우리의 근대」, 「몸과 문맥」
등 다수의 논문을 발표했다.

일반적으로 순정만화는 누가 볼까? 꿈 많은 여학생들이 본다고 인식된다. 물론 이때 꿈이 많다는 것은 미래의 가능성이 활짝 열려있다는 의미라기보다는 현실성이 없다는 의미. 왜 순정만화는 현실성이 없다고 판단될까? 사랑만을 노래하기 때문이다. 사회 문제에 관심이 있고 권력의 세계를 그려내도 모든 관심이 남녀 간의 사랑을 받쳐주기 위한 거라면 순정만화다. 그것이 여학생의 정서와 관련된다고 보는 것은 여성은 사랑, 남성은 권력이라는 오래된 편견의 산물이다. 당연히 순정만화의 사랑은 과장된 것이다. 사랑이 과장되면 인간성도 과장되고 인간성이 과장되면 권력의 세계도 왜곡된다.

내가 아는 최고의 순정만화 작가는 황미나다. 황미나는 순정만화의 귀족주의가 뭔지를 확실하게 보여준다. 평범한 무리 속에 끼어 있어도 결코 평범하지 않는 남자가 있고 숨 막히는 권력의 세계에서도 더럽혀지지 않는 주인공이 있다.

그것은 황미나의 만화가 현실성이 없는 '만화' 라는 것을 확연히 드러내는 지점이기도 하지만 황미나 만화의 재미이기도 하다.

고귀한 피가 흐르는 깨끗한 주인공은 그 깨끗함에 걸맞은 사랑을 한다. 그 사랑은 그가 지저분한 권력에 오염되지 않은 것처럼 순수하다. 순수해서 흔들림이 없고 흔들림이 없어 고독하고 고독해서 가슴 아픈 사랑이 황미나 만화의 포인트다.

"그녀의 마음에 나를 넣어놓고 싶다"
『레드문』은 작가의 상상력이 최대한 발휘된

수작이다.
신화가 있고 공상과학이 있으며 선과 악의 이분법이 뚜렷한 권력이 있고 사랑이 있다.
그러나

그것은 순정만화의 범주를 넘어가지 않는다. 모든 것의 초점은 절대적인 권력을 뛰어넘는 사랑, 어떠한 순간에도 변할 줄 모르는 절대적인 사랑이기 때문이다.

시그너스 별의 필라르는 지혜로운데다 초능력까지 가진 별의 태양이었다. 경외의 대상인 태양의 숙명

사랑이 과장되면 권력도 과장된다

황미나와 그 아이들

생각할 때 이루어지지 않을 꿈이고 그래서 치사해진 꿈이기도 하다. 그러나 아즐라는 다른 여자를 안고도 그 꿈을 꾼다.

"지금 내게 안겨있는 것이 내 마음을 가져간 그녀라면 얼마나 좋을까…. 그녀가 그 놈을 잊고 나를 사랑하는 것이라면…."

물론 여기서 강조되는 건 아즐라가 다른 여자를 안았다는 게 아니라 다른 여자를 안고 있는 상황 속에서도 오로지 루나에 대한 염원 뿐이라는 것이다. 물론 그 염원은 간절하게 그려내도 절대 구슬프지 않다. 이루어질 수 없는 염원은 간절할수록 절망스러운 법이지만 어쩐지 가짜 같은 염원은 간절할수록 고약스럽다. 역할이 분명하기 때문이다. 필라르와 루나와의 절대적 사랑을 절대적으로 받쳐주는 것이다.

『엘 세뇨르』의 주인공인 세뇨르의 사랑도 흔들림이 없이 강하게 버티는 사랑이다. 그는 해적이다. 해적? 그렇다고 그를 우락부락한 체격에 난폭한 성격, 게다가 애꾸눈쯤 될 거 라고 믿으면 큰일이다. 오히려 그는 선한 눈매를 가진 섬세한 인물이다. 해적이지만 홍길동처럼 정의를 위해서만 싸우는 그는 싸울 때는 단호하고 힘과 결단력이 있으며 아랫사람을 마음으로 통솔하는 능력 있는 지휘관이다. 그런데 혼자일 때 그는 무얼 할까? 그때는 고향 땅에서 헤어진 연인 안헬리나를 추억하면서 일기를 쓴다. 그윽하고 섬세한 남자니까.

그는 원래 귀족이었다. 귀족이었지만 돈도, 권력도 싫었던 그는

은 고독이다. 태양으로 훈련되었기에 어린 시절부터 고독했던 그는 강가의 오두막에서 만난 루나와의 사랑으로 고독을 달랬다. 그러던 중 반란이 일어난다. 천재 과학자이지만 악당인 아길라스가 그의 양아들 아즐라를 태양으로 세운 것이다. 필라르는 지구로 탈출하고 필라르의 자리를 차지한 아즐라는 필라르의 연인 루나를 사랑한다. 이미 필라르를 사랑해서 그 누구도 사랑할 수 없는 루나를. 왜 아즐라가 루나에게 그렇게 집착하는지는 모르겠지만 태양이어서 모든 것을 할 수 있는 아즐라가 맘대로 할 수 없는 유일한 일이 루나와의 사랑이다.

"나는 그녀의 마음에서 옛 태양을 몰아내고 나를 넣어놓고 싶다."

그 소망은 춘향이 같은 루나를

안헬리나를 사랑했지만 청혼하지 않았었다. 조국보다 사랑하는 여자에게 청혼하지 않은 이유가 뭘까?

"언젠가 지위도, 재산도 모두 버릴지도 모르는 나 자신이 못미더워 차마 신부로 맞아들이기 두려"워서였다.

그 깨끗한 가브리엘이 더러운 권력의 음모로 죽게 되었을 때 가브리엘 아니면 사랑을 할 수 없는 안헬리나는 가브리엘을 구하기 위해 자진해서 스페인의 볼모로 가고 스페인의 바보왕자 호세와 결혼한다. 가브리엘은 표표히 로사스를 떠나 한 섬에 들어간다. 그 섬은 누구나 평등하게 살 수 있는 평등의 섬.

물론 매력적인 가브리엘의 근처에는 여자가 있다. 그러나 가브리엘의 마음엔 언제나 안헬리나 뿐이다. 안헬리나 이외에 그 어떤 식으로도 가브리엘의 마음을 채울 수 있는 여자는 없다.

순수한 사랑이 선(善)인 이유

물론 사랑이 순수한 것처럼 이들은 도덕적으로 우월하다. 왕비는 남편인 왕 이외의 남자들과 정사를 벌이고, 유부녀인 알폰소 백작부인은 왕과의 정사를 부끄러워하지 않는다. 오히려 왕의 총애를 믿고 권력을 휘두른다.

그렇지만 이 주인공들은 도덕에 먹칠하는 일은 하지 않는다. 난폭한 왕자와 결혼하여 온갖 마음고생을 다하는 안헬리나가 평등의 섬의 인질로 잡혔을 때 늘 그녀를 그리워하는 것으로 혼자 있는 시간을 보냈던 가브리엘은 "아이까지 있는 남의 아내"라고 돌려보낸다. 안헬리나는 볼모로 결혼했으면서도 "십자가에 맹세한 호세의 아내"라는

이유로 더 이상 가브리엘에게 다가서지 않는다. 이들은 그저 안타까워 할 뿐이다.

조국보다 사랑하는 여자를 도덕 때문에 사랑할 수 없는 남자와 가브리엘을 구하기 위해 볼모가 되었으면서도 도덕 때문에 가브리엘과의 삶을 마다하는 정숙한 여자는 찰떡궁합이다. 이 도덕적 결벽증은 어디서 유래하는 것일까, 그것이

기대있는 것은 무엇일까? 사실 근대국가나 가부장사회에서 그것은 결벽증이라기보다 정당한 생활양식이었겠지만 지금 그것은 정당하다기 보다 불안하고 순수라기보다 두렵기까지 해서 결벽증이라고 불릴만하다.

절대적 사랑의 주인공은 늘 선과 닿아 있는 것도 황미나의 특징이다.

『레드문』에서도 그 구도는 깨지지 않는다. 지구로 탈출한 필라르는 아즐라에게서 시그너스를 빼앗고 싶지 않아서 지구인 윤태영으로 살아갈 결심을 하고 히말라야 산꼭대기에 냉동되어 있는 자기 육체를 완전히 파괴해버린다.

'자신의 손으로 육체를 없앤 그 고통'

당연히 언제나 선인 필라르를 잃어버리고 가짜 태양 아즐라가 통치하는 시그너스는 더러운 도시, 난폭한 도시가 된다. 거기서 평민들은 늘 굶주려 있다. 그런데 시그너스에 희망이 생긴다. 필라르를 축출했던 아즐라는 필라르가 죽고 나서야 태양의 모습을 갖춰가고 필라르의 약혼녀 루나는 필라르를 가슴에 묻어둔 채 정의로운 시그너스인들의 희망이 되어간다.

아마 필라르의 육체를 죽음으로 몰고 간 것은 지구를 경험한 필라르에게 지구인으로서 삶을 거둬내지 않으려는, 작가의 사람다운 염원일 것이다. 그 때문에 아즐라는 악의 화신인 양아버지의 품에서 벗어나 선이 됨으로써 제대로 된 통치자가 될 수 있었다. 아마 이때쯤이면 아즐라가 그렇게 거부했음에도 그에 대한 사랑을 포기하지 않았던 스트랄라의 사랑을 아즐라가 받아들이게 될 것이다.

물론 황미나는 사랑만을 다루지는 않는다. 권력을 다루고, 공상과학을 다루고, 신화를 다루고, 사회를 다루고, 인권을 다룬다. 그 점에서 그의 만화는 폭이 넓다. 그러나 그 폭이 모두 흔들림이 없어 때로는 고집 세 보이기까지 하는 영원한 사랑에 제한된다. 이때 그 사랑은 고귀해 보이기보다는 현실감이 없다는 느낌이고 싱싱하게 살아있는 감정이라기보다는 뚝뚝 청승을 떠는 느낌이다.

황미나는 그 사랑의 순수함을 드러내기 위해 치열하고 힘이 센 권력을 배경으로만 쓴다. 권력은 강하다, 그러나 사랑은 더 강하다는 것이다. 권력을 닮아 절대적이지만 권력을 닮지 않아 투명한 사랑은 권력보다 강하다는 게 황미나 만화의 기둥이다.

어쩌면 권력과 사랑은 동일한 에너지의 변형인지도 모른다. 사실 권력으로 채워지지 않는 빈자리에 들어앉은 사랑은 마력이란 점에서 권력과 같다. 그런데 남학생들이 즐겨 본다고 생각되는 만화가 절대적이어서 피비린내 나는 권력의 부침 속에서도 지치지 않고 자기 성격을 증명하는 영웅을 찬란하게 그려내고 있는 것이라면 순정만화는 절대적이어서 어느 순간에도 변함이 없는 영원한 사랑을 그려내고 있다.

권력을 닮아 절대적인 사랑

물론 그 사랑이 고독한 것은 어떠한 순간에도 변할 줄 모르기 때문이지만 그래서 그 사랑은 울 일이 많은 사랑이기도 하다. 이것이 황미나 만화의 여주인공이 늘 그렁거리는 슬픈 눈을 하고 있는 이유일 것이다.

사실 나는 권력이 관철되는 방식과 사랑이 관철되는 방식이 동일한 것이라고 생각한다. 충성을 바쳐야 하는 절대적 왕이 존재하는 곳에서 반드시 나타나는 것이 절대적 사랑이다. 물론 그 사랑의 주체는 여자이고 절대적 왕은 남자다. 여자가 남자에게 절대적으로 묶여있는 것은 남자가 왕에게 절대 충성을 맹세

하는 구조와 연결된다. 사다드가 필라르에게 절대적인 충성을 바치는 것은 루나가 필라르를, 안헬리나가 가브리엘을 절대적으로 사랑하는 것과 다르지 않다. 두 왕을 섬기는 것이 선비의 절개를 포기하는 것이라면 두 남자를 섬기는 일은 정숙을 포기하는 것이고 그것이야말로 악이 된다. 그렇기 때문에 황미나 만화에서 정숙하지 못한 여인과, 여자를 가리지 않는 남자는 권력을 누리는 방식에서도 악으로 규정되고, 절개를 지키는 남자와 한 남자만을 사랑하는 여자는 늘 선인 것으로 나타나는 것이다. 이것은 황미나 만화가 근대 사회의 가치관을 그대로 체현하고 있다는 증거이기도 하다.

아마 황미나의 만화가 폭을 넓히려면 관심의 폭보다도 그 관심을 그려내는 방식을 깨야 할 것이다. 왜냐하면 그 방식은 순정만화는 단순해서 현실성이 없다는 명제를 받쳐주는 지점이기 때문이다. 물론 수천 년을 내려온 가부장제의 흔적을 뼛속 깊이 체현하고 태어나는 우리에게 오래된 지금의 그 방식이 매력이 없는 것은 아니다. 그 매력은 한때 찬란히 빛났던 영원한 사랑의 신화를 드리우고 있다는 데 있다. 그것은 사랑에 대해 처음 눈을 뜨게

되는 청소년들에게 사랑에 관해 많이 생각해보게 한다. 그래서인지 황미나의 매력은 사춘기 때다. 공주처럼 왕자처럼 사랑하고 사랑받는 낭만적 사랑에 대한 설익은 동경이 있을 때 황미나의 만화는 힘이 된다. 물론 만화를 보면서 익숙해진 사랑은 현실을 살아가면서 산산이 부서질 테지만 그것이 황미나식 사랑을 비웃을 일은 되지 못한다. 그것은 현실로 가는 징검다리일지도 모르기 때문이다.

미스 No ♀

by. 한국희

My name is 人情

그러나 문제는 나의 성이다.

My name is No 人情

노ー인ー정ー

낄낄

웃긴다

No. No. No
절대로
미스 No
라고만 불러주세요!

노인정이래.

쿡쿡♡

나 미스 No는

주민등록증
성명. No 人情
710224 - 2400
본적. 대전직할서 중
주소. 서울특별시 동작
호주. 오스트레일리아
라고도 하지도.
수도는 시드니
1997.

병역

27살의 미룡이고

어서오십시오! (韓)
이랏샤이마세! (日)
콰잉콰린! (中)
메이아이헬프유! (英)

꾸벅

면세점 근무경력 3년.

많은 손님을 대하다 보니
성향별로 분류하는 버릇이 있다.

내국인 손님은 의견이 많고 요구가 많은 편 〈 의사소통이 자유로워서 일까? 〉

30대를 수박에 비유했다고요?
30대 결혼한 여자와 결혼안한여자, 두여자가 안들겠습니다.
시간을 기다릴줄아는 도량넓은
여자가 되려고 노력합니다. …

색녀열전
索 女 列 傳

開花

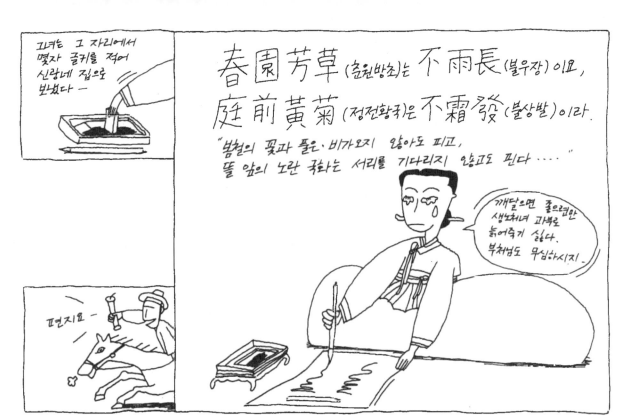

그녀는 그 자리에서 몇자 줄귀를 적어 신랑네 집으로 보냈다 —

편지요 —

春園芳草 (춘원방초)는 不雨長 (불우장)이요,
庭前黃菊 (정전황국)은 不霜發 (불상발)이라.

"봄철의 꽃과 풀은 비가오지 않아도 피고,
뜰 앞의 노란 국화는 서리를 기다리지 않고도 핀다·····"

깨달으면 좋으련만 생모처녀 과부로 늙어죽기 싫다. 부처님도 무심하시지 —

처녀? 저녀? 청녀? 촌녀? No 처녀!

편지 — 더럽게스리 —

? ?

본시 세상의 모든 만물은 무르익게 마련이지 ~ 곡식도 — 남자도 — 여자도 — 끝 — 끝 —

과연 맞는 말이었다 남자도 나이가 차면 성에 눈을 뜨듯 성경험이 없는 여자도 자연스레 그런 감정을 느낄수 있는 법이다. 남자는 무릎을 치며 자신의 경솔한 행동을 후회했다

아하 — 여자도 남자와 다를바 없는걸 왜 몰랐을꼬 —

신랑은 다시 처가로 가서 정중히 사과하고 신부를 집으로 데려갔다 —

FIN

동굴

내 몸 안의 에로티시즘,
자위에 대하여

이 경 미

엎드려 살다가 이게 아니다 싶어 여성학 공부를 한, 알고 보면 아니
그냥 보아도 멋있는 여자.
현재 한국성폭력상담소에서 일하고 있음.
여성의 몸 이야기를 때로는 시니컬하게 때로는 가볍게 쓰고 싶은
마음으로 이 글을 씀.
섹슈얼리티에 관심이 많으며 얼마 안 되는 몇몇 글 또한 그쪽을 주제로
삼은 것임.

아직도 풀리지 않는 게 있어. 성기에서 시작하여 아랫배로 온 몸으로 번개보다 더 순식간에 전달되는 쾌감, 또 그에 대한 기억을 따라 내가 자꾸 유혹된다는 생각, 또 정말 그걸 만지기만 하면 몸의 주인이 되느냐 하는 생각 말이야.

우리 어머니들은 불초소녀 당신 딸들의 인생을 지극히 염려하사 다음과 같은 메시지를 잊지도 않고 때때로 말투를 바꾸어 입력하시었다.

우리가 말귀를 알아듣던 다섯 살 즈음 : 에비, 다리 조심(다리 사이의 것 조심!), 얼레리 꼴레리 다 보이겠네. 만지지 마라.(그건 니 것이 아니야. 나중에 니가 결혼할 거시기의 것이지. 그러니 만지면 안 된다. 그러다가 혹여-아이고 생각만 해도 아찔해라-터지기라도 하면….) 지지. 여자애가 얌전하지 못하겠으리.(남자애도 아닌 것이 왜 이렇게 설쳐서 다리 사이의 것을 함부로 내보이는 거야. 누가 보기라도 하면. 으악, 애가 커서 뭐가 되려고 이렇게 조심성이 없는 걸까?)

우리가 한창 사춘기를 겪던 열다섯 살 때쯤 : 밤늦게 돌아다니지 마라.(밤의 세계는 거친 남자들의 영역이고 우리 여자들은 연약해. 우리가 다다를 수 없는 거친 남자들의 영역을 존중해줘야 하잖아. 괜스레 얼쩡거리다가 봉변이라도 당하면 누구에게 하소연하겠니? 약한 딸아. 약한 만큼 다소곳해야지.) 그러다가 일 당하면 인생 끝장 나. 공부 아무리 잘해도 소용없다니까.(니가 안전하게 임자 만나는 걸 봐야 내가 안심이지. 내 인생은 그때부터 다시 시작할 수 있다구. 얌전하게 딸을 거시기에게 넘겨주는 그날까지 난 두 다리 쭉 펴고 잠을 잘 수가 없다니까. 공부가 무슨 소용이야. 내가 살아본 세상인심 정말 그렇게 돌아가더라구. 째빠지게 공부해도 아무 소용없다구.)

이제 더없이 활짝 핀 스물 둘 나이에 : 여자는 남자를 잘 만나야 혀.(이젠 노골적으로 이야기해야 되겠지? 너도 알만큼은 아는 나이가 되었으니. 요는 남자를 잘 만나려면 몸조심을 해야 한다는 거야.) 그러니 몸 함부로 굴리지 말어.(니 몸은 니가 주인이 아니야. 니가 만져서도 안 돼. 니가 몸에 대해서 안다는 건 불경스러운 일이

야. 니 다리 사이의 소유주는 자기 물건이 훼손되거나 오염 되는 걸 싫어하지 않겠니? 그건 인간의 본성이니까 뭐라고 탓할 수도 없지 않겠니? 그러니 다른 남자를 만나는 것은 물론이려니와 너조차도 그것을 들여다보거나 만져서는 안 된단다.)

-여기 방년 22세 한창 나이인 여성대표 주자 셋이 있다. 누구에겐들 내면에 이들이 생각하고 느끼고 행하는 것과 닮은꼴이 없을 수 있겠는가. 이들이 가슴으로 전하는 독백을 통하여 나를 보듯 또 너를 보는 살가움으로, 그리고 한바탕 웃어 젖혀버리기에는 석연찮은 살뜰함으로 22세인 내 몸과 마음을 탐색이나 하여 보자.

A : 나로 말하자면 지금 대학물을 먹고 있다. 나를 날라리 취급하면 곤란하다구. 학점에도 신경 쓰지, 또 눈짐작으로 세상 돌아가는 것도 익히고 있으니까. 무엇보다 내가 자부하는 바는 남들 못지않게 건전한 가정교육을 열렬하게 받았다는 점

이지. 내 몸의 주인은 내가 아니므로 내 몸에 대해서 알아서도 안 되고 알려고 해서도 안 된다는 것. 일찍 '몸을 굴려' 인생 망친 이야기가 너무나 많이 소설로, 드라마로 회자되고 있는 것만 해도 그래. 그것만 보아도 가정교육은 세상 이치의 핵심을 뚫고 있는 통찰력으로 똘똘 무장되었어.

비록 말이야. 고등학교 때 부모님 몰래, 선생님 눈을 피해 소위 말하는 하이틴 로맨스의 화끈한 장면을 읽으면서 느꼈던 짜릿함이 좀 오래도록 기억에 남아 죄짓는 기분이 들었던 적이 있기는 하지만 끝까지 난 잘 버텼거든. 남 몰래 나를 만지는 그딴 짓은 하지 않았어. 그런 의미에서 난 정말 가정교육을 몸소 실천한 사람이야. 하지만 주인공들의 에로틱한 연애행각에 멍해지면서 낭만적인 환상을 꿈꾸는 것만은 멈추지 못했지. 그건 어쩔 수가 없더라구. 그런 내 모습에 내가 깜짝 깜짝 놀라기도 하지만 정말 남자 잘 만나 긴 내 인생을 잘 살리려면 내가 그 짓을 하지 않는 게 훨씬

남는 장사 아니겠어? 좋은 남자 나타나기만 해봐라. 확실하게 줄거야. 내 모든 것을. 그날까지 간직할 내 모든 정열과 순백의 몸뚱아리를. 남자여! 확실하게 책임져주라.

B : 나 역시 어머니 말씀의 핵심이 무엇인지 언제부턴가 알게 되었어. 그게 가끔 거부감을 느끼게도 하지만 나 역시 돌아서 갈 용기? 아니 무모함은 없었지. 하지만 A처럼 내 몸을 방치한다는 것은 내 몸에 대한 모욕이요, 불성실함이라고 생각해. 비록 내 몸의 주인이 내가 아니라 하더라도 내가 좋다면 누군가에게 허락할 수 있는 정도의 권리는 있지 않을까? 아, 이렇게 표현하니까 뭔가 있어 보이지? 어쨌든 난 나를 그렇게 갖고 싶어하는 모 군과 패팅이란 것을 하였지. 그게 그렇게 나를 자극할 줄은 몰랐어. 내 안에 그런 욕망이 숨어있다니, 내 다리 사이의 것이 나를 그렇게 미치게 할 줄은 정말 몰랐다구. 그러다가 잘하면 섹스까지 갈 수도 있어. 왜냐하면 말이야. 나도 한번 뜨겁고 섹시한 여자로 변신해 보고싶은 거지. 또 음… 뭐냐 하면, 쑥스럽구먼. 이야기하려니. 이 이야기는 정말 아무에게도 이야기하지 않은 비밀인데, 뭉뚱그려서 이야기할 때는 나도 상당히 적극적인 신세대 같은데 막상 내 이야기를 적나라하게 하려면 입이 안 떨어지고 쉰세대 같다니까. 왜 그럴까?

그래, 톡 까놓고 얘기하자면 '나도 (꼴깍)모 군과 있으면 막 하고 싶은 생각이 굴뚝같거든' 이렇게 말하면 어딘가 좀 천박해 보이겠지? 하지만 말이야, 이미 뱉었으니 주울 수도 없고, 쩝. 혼잣말인데 어때? 문제는 남자는 아버지 빼고 다 도둑이란 말이지. 아버지는 뭐 남자 아닌가? 이 모씨가 일한다는 상담소에서 나온 자료를 보면 아버지가 자기 딸을 강간한 사례도 있던데. 앗. 실수. 이거 이야기가 샜잖아.

어쨌든! 섹스를 하고 난 다음에 모 군이 길러진 본성을 감추지 못하여 나를 보기 좋게 찬다면, 그리하여 그놈이 나의 주인이 되지 않겠다면, 나도 내 살 길 찾을 수 있어야 되잖아. 하지만 내 인생을 구제할 대책이 있으니

왜 친구들은 그런 이야기를 하지 않을까? 온갖 이야기를 다 하는 친구들인데. 남자친구와 패팅한 이야기도 하면서 자위하는 이야기는 빼버리다니. 이제까지 내가 만난 친구들은 모두 자위를 하지 않고 사는 걸까. 모르겠어. 내 몸의 주인이 된다는 것이 무엇인지. 어떻게 해야 하는 것인지. 누구 아는 사람 손 좀 들어봐요!

까 문제없어. 요즘 많이들 한다는 수술 말인데 감쪽같다더군. 남자들은 모두 다 자기 여자 다리 사이의 것 주인 행세를 톡톡히 하려고 들테니까 깨끗하게 원상복귀하면 되지 않겠어? 아무도 몰라. 어머니도 모르고 나도 몰라. 물론 내 몸의 주인도 그것을 몰라야만 해.

그래도 이미 알아버린 이 쾌감을 어째? 그렇지만 내가 내 몸을 어떻게 만지니? 그건 있을 수도 없고 있어서도 안 되지. 어색하고 생각만 해도 이상해. 남자가 해 줘야지. 내 것을 본 적이 있냐고? 미쳤어? 어떻게 그것을 볼 수가 있어? 난 못해. 난 여자이니까. 정말 정말 클리닉이 이 세상에 존재하는 한 난 문제없는 여자로 남는 거야. 내 몸의 주인이 나타날 때까지 내 몸을 알기 위해 난 남자가 필요해. 내 몸에서 낯선 남자 향기가 나더라도 아무 문제없다 이 말씀이야.

C : 한권의 책을 이리저리 뒤적거리고 있다.

"미국여성의 대부분도 자위를 하지 말라는 교육을 받으며 컸다. 하지만 82%가 자위를 하거나 해본 적이 있다. 대부분의 여성이 자위를 즐기며 매번 오르가즘을 느낀다고 한다. 어떤 이들은 심리적으로 부담감을 가지지만 또 어떤 이들은 심리적으로 아무런 문제를 느끼지 않는다고도 한다. 어떤 여성은 한때 죄의식을 느끼기도 했지만 극복하였다고 하며 대부분 여성이 자위를 통해 완벽한 쾌락을 즐긴다고 한다. 자위는 다른 사람과의 성 관계를 보다 원활하게 하도록 하는 디딤돌이 된다고도 하고 일종의 학습경험이라고도 한다. 또 어떤 이들은 자위를 통하여 여성으로서의 독립성과 자기의존성을 경험하기도 하고 또 어떤 이들은 순수한 쾌락, 그것 자체를 중요한 하나의 권리로 받아들인다. 자위를 한다고 답변한 여성의 73%가 바로 누워 손으로 클리토리스나 대음순 부위를 자극하는 방법을 취하며 5.5%가 엎드려 같은 방식으로 자극한다고 한다. 4%가 부드러운 물체로 그 부위를 누르거나 문질러 자극을 하며 3%가 허벅지를 리드미컬하게 비빈다. 2%가 샤워를 통해 자극하며 1.5%는 질 속에 손가락을 집어넣는다. 그리고 나머지 11%가 위의 방법 중 두 가지 이상을 복합적으로 활용한다고 한다 -『하이트 보고서』, 「자위」편".

언제부터 다리 사이의 것에 관심을 가지기 시작했는지 기억나지 않아. 또 거역하기 어려운 쾌감의 강렬함에 맨 처음 아찔해진 것이 몇 살 때였는지도 모르겠어. 그건 중요하지 않아. 우연이었으니까. 또 내가 자위의 쾌감을 우연히 알게 된 이후로 한참 만에 죄의식을 가지지 않게 된 것은 그 세월만큼 나를 존중하는 깊이가 더해진 때문이 아니겠어? 하지만 아직도 풀리지 않는 게 있어. 성기에서 시작하여 아랫배로 온 몸으로 번개보다 더 순식간에 전달되는 쾌감, 또 그에 대한 기억을 따라 내가 자꾸 유혹되다는 생각, 또 정말 그걸 만지기만 하면 몸의 주인이 되느냐 하는 생각 말이야. 내 욕망, 있지. 성적 욕구, 인정해. 몸으로 읽히지. 죄의식? 천만에 말

쓰. 당당해. 난 내 다리사이의 것을 보기도 했어. 손거울을 이용한 거지. 워낙 속에 있는 거니까 소박한 문명의 이기를 이용해야겠더라구. 좀 이상하긴 했지만 내 몸인데 뭐. 얼굴 보는 것이나 그것 보는 것이나 뭐 다를 게 있담? 얼굴 커지듯이 성기도 커져 있더라구. 겨드랑이 만지는 것이나 그것 만지는 것이 왜 달라야 하지? 간질간질하고 옴삭해지는 것 말이야.

그런데 자위를 하면서 내가 알아야 하고 느껴야 하는 것이 무엇이지? 순간적인 쾌감 다음에 오는 나른함까지는 좋아. 하지만 그 다음에 서둘러 사위를 둘러보는 건 뭐지? 혹 소리가 새나가지나 않았나, 내 움직임을 누가 눈치 채지나 않았나…. 죄의식하고는 다른 그 나른한 소외감 말이야. 이건 어떻게 해석해야 할지? 오! 누가 내 머리 좀 꺼줘. 쾌감을 느끼는데도 어떤 의미와 위상이 있어야 한다는 이 중압감으로부터 나 좀 끄집어내줘. 또 뭐가 필요할까? 내 몸의 주인 되기가 왜 이렇게 어렵담? 기분 나빠, 정말.

친구들과 같이 앉아 성과 여성의 삶과 불평등과 부당함을 토론하지만 막상 나의 이야기, 내 몸의 이야기를 끄집어냈다가도 여전히 보이지 않는 벽에 부딪혀 좌초하고 말거든. 내 속의 벽은 내 것인 동시에 세상의 것이기도 하다구. 내 탓만은 아냐. 내가 아직 내 몸의 주인이 되지 못했다고, 아니 몸의 주인이 된다는 게 무슨 말인지조차 모르겠다고 어렵사리 고백하지만 내게도 할 말은 있어. 누가 그런 것을 나에게 가르쳐 주기라도 했어야지? 아니면 조금이라도 나에게 힌트를 주기라도 해야 하잖아? 먼저 살아왔던 선배 중 누가 그런 통 큰 삶을 살아왔노라고 선언이라도 하면 좋잖아?

내가 나를 모르는데 니가 어찌 알겠느냐고 자위-그 자위가 아니고-해보지만 정말 세상은 말(言)천지야. 여성의 성이 금기시되어왔다고 이야기하면 한쪽에서는 프리섹스를 주장하느냐고 비난하고, 그러면 또 한쪽에서는 그렇다, 아니다 어쩌고저쩌고 하면서 난리들이지.

다리 사이의 것을 만지는 것도 그래. 우리에게 이렇게 직설적으로 말 걸어오는 사람이 없었잖아? 그러니 막상 그런 질문을 받으면 제대로 답이나 할 수 있을까? 자위 한다는 것을 친구들에게 이야기하지 못하는 것을 보면 뻔하잖아. 난 그렇다 치고 왜 친구들은 그런 이야기를 하지 않을까? 온갖 이야기를 다 하는 친구들인데. 남자친구와 패팅한 이야기도 하면서 자위하는 이야기는 빼버리다니. 이제까지 내가 만난 친구들은 모두 자위를 하지 않고 사는 걸까. 모르겠어. 내 몸의 주인이 된다는 것이 무엇인지. 어떻게 해야 하는 것인지.

누구 아는 사람 손 좀 들어봐요!

우리가 탐색할 것은 가까우면서도 멀리 있다. 그것은 몸을 아는 것, 몸과 마음이 만나는 것, 그로써 타인을 만나 관계를 맺는 것들의 주변을 배회하는 많은 요소들이 뒤엉켜 버렸기 때문이리라. 현재까지 아무도 여기에 대한 명확한 답을 알고 있는 사람은 없다. 다만 짐작하고 예상하면서 몸으로 삶으로 시도해볼 뿐.

IF JOURNEY

"아리랑 타령을 못 부르거든 불알이나 떼놓고 가시오"

여름에 찾아가는 섬, 진도

▲남도석성.

먼 곳으로의 여행에선 서울 근교로 나들이할 때와는 또 다른 설렘과 기대가 있어 발걸음이 부산하다. 우리나라 서남단에 있는 섬 진도를 향하는 마음도 예사롭지가 않다. 달리는 차창 밖으로 내다보이는 호남의 너른 평야가 주는 녹진한 정과 그 끝에서 만나는 바다 그리고 섬.

월출산이 있는 영암을 지나 해남에 이를 때쯤이면 꼬박 다섯 시간 넘게 달린 자동차 안에서 긴 여정에 대한 설렘은 피로로 바뀌고 기진맥진해 가는데, 저 앞의 붉은 기둥엔 쇠줄들이 부챗살처럼 퍼진 진도대교가 보인다. 육지와 섬에 양쪽 끝을 걸친 채 허공에 떠있는 진도대교는 물속에 기둥을 내리지 않은 허공 다리이다. 진도대교 바로 밑을 흐르는 울돌목, 이름 하여 명량해협의 힘센 물살이 다리 기둥내리는 것을 허락하지 않기 때문이다.

바다가 저렇듯 들끓을 수 있다니

해남 쪽으로는 거북선이, 진도 쪽으로는 진돗개가 양 끝을 지키고 있는 다리를 건너서 진도로 들어서자마자 왼편 광장에 차를 대고 다리 밑으로 내려간다. 다리 밑에 계단이 있고 계단 아래 콘크리트로 만들어 놓은 조그만 터가 있는데 내려서자마자 온몸의 노곤함이 일시에 걷히면서 탄성이 터져 나온다. "야, 저게 바다야?" 겁 많은 사람은 난간 가까이 다가가기 힘들 정도로 거센 소용돌이가 귀를 울린다. 바다가 저렇게 들끓을 수 있다니. 아하! 저 물살을 이용해서 이순신 장군이 왜군을 물리쳤다는 거로구나. 한번 보니 알겠다. 바다를 바라보며 이 생각, 저 생각….

돌아서 다시 계단 위를 오르니 바로 보이는 나지막한 산등성이 위에 정자가 하나 보인다. 망금산 팔각정이다. 걸어서 20분, 차를 타면 3분 만에 오를 수 있는 그곳은 이순신 장군이 의병술의 하나로 부녀자들에게 강강술래를 하게 했다는 바로 그곳이다. 팔각정에 오르면 사방에서 불어오는 바닷바람에 모자가 날아가지 않도록 꽉 잡아야 한다. 울돌목과 진도대교 건너 해남 우수영이 보이고 진도의 마을들과 산, 들이 훤히 내려다보인다. 진도에서는 해마다 몇 차례씩 망금산터에서 강강술래를 하는 행사가 열리니 미리 날짜를 확인해 때맞춰 간다면 좋은 구경을 할 수 있다. 공보실 관광계(0632-544-3710)나 강강술래 보존회 (0632-42-4034)로 연락해보면 된다.

아낙네의 정성과 회한으로 빚은 술, 홍주

우리는 바로 회관 앞 마을귀퉁이에 있는 허화자 할머니댁으로 갔다. 진짜 진도 홍주가 어떻게 만들어지는지를 보기 위해서다. 밀주로 간신히 명맥을 유지해오던 홍주는 94년 초 민속주로 지정받아 많은 애주가들을 기쁘게 해주고 있다. 대문을 열고 들어서자 기억자 집의 꺾어진 부분에 있는 초라한 부엌에서 할머니 혼자 홍주를 빚고 계시다가 우리를 반갑게 맞아주신다. 같이 간 사람들이 카메라를 들이대자 손등으로 입을 가리면서 부끄러워하시는 모습이 그렇게 수줄을 수가 없다. 부엌을 들여다보니 나무로 불을 때는 아궁이 위에 옹기 고조리가 놓여 있고 고조리 안에서 증기로 맺힌 술이 대나무 도롱을 타고 지초를 담은 삼베를 거쳐 항아리에 고인다. 저렇게 하루 종일 해야 항아리 하나를 채울 수 있다고 한다. 얼마 전 진도 홍주 공장이 생겼다는데 저렇게 한 방울씩 떨어지는 것을 지켜보며 만든 술과 대량생산된 술의 질이 같을 수는 없을 것이다. 할머니 자신은 '시집와서 배운 일이라 평생을 아궁이에 쭈그리고 앉아 고생했지만 딸에게는 절대 홍주 빚는 일을 시키지 않으셨다'며 손을 내저으신다. 맑고 빨간 술 빛깔과 뒤끝이 깨끗한 맛으로 정평이 나있는 진도 홍주. 좋은 술은 그 좋은 만큼 술 담는 아낙네의 정성과 회한을 깃들여 빚은 것인지도 모른다는 생각이 들었다. 이제 정부 지원으로 전통

홍주 기능보유자가 되셨으니 홍주 제조법을 전수시키며 여생을 느긋이 보내실 수 있었으면 하는 바람으로 홍주를 한 병 구해들고 집을 나섰다.

진도홍주보유단체 대표인 할머니댁 전화번호는 0632-48-0463.

태고의 원시림을 타고 앉아 다도해를 내려 보다

마을을 벗어나 30분쯤 달려 전통 남화의 성지라 할 수 있는 운림산방에 도착한다. 고졸한 맛보다는 조경을 잘해놓은 공원 같은 느낌이 들지만 널찍한 연못과 단정한 집이 나름대로 운치는 있다. 이 집의 주인이었던 소치(小癡), 허유(許維) 선생은 28세 때 해남 대흥사 초의선사 밑에 들어가 그림 수업을 했는데 추사 김정희가 보고 시골에서 썩기 아까우니 당장 서울로 보내도록 하라고 해 추사에게서 수학하고 49세에 귀향하여 운림산방을 짓고 70세에 대원군과 만나 교우했다고 한다. 소치라는 호는 중국 남종화의 바탕을 이룬 황대치에 견준 것이라 하는데 소치는 이곳에서 미산 허형을 낳았고 어린 미산이 그림을 그렸으며 의재 허백련이 미산에게서 처음 그림을 익힌 곳이기도 하다니 예술계의 유서 깊은 곳이라 하겠다.

운림산방 바로 곁에 있는 쌍계사 쪽으로 시냇물을 건너 계곡을 따라 올라가면 동백, 참가시, 후박 등 천연기념물로 지정되어 있는 상록수림에 뒤덮인 첨찰산이 나온다. 길은 점점 좁아지지만 험하지 않아 약수터까지 가볍게 오를 수 있다. 하늘이 보이지 않을 정도로 울창한 숲은 맑은 바람과 함께 한여름 더위를 싹 씻어준다. 해발 485m인 정상을 향해 40여분 정도 더 오르면 태고의 원시림이 나오고 얼마 지나지 않아 저 멀리 다도해의 풍경이 그림처럼 펼쳐진다. 첨찰산 정상에는 옛날 봉홧불을 피웠던 봉수대가 있고 봉수대 아래로는 갈대밭이 있어 가을이면 운치를 더해준다.

숙소는 용장산성 앞에 있는 산성관광농원으로 정했다. 마을에서 용장산성 쪽으로 올라가는 언덕마루 아래편으로 저수지와 고동을 잡을 수 있는 도랑물이 흐르고 집 앞에 서면 저 아래 마을과 논들이 한눈에 들어와 여행 온 기분을 마음껏 누리게 해준다. 저녁에는 마을 사람들과 어울려 노래를 청해본다.

'돈 많고 잘난 놈아, 나를 다려가거라'

옛날에는 아낙네들이 들에서 일하다가 남정네가 지나가면 길을 막고 "저기 가는 저 양반 어디서 왔는고? / 노래 소리 들었으면 받을 줄 알게" 그래도 남정네가 노래 한 자락으로 응수하지 않으면 길을 비켜주지 않았다고 한다.

"아리랑 타령을 못 부르거덜랑 불알이나 떼놓고 가시오."

길 가던 남정네, 노래를 잘하면 통과요, 못하면 수모라. 남정네가 먼저 관심을 가져주기만 남 몰래 고대하던 내륙지방 여인들과는 사뭇 다른 모습이 아닐 수 없다. 진도여성들이 노래 잘하고, 끼 많은 남자를 선호하는 경향이 있다고 하는데 아마도 자신들이 가진 흥을 맞받아줄 능력이 있는 사람을 좋아한 것이 아니었을까? 어쨌든 적극적이고 활달한 여성들임에 틀림없음은 민요가사에서도 찾아볼 수 있다. 시어머니나 남편, 나아가서는 시아버지에게까지도 당돌하고 대찬 비난과 풍자를 쏟아붓는 것이다.

"씨엄씨 줄라고 명태를 쪘더니 / 줄라고 봉게로 방망이를 쪘네", "떴네, 떴네. 무엇이 떴나. / 시아버지 오강단지에 똥 덩어리가 떴네."

"다려 가거라, 다려 가거라. 나를 다려 가거라 / 돈 많고 잘난 놈아, 나를 다려 가거라."

야하고 신랄한 가사가 많아 일일이 거론하자면 끝이 없을 정도다. 이렇게 놀기 잘하고 노래 잘하는 사람들인지라 진도 아리랑, 육자배기를 부를 줄 모르면 진도사람이 아니라고 한다. '소리 헐라고 태어난 사람들이 진도사람'이라나?

그 소리 잘하는 사람들 사는 진도에서도 정말 소리 잘하는 할머니 한분이 계시는데 그분의 노래를 한번이라도 듣고 따라해 보면 민요에 대한 이해와 사랑이 절로 생겨나게 된다. 무형문화재 남도 들노래 보유자이신 조공례 할머니가 그분이시다. 지산면 인지리의 할머니댁에는 진도의 어린 학생들뿐 아니라 멀리서도 민요를 배우러 오는 사람들이 많다. 여러 사람이 함께 진도에 와서 초청을 하면 특별한 일이 없는 한 기꺼이 찾아와주시고, 전수회관에서도 많은 사람들에게 노래를 가르치신다. 그분의 맑고 거침없는 노래 소리는 '민요가 이렇게 좋은 것인가' 하며 새삼스럽게 마음을 일깨워주는 힘이 있고, 꾸밈도 권위도 없이 소박하면서도 정겨운 이야기에 재미가 나서 시간가는 줄 모른다. 어려서부터 노래 잘하는 아버지 곁에서 귀동냥으로 들어서 흥얼거렸는데 동네 사람들도 참 잘한다고 하고 당신도 노래를 부르지 않고는 못 배겼다고 한다. 암말 않고 보고 계시던 아버지가 어느 날 아버지의 노래를 청한 자리에 데리고 가 "강강술래 잠 멕여줘라" 하셨다는데 시쳇말로 그날 공식 데뷔를 하신 셈이다. 집안에서는 귀한 딸로 키워 일도 함부로 안 시키고 노래를 부르게 했다고 하니 진도에서나 있을 법한 일인 듯 싶다.

민요는 '뻗쳐서' 부르는 노래다

영화 〈서편제〉에서 불려 더욱 대중적이 된 진도아리랑을 할머니를 만나 어깨를 들썩이며 불렀다. 우리가 흔히 하듯 "'아리랑 응응응' 하면서 부르는 것은 저기 서울 선상님들이나 하는 소리" 라면서 "아리 랑 으~음으~" 하고 흐르듯이 불러주시는데 정말 다르다. 민요는 '뻗쳐서' 부르는 노래니 가락 속에 그런 마음을 담아 부르라 하신다. '뻗쳐서'라는 말은 힘들고 고되다는 뜻의 진도 사투리인데 같이 있던 사람들 사이에 대번 유행어가 되었다.

재작년 여름에는 단체로 진도에 와서 할머니께 강강술래를 배웠는데 '강강술래' 하면 손잡고 빙글빙글 뛰는 것만 생각하기 쉬운데 그렇지 않다.

"해는 지고 달 떠온다. 강강수월래 / 하늘에는 베틀 놓고. 강강수월래 / 구름 잡아 잉아 걸고. 강강수월래 / 별은 잡아 무늬 놓고. 강강수월래"하다가 느린 진양조 가락에서 점점 빨라져

"술래술래 강강술래 강강수월래 / 강강 좋다 술래 돈다. 강강수월래 / 앞서가는 군사들아, 강강수월래 / 발 맞춰서 뛰어가세, 강강수월래" 빠른 자진모리장단으로 휘몰아치며 빨리 뛰다가는 빙 돌아서서 "남생아 놀아라.

▲ (위 사진) 〈운림산방〉 (사진 제공 : 문화재청)
　(아래 사진) 지금은 고인이 된 조공례할머니(왼쪽)가 그의 딸(오른쪽)과
　함께 여행객들에게 진도아리랑을 가르치고 있다.
　장고 뒤에 할머니의 손녀가 보인다.

강강수월래", 한 명씩 나와 놀다가는 "청청 청어 엮자. 강강수월래" 한 사람씩 꼬였다가 모두 허리를 굽히고 '기와 밟기', '덕석놀이', '문 열기', '가마등등', 두 사람씩 손을 잡고 그 밑으로 들어가면 등을 때려주고….

포크댄스 대신 강강수월래를

　끝도 없이 재미있는 놀이가 계속되며 신나게 한판 뛰어 보는 강강수월래. 학교에서도 그 많은 캠프에서도 외국 포크댄스는 가르치면서 이 신나고 별난 우리 춤과 노래를 제대로 안 가르치는 걸 생각하니 은근히 부아가 치민다. 이렇게 건강하고 씩씩하고 힘차고 아름다운 우리 여성놀이가 있는데…. 지금부터라도 이 땅의 여자아이

라면 교양필수로 배워야 할 일이다. 그나마 아직 할머니 같은 분들이 계셔서 이렇게라도 배울 수 있는 것이 얼마나 다행스럽고 기쁜가. 이제 연세가 많으셔서 한해가 다르게 기운이 덜 하신 것이 안타깝기만 하다. 수제자이기도 한 따님 박동매씨가 이제는 항상 같이 다니면서 함께 노래하고 춤도 가르쳐주는데 어린 손녀딸까지 조랑조랑 따라와 어깻짓하며 배운다. 어려서부터 할머니 노래를 듣고 자라는 저 손녀딸이 훗날 한몫해주지 않을까 기대가 된다. 진도에 와 이렇게 하루 저녁을 진도민요를 배우며 보냈다면 진도기행은 제대로 한 것일 게다. 문화유적도 관광지도 많지만 그곳에 사는 사람들의 삶과 정서를 알게 된다는 것은 쉽지 않은 일이고 그만큼 값진 경험이기 때문이다. 임회면 전수관이나 할머니댁에는 민요를 가르치는 시간이 있으니 미리 알아보고 가면 배울 기회를 가질 수 있다.

　(이 원고가 들어온 직후인 지난 4월말쯤 조공례 할머니가 돌아가셨다는 안타까운 소식을 접했다. 할머니는 돌아가셨지만 그 따님이 전수회관을 지키고 계시니 그곳에 가서 민요를 배우는 일이 불가능하지는 않다. - 편집자)

작은 게를 잡느라 정신없는 아이들

　서울서 진도까지는 가깝지 않은 거리이기 때문에 진도를 두루 구경하고 오려면 이틀 이상은 묵는 것이 좋다. 철마산과 금갑성, 상만 5층석탑, 항몽유적지인 용장산성, 남도석성 등의 유적이 있고 가계, 금갑 등 몇 군데 해수욕장이 있다. 신비의 바닷길이 열리는 영등제는 4월쯤 있는데 씻김굿, 들노래, 강강술래, 다시래기, 북춤, 진돗개 자랑대회 등이 아낌없이 펼쳐지지만 몰려드는 사람에 비해 교통이나 숙박시설이 미흡해 고생을 각오하지 않으면 안 된다. 하룻밤을 묵은 우리는 남도석성으로 향한다. 남도석성은 고려 원종 때 배중손이 삼별초를 이끌고 진도로 남하하여 대몽항쟁의 근거지로 삼으면서 쌓은 석성이라고도 하고 삼국시대부터 있었던 것이라고도 하는데 조선시대에는 수군 진영의 진지였다고 한다. 아무튼 성곽 전체가 온전하게 보존되어 있고 참 아름답다. 성 안에는 사람들이 사는 마을이 있는데 골목골

목이 아기자기하고 도랑마다 맑은 물이 흐른다. 바닷가 마을이라 집집마다 미역도 널어 말리고 각종 해산물들이 널려 있는데 질 좋은 자연산 해산물을 구할 수가 있다. 자연석으로 쌓은 둥근 성을 한 바퀴 도는 데는 10분 정도 걸리는데 남쪽 출입구로 나오면 작고 둥근 다리가 하나 있고 조금 떨어져 쌍교가 있다. 홍교와 쌍교 모두 갖고 싶을 만큼 앙증맞고 예쁘다. 700년 전의 다리라고는 믿어지지 않을 만큼 훼손되지도 않았고 지금도 사람들이 건너다니고 있다. 쌍교를 건너 솔밭 오솔길이 있고 조용한 바다가 펼쳐져 있다. 아직 오염되지 않아 바닷가 돌들에 붙어 있는 작은 굴들을 따먹을 수 있다. 같이 왔던 선배의 초등학교 다니는 아들이 여기서 굴을 따먹어 본 뒤부터 굴을 잘 먹게 되었다고 한다. 아이들이 작은 게를 잡느라 정신이 없다. 솔밭에 앉아 쉬면서 아이들과 놀기에는 그만이다.

이곳에서 얼마 떨어지지 않은 팽목항에서 배를 타고 다도해의 수려한 자연경관을 보면서 1시간쯤 가면 전국에서 찾아볼 수 없는 천혜의 아름다움을 간직한 섬, 관매도가 있다. 넓고 아름다운 관매도 해수욕장은 3Km에 달하는 넓은 백사장을 300년이 넘는 송림이 둘러싸고 있다.

주변에는 수천년의 바닷물이 만들어 놓은 기암절경의 조각품이 일품이다. 인근에는 후박나무, 방아섬, 하늘다리, 천연동굴 등이 전설을 간직한 채 자연의 신비스러움을 더해준다. 관매도행 여객선은 여름에만 하루 두 차례 운행한다. 가족과 연인이 진도를 두루 둘러보고 관매도까지 다녀올 수 있다면 더 이상 바랄 것 없는 여름여행이 될 것이다.

대중교통

• 호남선 열차나 고속버스를 이용해 광주나 목포까지 간다. 광주종합터미널(062-360-8800)에서 진도까지 직행버스가 오전 5시 10분부터 40분 간격으로 하루 13회 운행되고 있다. 진도 내에서는 군내 버스를 타거나 택시를 이용한다.

숙박

• 진도 읍내에는 10여개 여관이 있다.
• 진도하우스(0632-42- 7788 진도읍). / 산성관광농원(0632-43-9955 고군면 용장산성 앞).

음식

• 읍내에 진도 별미음식인 반지락회 무침을 맛있게 하는 아리랑식당 (0632-544-4266) 이 있다.
• 유명한 진도 한우 육회를 듬뿍 넣어주는 육회 비빔밥은 수정관 (0632-544-3114)에서 먹을 수 있다.
• 맛깔스러운 한정식으로 소문난 초원식당(0632-544-2282).

박 영 혜

한 달이면 '날 밤 새기'를 몇 차례씩 하는 광고기획 디자인실에서 정신없이 일하면서
이 땅을 사랑하는 사람들의 마음눈을 여는 멋진 기행, 좋은 기행 기획자를 꿈꾸며 사는 여자.

여성 저널리스트 역사, 그 시작을 찾아서

프랑스 혁명이 일어나기 전인 18세기 중엽에 이미 '여성에 의한 여성의 신문'을 기치로 하는 월간지가 창간되어
약 20년간 발행된 것을 비롯하여 신문과 잡지의 역사에서 여성들의 존재는 무시할 수 없는 자취를 새겨왔다.

역사 속에서 여성이 해온 역할의 크기는 종종 우리의 무지가 상상하는 것을 뛰어넘곤 한다. 그 가운데서도 언론은 여성의 참여가 최근에서야 이루어지기 시작한 분야로서 남성이 독점해왔다고 알려져 있다. 그러나 프랑스 혁명이 일어나기 전인 18세기 중엽에 이미 "여성에 의한 여성의 신문"을 기치로 하는 월간지가 창간되어 약 20년간 발행된 것을 비롯하여 신문과 잡지의 역사에서 여성들의 존재는 미미하나마 그 시초부터 무시할 수 없는 자취를 새겨왔다.

의회정치가 여성언론인 배출의 토양

신문과 잡지는 인쇄술이 급격히 확산되기 시작한 17세기 중엽의 산물이다. 언론매체의 등장이란 유럽 전체의 일반적인 현상이었지만 이 당시 여성들의 활동이 두드러졌던 곳은 주로 영국과 프랑스였다. 이 두 나라가 17세기에 이미 여성 언론인을 탄생시킬 수 있었던 것은 활발한 토론과 의견교환이 이루어지고 있었던 당시의 정치문화 때문이었다. 영국에서는 1688년 명예혁명 이후 의회 중심의 정치가 이루어지면서 정치적 당파들은 남성뿐 아니라 여성들의 견해도 자기편으로 끌어들이기 위해 노력하기 시작했다. 17세기 말엽 일부 신문들은 여성들을 위한 난을 신설하였고 나아가 여성 필자가 담당하는 고정 칼럼을 만들기도 했던 것이 여성 언론인들의 활동의 시작이었다.

18세기에는 여성이 직접 편집권을 가진 신문도 출현하였다. 개방적인 아버지 밑에서 남녀차별 없는 교육을 받고 자란 영국의 메리 드 라 리비에르 맨리(Mary de la Riviere Maniey : 1672-?)는 1709년 『여성 태틀러(WOMAN TATLER)』라는 신문을 만들었다. 골수 보수파였던 그녀는 명예훼손으로 투옥되기도 하였고 또 반대파들로부터 "중상모략과 남의 말하기 좋아하는 것은 어쩔 수 없는 여자들의 속성"이라는 식의 비난을 받았지만 그녀 자신은 국가를 위해 진실을 보도한다는 사명감에 가득차 있었다.

그녀의 열렬한 지지자 중에는 '남녀를 떠나서 그녀가 가진 문필 능력을 인정한다'고 했던 걸리버 여행기의 저자 죠나산 스위프트가 있었다. 그는 그녀가 투옥되면서 신문이 폐간되자 출옥 후 자신이 내던 『감시자』라는 신문과 그 밖의 소책자 출간을 맡기기도 하였다.

그밖에도 18세기 영국에는 앤 도드나 엘리자 헤이우드, 샬롯 레녹스 등 여러 여성 언론인들이 활동을 하였다. 특히 흥미로운 인물로 1737년 『상식의 비상식』이라는 주간 정치신문을 발행한 메어리 월틀리 몬태규(Mary Wortly Montagu : 1689-1762)를 꼽을 수 있다.

귀족의 딸로 태어나 독학으로 라틴어에 능통한 그녀는 연상의 부유하고 따분한 아일랜드 귀족과 결혼하라는 아버지의 압력을 뿌리치고 구혼자 가운데 학식 있는 에드워드 월틀리 몬태규를 스스로 선택했다. 그녀의 지참금이 얼마일지를 궁금해하는 에드워드에게 그녀는 자신과 같은 계층의 여성들은 "노예와 같이 팔리기 때문에 내

▲ 메어리 월틀리 몬태규.

주인(아버지-필자 주)이 내 값을 어찌 매길지 나로서는 알 수 없다"고 편지에 적었다.

사실 그녀는 언론인으로서보다 천연두 예방접종을 영국에 도입한 사람으로 널리 알려져 있다. 그녀는 남편이 외교관으로 체류하던 콘스탄티노플에서 천연두 고름을 팔의 상처에 넣는 동양 전래의 예방접종법을 배웠고 급기야 1721년 런던에 천연두가 대유행하였을 때 의사들을 모아놓은 자리에서 자신의 다섯 살 난 딸을 대상으로 실연을 해보았다. 결과에 감명을 받은 당시의 왕 조지 1세가 자신의 손녀에게도 예방접종을 시킴으로써 유명해졌던 것이다.

"너의 학식을 숨겨라, 신체적 결함과 마찬가지로"

또 그녀는 신문에서 일반적인 정치기사 외에도 여성을 포함한 모든 인간들이 교육에 의해 계몽될 필요에 대해 강한 주장을 폈으며 당시의 경박하고 사치스런 사회풍조를 비판하기도 했다. 그러나 이같은 교육론을 주장했지만 그녀 자신도 신문에 자신의 이름을 직접 게재하지는 않았다. '직업여성'이라고 하면 매춘부를 의미하는 것이었으므로 여성의 사회참여가 극히 드물었던 시기에 언론인으로 활동을 하기 위해서는 재능과 수완 못지않게 남다른 처세술이 필요했던 것이다. 가슴 아프게도 그녀는 자신의 딸에게 이런 조언을 남겼다.

"너의 학식을 숨겨라. 신체적 결함과 마찬가지로."

여성들이 편집을 담당하는 신문은 정치적 입장 때문에 겪어야 했던 수난 외에도 여러가지 개인적인 비방과 방해공작에 시달렸다. 그래서 신문들은 오래가지 못했고 편집자에게 사정이 생기면 거기서 중단되어버리는 수도 많았다. 그런 점에서 1759년부터 1778년까지 9명의 편집인을 거치면서 발간된 프랑스의 월간 『여성들의 신문』은 가치가 있다. 1703년부터 마리 쟌느 마르띠에나 안 느 마르게리뜨 뒤누아예, 마리 안느 바르비에 등 여성편집인들은 이미 존재하고 있었지만 『여성들의 신문』은 비록 창간은 남성에 의해 되었어도 그 이후 여성들이 연이어 편집인을 담당하면서 '여성에 의한 여성의 신문'을 공식적으로 표방한 최초의 신문이 되었으며 대략 300명에서 1,000명이라는 당시로서는 적지 않은 구독자를 확보했다.

특히 두드러진 활동을 폈던 이는 신문의 첫 편집인이었던 드 보메르 부인(Mme. de Beaumer)이다. 그녀는 여성들의 능력을 설파하였을 뿐만 아니라 가난하고 억눌린 자들의 해방과 사회정의의 구현, 종교적 관용, 공화주의, 세계평화, 법 앞에서의 평등을 신봉하였다. 그녀는 당시로서는 처음으로 자체광고를 게재하여 신문의 세력을 과시하면서 동시에 자신의 신념인 세계인의 우애를 표방하였다. 즉 프랑스, 독일, 스위스, 홀랜드, 스페인, 포르투갈, 이탈리아, 영국, 러시아 등 유럽 전역의 도시 81군데에서 판매, 구독되고 있다는 것이 그 광고의 내용이었는데 실제로 그런 판매망은 존재하지 않았으며 단지 정력적인 드 보메르가 이들 도시의 서점 주인들에게 자신의 신문을 우송한 후 그 도시들의 이름들을 싣는 판촉 방법을 사용하였던 것이다.

그러나 이 신문이 국제적인 인기를 얻을지 모른다는 우려는 신문의 정간으로 이어졌다. 당시의 검열당국은 드 보메르가 군인들의 사기를 고취시키는 글을 써서 자신의 애국심을 증명시켜 준다면 복간을 허락하겠다며 '거래'를 제의했으나 평화주의자였던 드 보메르는 이를 받아들이는 대신 홀랜드로의 망명을 택했다.

'저자'와 '편집자'의 여성형 만들기도

이 과정에서 판매부수는 떨어졌지만 몇몇 열혈 지지자들은 드 보메르의 페미니스트 의식을 고무시켰다. 그 중에서도 한 지지자는 남성이 망쳐놓은 프랑스어를 그들로부터 되찾아야 하며, 남성과 동일한 용어를 쓰는 것은 수치라고하여 '저자'와 '편집자'의 여성형을 만들어 사용할 것을 제안했다. 드 보메르 부인은 이 신조어 사용 제안을 기꺼이 수락하여 자신을 'auteur/editeur' 대신 autrice/editrice로 지칭하였다. 망명 중에 드 보메르는 메어리 월틀리 몬태규와 만나기도 했다.

그 후 드 보메르는 파리로 돌아와 신문을 복간하였다. 검열 당국은 『여성들의 신문』을 패션 전문지로 바꾸도록 압력을 가했지만 드 보메르는 이를 거부하였다. 그래도 압력이 계속되자 그녀는 자신의 후임자를 선임한 후 홀랜드로 영구 망명길에 올랐다.

『여성들의 신문』은 1775년 마지막 여성 편집인에 의해 원 발간자에게 헐값에 팔렸고 1778년 발행이 정지되었다. 당시의 여성 편집인과 여성에 의한 신문들은 모두 단명했으나 그렇다고 해서 그 중요성을 깎아볼 수는 없을 것이다. 이들 여성 편집인들도 여성을 단지 가정의 영역에만 묶어놓고 여성을 남성의 소유로 보는 사회에서 자신들의 활동이 갖는 의의에 대해 잘 알고 있었다. 기혼여성의 재산 뿐 아니라 인격과 글을 쓰는 능력까지 남편의 통제하에 있던 시대에 이들은 이혼도 불사했으며 맨리와 몬태규는 자신이 원하는 남자와 사랑의 도피를 감행하는 용기를 보였으며 드 보메르는 독신생활도 마다하지 않았다.

『매일신보』부인기자 채용이 국내선 최초

19세기에 들어서면서부터는 이탈리아, 홀랜드, 독일 등지로 여성의 언론 참여가 확산되었고, 우리나라에서도 1920년에 7월 2일 『매일신보』에는 '부인기자 채용'이라는 회사 공고가 실렸다. 흔히 최초의 여기자로 알려져 있는 『조선일보』의 최은희씨보다 조금 먼저 채용된 최초의 여기자는 이각경으로 1921년 1월 1일자 신년호에 '신년 벽두를 제하야 조선의 가정주부께'라는 글이 최초로 '본사 기자 이각경 여사'라고 실명을 밝히고 쓴 기사이다. 당시에 "시세의 요구에 부응하기 위하여" 여기자를 채용하게 되었다고 밝혔던 『매일신보』는 기혼여성 채용을 기피하는 풍조가 있는 요즘과는 달리 '풍기문란'을 염려하여 "반드시 가정부인일 것"을 명시하였던 점이 흥미롭다.

이제 더이상 여성들이 글쓰기를 직업으로 갖거나 자신의 이름을 드러내는 것이 드문 시대는 아니다. 우리 시대에 페미니스트 저널이라는 이름값을 하기 위해서는 단지 여성들의 손으로 만들어졌다는 사실 외에 얼마나 여성주의적 시각을 갖고 실천을 해나가고 있나를 짚어보지 않으면 안 될 것이다. 어려움 속에서도 꿋꿋이 이어져온 여성 언론인들과 잡지, 신문들의 역사 이야기가 이제 창간된 『페미니스트저널 IF』가 힘차게 뻗어나가는 데 보탬이 될 수 있었으면 하는 바람이다.

백영경

대학에서 서양사를 전공하고 근대 초 영국사를 계속 공부하고 있다. 우리를 조건 짓는 여성에 대한 관념이나 제도가 실제로 어떻게 역사적으로 형성되어 왔나를 공부하는 일이 우리의 노력으로 이 세계를 변화시키는 데 도움이 된다는 믿음을 가지고 있다.

세계의 여성들

journey

미국 여성들의 삶 엿보기

스스로 32살이라고 말하는 104살의 여성미술가, 비아트리스 우드. 뉴욕타임즈지가 3월 7일 다다이즘의 대모격인 그녀를 인터뷰했다.

그녀는 일생동안 관습에 도전하며 살아왔다. 86년 동안 육류와 술을 입에 대지 않았고, 90세에 경찰서를 들이박기도 했고, 또 폭주하는 팬레터에 응하기 위해 90세에 매킨토시를 사서 익혔다. 한동안은 두 남자

를 동시에 사랑했었고, '매력에 찬 젊은 남성을 위해서라면 어느 날 예술을 포기했을 것'이라고 서슴없이 말하기도 한다. 그녀는 자신이 관습을 쓰레기통에 버리고 살아왔으며, 30년 이상을 사귀어온 그녀의 매니저를 아직도 놀라게 만든다고 의기양양해한다. 그녀의 일부 작품이 매년 20%~30%씩 오른다고 하자 "그들이 예술로서 인정되고 훌륭하게 취급된 것은 거의 일세기가 지난 최근에 와서였다"며 장난기 있게 덧붙였다.

그녀가 처음 미술계에 입문한 것은 '비누에 있는 약간의 물'이란 제목이 붙은 다다이즘적 작품을 통해서였다. 그 그림은 욕조에서 조개껍질 모양의 비누를 가슴에 접착시키고 있는 여성누드를 보여주었는데, 그것은 1917년 뉴욕 독립전시회에서 성공적인 스캔들을 일으켰고, 지금 미국장인박물관에서 80년 회고전을 갖고 있는 그녀의 경력에 시발탄이 되었다.

그녀가 좋아하는 '부인과 있는 남성'이라는 작품은 테이블 주위에 앉아있는 부부들을 묘사하고 있는데 남성들은 한결같이 지겨워하는 모습들이다. 그녀는 왜 사람들이 결혼하는지 모르겠다고 강조하면서 그것은 실수라고 말한다. 그녀의 불행한 두 번의 결혼은 분명히 그랬다. 그녀는 "여성들에게 창조성은 아이들 그리고 일생에서 오직 한 남성을 가지기 위해서 발휘될 뿐이다. 만약 내가 행복하게 결혼했다면 나의 예술 재능은 결혼 속에 묻혔을 것이다"라고 말한다.

2년 전까지도 하루 종일 일에 몰두했던 그녀는 여전히 연령을 뛰어넘어 엄청난 에너지를 발산하고 있으며, 최근 몇 년 간이 인생에서 가장 행복한 시기라고 말한다. 근심을 줄이고 노년을 즐기면서, 그리고 "남성과 희희덕거리는 여성으로" 태어나기를 열렬히 기다리는 그녀의 소망이 자못 흥미롭다.

강간은 다른 전쟁 범죄보다도 영화화되기 어렵다. 강간은 일반적으로 목격자 없는 범죄이고, 피해자에게 어떠한 흔적도 남기지 않는다. 찍을 만한 집단학살지도 없고, 증거가 될 만한 담뱃불 화상이나 찢겨진 상처, 폐기된 화학통도 없다.

이러한 어려움을 그대로 보여주는 맨디 제이콥슨, 카르멘 옐리니크 두 감독의 다큐멘터리 〈귀신 부르기 : 강간, 전쟁, 여성에 관한 이야기〉는 1992년 넉 달 동안 악명 높은 세르비아 오마르스카 수용소에서 반복적으로 강간을 당한 두 여성의 이야기이다. 감독들은 "강간 당하는 것이 어떤 것인지를 의미하는 영화가 아니라 여성들이 어떻게 강간을 인식하고, 앞으로 어떻게 새로운 삶을 살아갈 것인가에 대한 영화를 만들고 싶었다"고 한다. 그래서 영화를 통해 두 주인공 시엘과 시박은 그들을 강간했던 범죄자들이 다른 전쟁범죄자들과 같이 처벌되도록 그들에게 일어났던 일을 증언하고 있으며, 서구사람들에게 전쟁범죄로서의 강간의 심각성을 인식시키려 하고 있다.

1996년 6월 국제 재판소가 고문과 예속을 목적으로 한 성적 학대를 이유로 8명의 유고슬라비아 남성을 기소함으로써 변호사인 시엘과 시민법정 판사인 시박은 그들의 목표를 '일부' 성취하였다. 그 이전엔 강간이 전쟁의 무기로 기소되거나 공식적으로 '인간성에 위배되는 범죄'로 분류된 적은 없었던 것이다. 그러나 그 기소는 그 여성들과 인권옹호자들에게 만족스럽지 못했다. 대부분의 보스니안 전문가는 미국의 압력이 없다면 세르비아가 기소된 사람들을 인도할 가능성은 거의 없으며, 또한 워싱턴이 그러한 압력을 행사할 가능성도 거의 없다고 말한다.

한편 일부 전문가들은 이 영화가 서구인들의 보스니아의 곤경에 대한 관심을 이끌어내지는 못할 것이라고 생각하고 있는데, 영화 속에서 보스니아 분쟁의 기원과 지속되는 이유에 대해서는 거의 말하지 않았기 때문이라는 것이다. 그들 가운데 한 사람인 데이빗 리에프는 슬프게도 많은 나라에서 여성들이 강간당하고 있는데 "워싱턴이 그런 모든 분쟁들에 관여할 것으로 생각되는가? 정치적인, 보다 광범위한 도덕적 배경이 없다면 그 영화는 이러한 여성들에게 그저 연민이나 분노를 느끼는 것만을 남겨둘 것이다"라고 덧붙였다.

국제여성사진작가전, 세계유일의 여성예술박물관서 열려

뉴욕의 여성 예술박물관(National Museum of Women in the Arts) 에서는 지난 5월 국제

여성사진작가전이 열렸다. 1994년, 『여성 사진작가들의 역사』를 출판한 사진역사가 나오미 로젠블룸의 제안으로 시작된 이 전시회에는 유럽, 미국, 아시아 지역에서 온 200여명의 여성 사진작가들의 234작품이 출품되었다. 대부분의 작품들이 가족생활과 아이들에 중심을 두고 있으나 시대와 공간적 배경에 따라 다양한 모습을 담고 있다.

전시장은 서술적인 작품, 풍경과 도시경관, 정물, 누드, 실험적인 것 등의 주제로 나뉜 8개의 작은 전시장들로 구성되어 있어서 작품 감상 뿐 아니라 여성사진 작가의 역사와 특징을 새롭게 발굴하는 의미를 지니고 있다.

한편 전시가 열리고 있는 여성예술박물관은 장래의 여성예술가와 그 후원자들을 위한 다양한 프로그램도 실시하고 있다. 이 박물관의 교육프로그램은 '여성들이 예술을 공부하고, 예술계에서 성공하기 위해 극복해야 했던 투쟁'을 설명하고 있으며, 역사적으로 여성예술가들이 남성들에 비해 생계를 꾸리기 어려웠던 현실과 후

원자의 중요성을 강조한다. 그리고 어린 예술가들과 그의 후원자(대부분 부모들)가 함께 작품을 감상하고, 느낌을 말하며 또한 공동으로 작업하는 과정을 통해 어린 예술가와 후원자 모두를 고무하는 기회를 마련하고 있다.

1983년 윌헬미나 홀러데이가 구입한 이 박물관은 세계에서 유일한 여성 예술박물관으로 르네상스시대부터 현재까지 600명의 여성 예술가들에 의해 만들어진 2,000점 이상의 작품을 소장하고 있다.

자신이 동성애자라는 사실을 부모에게 알릴 것인가?

당신의 자식이 동성애자라면 어떻게 하겠는가? 위크엔드지는 젊은 동성애자들과 부모와의 갈등을 다루었다.

지난해 4,500명에 이르는 동성애자들이 동성애자 상담전화인 런던 〈레즈비언 앤 게이 스위치보드(Lesbian and Gay Switchboard)〉를 통해 가족들에게 자신의 성 정체성을 알릴 올바른 방법을 물어왔다.

게비는 17살에 동성애자임을 밝혀서 아버지에게 쫓겨났고, 다시는 집으로 돌아갈 수 없었다. 그러나 레이첼은 운이 좋았다. 그의 아버지는 여성들이 아름답다고 생각했기 때문에 그녀를 이해했으며 또한 자신의 모든 자식들이 정상적이라면 상당히 지겨울 것이라고 생각하는 사람이다. 레이첼과 게비의 경험은 대조되는 양극단을 대표한다. 대다수는 둘 사이의 어느 지점에 놓여있으며 절충안을 찾아야 한다.

샐리는 동생이 대학입학시험을 칠 때까지 그녀에게 말하지 않고, 또 할머니에게도 이야기하지 않는다는 조

건 아래 부모의 인정을 받을 수 있었다. 부모들이여, 아이들이 당신의 기대대로 행동하지 않을 때 당신은 기대를 바꾸겠는가, 아이들을 버릴 것인가?

한편 『레즈비언 성 전쟁』의 저자이며, 집에서 쫓겨날 위기에 처해있는 젊은 동성애자들을 지원하는 단체인 알버트 케네디 위탁소에서 일했던 엠마 힐리는 "아이들은 그들의 부모가 다른 세대라는 것을 인정해야 한다"며 아이들이 부모로부터 너무 많은 것을 요구하는 것은 문제라고 지적했다.

동성애자인 그녀는 "나의 부모들은 나의 성정체성을 불행과 고통, 그리고 실패한 삶으로 보지 않을 수 없다. 그들 시대에는 그랬기 때문이다. 부모들이 실제로 당신이 레즈비언이면서도 이성적이고, 분별 있고, 지적인 삶을 영위할 수 있다고 생각하기는 결코 쉽지 않다"는 것이다.

미국 영화잡지 프리미어에서 여성영화인들을 위해 시상하는 '아이콘' 상의 올 수상자들은 배우 메릴 스트립, 감독 제인 캠피온(피아노), 페니 마샬(빅), 제작자 로라 지스킨(20세기 폭스사 신설 '폭스 2000' 사장) 등이다. LA 타임즈지 최근 보도에 따르면 이번 연말 헐리우드에 있는 레스토랑 '포시즌'에서 거행된 이 시상식은 여성영화인들의 독립선언을 방불케 했다.

'헐리우드의 여성들'(Women in Hollywood)이란 특집호 발행과 함께 이루어진 이 시상식은 배우, 감독, 제작자를 비롯한 헐리우드의 여성들이 전통적인 요염미를 떠나 독특한 개성과 연기력으로 미국 영화산업 정상의 고지에 도달했다는 사실을 확인시켜주고 있다.

배우에서 감독으로 선회해 더 큰 성공을 거둔 페니 마샬 감독은 시상식장에서 "이제 헐리우드에서 요염미는 사라졌다"고 선언했다. 그녀는 수상소감에서 "여성으로 헐리우드에서 성공하는 것이 쉽지 않았다"며, "배우를 지망했지만 말울음 소리 같은 목소리와 뻣뻣한 머리칼 그리고 침대에서 도발적이지 못할 것 같은(남자들

의 눈에) 외모 때문에 결국 감독으로 선회할 수밖에 없었다"고 고백했다.

메릴 스트립의 제작자인 로라 지스킨 '폭스2000' 사장은 "테스토스테론(남성들의 공격성과 폭력성의 원인으로 치부되는 남성호르몬)의 지배로 만들어지는 헐리우드 영화업계에 보다 많은 여성들이 참여하여 앞으로 여성호르몬 에스트로젠에 의해 지배받는 영화산업으로 바꿔놓기를 희망한다"고 말했다. 그녀는 "에스트로젠이 지배하는 영화가 어떤 영화가 될지는 모르겠지만 그것이 지금과 같이 폭력 일색의 영화가 되지는 않을 것"이라고 예측했다.

이 자리에서 '세계 최고의 여배우'라는 찬사를 받는 배우 메릴 스트립은 헐리우드 여배우들의 전통적인 요염미를 무력화시키고 여배우의 평가기준을 개성과 연기력으로 바꿔놓는데 지대한 공헌을 한 점이 수상이유로 꼽혔다. 태평양을 가운데 두고 떨어진 헐리우드와 충무로 사이의 거리를 생각해보면 '충무로의 여성 독립선언'이 언제쯤 나올 것인가가 궁금해진다. 왜냐하면 헐리우드나 충무로나 테스토스테론 지배 양상은 마찬가지이기 때문이다.

美 뚱보모델-패션 '新르네상스'

말라깽이들이 판치는 미국 모델업계에 플러스 사이즈(미국 패션업계의 새로운 빅사이즈 전략이다)의 뚱보모델이 인기를 끌고 있다. 미국 여성지 글래머 최근호 보도에 따르면 75kg의 무거운 몸매를 지닌 케이트 딜란(22)이 플러스 사이즈 모델로 등장, 날씬하지 못한 수많은 여성들의 호응을 얻고 있다는 것

이다.

미국인들은 매년 400억 달러(약 34조8천억원)의 돈을 다이어트산업에 쏟아 붓는다. 그러나 그들은 점점 뚱뚱해질 뿐이다. 10년 전만 해도 미국인 4명 중 1명꼴이 뚱보였으나 지금은 3명 중 1명이 뚱보소리를 듣고 있는 실정이다.

그러나 최근 들어 수많은 미국인들이 "다이어트를 아무리 해도 살은 더 찌고 인생만 비참하게 될 뿐"이라는 깨달음을 얻고 있다. 살찐 사람들의 죄의식을 해방시키고 기를 살려주는 '뚱보들의 르네상스'가 패션계를 비롯해 전사회적으로 일어나고 있는 것이다.

이들은 17, 18세기 화가들이 그린 미인들은 모두 풍만한 여성들이었다며 20세기 후반부터 불기 시작한 다이어트 열풍을 비정상적인 유행병으로 치부한다. 180cm가 넘는 키에 45kg도 안되는 몸매가 미인으로 꼽히는 것은 집단정신병적인 미친짓이라는 것이다.

3년 전 19세였던 케이트 딜란의 데뷔 당시 그녀는

178cm의 키에 49kg, 사이즈 6을 입는 모델이었다. 그녀는 몸무게 유지를 위해 거식증에 걸릴 정도의 살인적인 다이어트를 했다. 그럼에도 불구하고 살이 찌는 것

을 막을 수 없었던 그녀는 곧 모델계에서 쫓겨났다. 마를 필요가 없어진 그녀는 정상적으로 먹기 시작했고 몸무게는 75kg으로 불어났다. 불어난 몸과 함께 건강을 되찾은 그녀는 공부를 시작해 대학(사라 로렌스대학)에 입학, 학업에 열중했다.

그러나 뚱보들을 위한 르네상스가 일어나면서 그녀는 새롭게 각광받기 시작했다. 모델업계에서 쫓겨나게 만들었던 그녀의 살이 오히려 자산이 되어 그녀를 모델로 컴백시킨 것이다. 그녀는 최근 글래머지 뚱뚱한 여성들을 위한 패션가이드 란의 고정 모델로, 리즈 클레어본 플러스 사이즈 전속모델로 옛날보다 더 바쁘게 불려 다니고 있다. 뚱보들이 대접받는 시대변화로 인해 그녀는 살찐 몸매로 넉넉하고 자연스러운 아름다움을 전파하고 있는 것이다.

사진 조요한

이 제 진

68년에 태어났다.
여성들의 인생, 자전적인 글에 관심이 많다. 다음 세대의 여성들에게 희망과 격려가 될 수 있는 일을 하고 싶다.
스스로 마음을 다스리며 살아가는 것에 또한 마음을 쏟고 있다.
먹고 사는 일과 하고 싶은 일을 어떻게 엮으며 살 것인지 고민 중이다.

심리여행

journey

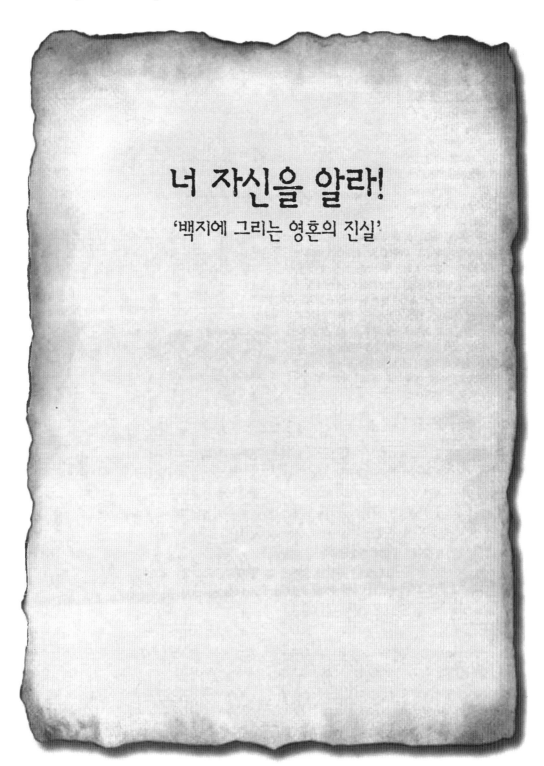

너 자신을 알라!

'백지에 그리는 영혼의 진실'

이 미지로 그려지는 무의식은 우리가 쉽게 해석할 수 없는 개인적인 의미가 담긴 상징들을 말해줍니다. 사실 매일 밤 우리 안의 '초현실주의 예술가'는 '꿈'을 통해 삶의 더 깊은 진실들을 그려내지만 불행하게도 우리는 그것들을 모두 기억할 수 없고, 운 좋게 꿈이 기억난다고 해도 그 꿈이 뭘 의미하는지 쉽게 이해할 수 있는 것은 아닙니다. 무의식 속에 깊이 숨어있는 우리 안의 예술가를 불러내 자신의 모습을 성찰할 수 있는 백일몽을 꾸게 한다면 어떨까요? 여기 제시된 '큐브(정육면체) 테스트'는 바로 그런 목적으로 만들어졌습니다. 프로이트(Freud)의 '꿈의 해석'이나 로르샤하(Rorschach)의 '잉크얼룩테스트' 원리와 마찬가지로, 여기서 당신이 보는 이미지들은 당신 정신세계의 반영입니다. 이제 당신은 사막을 배경으로 해서 차례대로 다섯 가지의 대상물을 상상해야 합니다. 누구에게나 똑같은 다섯 개의 물체가 제시되지만, 당신은 어느 누구와도 다른 당신만의 독특한 풍경을 만들어낼 것입니다. '풍경'이 완성된 뒤에 당신은 다섯 개의 대상이 의미하는 바를 알게 될 것입니다. 연필과 종이를 준비하여 당신이 상상하는 것을 가능한 한 자세하게 그리세요. 단 이것은 시험이 아닙니다. 정답이나 오답은 없으며, 오직 당신만의 답이 있을 뿐입니다. 이제, 당신의 인생의 비밀이 담겨있는 마음의 초상, 그리고 주위 사람들과의 관계에 대해 아주 예리한 통찰력을 지닌 백일몽의 세계로 들어갑니다.

큐브테스트 시작!

▶ 제1단계 : 사막을 상상해보세요. 당신이 알고 있는 실제의 사막이든 환상 속에서 그려낸 것이든 그 어느 것이라도 좋습니다. 사막의 어떤 풍경이 떠오릅니까?

▶ 제2단계 : 이제 사막에 큐브가 하나 있다고 가정하세요. 크기는? 색깔은? 표면의 느낌은 부드러운가요? 아니면 거친 느낌인가요? 어떤 재질로 만들어졌으며, 속은 단단히 차있나요, 아니면 비어있을까요? 당신과는 가까이 있는지 멀리 떨어져 있는지 거리도 그려보세요. 큐브가 모래 위에 평평하게 놓여있는지 아니면 다른 모습으로 있는지도 말하세요.

당신이 그려내는 큐브는 당신만의 고유한 지문과 같은 것으로, '영혼의 지문'이라고 생각하면 됩니다. 다음 과정으로 넘어가기 전에 당신의 직육면체를 설명하는 형용사를 다섯 개 이상 써놓으세요. 예를 들어 큐브가 매끈한 나무로 만들어진 것이라고 가정한다면 "자연스러운, 따뜻한, 부드러운, 미끈한, 고전적인, 촉감이 좋은" 등의 형용사를 생각해낼 수 있을 겁니다.

▶ 제3단계 : 이번에는 사다리를 하나 그려보십시오. 당신이 앞서 그렸던 큐브와 사다리의 거리는 어느 정도입니까? 사다리는 계단으로 만들어졌나요, 아니면 그냥 일직선의 사다리일까요? 사다리의 가로대 수는 많은지 어떤지도 정하세요.

▶ 제4단계 : 이제까지 그려진 그림에 생명체의 움직임을 더해봅니다. 말을 한 마리 그려 넣으세요. 당신이 사막에서 보는 말은 어떤 종류의 말입니까? 말의 색깔은? 큐브나 사다리와 관련해서 말은 어디에 서있으며, 무슨 행동을 하고 있습니까? 안장이나 고삐는 채워져 있나요? 말의 상태는 지금 어떻습니까?

▶ 제5단계 : 사막 어딘가에 폭풍이 불고 있습니다. 이 폭풍은 어디에서 불고 있을까요? 어떤 종류의 폭풍이며, 큐브, 사다리 그리고 말에 어떤 영향을 미치고 있나요, 아니면 아무런 영향을 미치지 못하나요?

▶ 제6단계 : 마지막으로 꽃이 있습니다. 꽃이 모여서 피어있는지, 여기저기 흩어져 있는지 말하세요. 사막에 꽃이 많은지 아니면 조금 피어 있는지도 정하시고요. 꽃의 위치는 어디쯤이고, 종류와 색깔은 무엇일까요?

큐브테스트 풀기

제6단계까지 왔다면 이제 당신이 꾼 '백일몽'의 암호를 풀어볼 단계입니다.

▶ 사막은 당신이 보고 있는 그대로의 '사회', '세계'입니다.

▶ 큐브는 당신 즉 당신의 자화상입니다. (당신이 열거한 형용사들이 당신을 설명하는 언어가 되지요!)

▶ 사다리는 당신의 친구를 의미합니다.

▶ 말은 연인을 상징합니다.

▶ 폭풍은 자신의 인생에 있을 법한 재난이나 어려움을 말하지만 긍정적으로는 인생에서 도전해야 할 것들을 나타내기도 합니다.

▶ 꽃은 자녀, 또는 '일'을 의미하는 것으로 당신이 창조하거나 돌보는 어떤 것이라도 될 수 있습니다.

당신이 정신세계를 상징하는 언어에 익숙하다면, 당신이 그려낸 풍경의 의미가 금방 와닿을 것입니다. 당신이 그려낸 큐브의 모습은 스스로 생각하는 당신의 모습과 일맥상통하고, 정육면체와 사다리의 거리는 당신이 친구들에게서 느끼는 친밀감의 정도와 비례하지요. 당신이 묘사한 말의 행동은 연인을 떠올리게 하고, 사막 그 자체의 풍경은 당신의 세계관을 반영합니다.

몇 가지 힌트

물론 당신이 그려낸 큐브의 모습이 스스로 생각하는 자신이나 자신의 인생의 모습과 전혀 상관없어 보일 수도 있습니다. 아니면 당신이 그 어떤 이미지를 선택할 때 그다지 의미를 부여하지 않았고 신중하게 생각하지도 않았다고 말할지 모릅니다. "내가 생각해낸 것은 11살 때 타본 말의 모습일 뿐이었어", "할아버지 창고에서 본 사다리일 뿐이야", "내가 아는 큐브라고는 루빅의 큐브(퍼즐 상자)뿐인 걸"….

그렇다고 해서 이 테스트가 당신에게 맞지 않은 것은 아닙니다. 당신이 상상한 이미지들을 해석하는 것은 창조적 과정의 일부분으로, 당신이 이미지들과 가지는 연결 고리가 처음에는 아주 엉뚱해보여도 결국은 자신에 대한 새로운 발견을 가능하게 할 것입니다. 영혼에 우연이란 있을 수 없으며, 결코 거짓말을 하지 않는다는 것을 명심하세요.

당신이 루빅의 큐브를 생각해냈다면, 당신은 아마 영리하고 다재다능하며 도전을 즐기는 사람일 것입니다. 할아버지의 사다리를 보았다면, 당신은 친구를 '가족'처럼 생각하는 사람일 것입니다. 처음으로 떠오른 이미지가 잘못된 것이라면 대개는 즉시 수정됩니다. 당신의 상상력을 믿으세요.

큐브의 암호를 푸는 몇가지 지름길을 알려 드리겠습니다. 이제껏 많은 유명인을 포함하여 수백 명의 사람들이 이 테스트를 받았는데, 그들이 그려낸 큐브가 모두 다르긴 했어도 일정한 패턴은 있었답니다. 그렇다면 우선 당신의 큐브 탐험에 다음과 같은 테크닉들을 사용해보세요.

자유연상. 큐브(말, 사다리 등등)와 관련해서 머릿속에 떠오르는 어떤 것이라도 이미지 해석에 중요한 단서가 될 수 있습니다. 어떤 여성이 상상한 사다리는 짧고 부드러운 모래빛깔의 소나무로 만들어진 것으로 미 남서부의 인디언 촌락에서 볼 수 있는 사다리와 유사했답니다. 그녀의 가장 절친한 친구가 키가 작고 금발이었으며, 그녀의 조모가 멕시코인이었던 것입니다.

스스로 큐브가 되어 놓인 위치나 재질 등을 몸의 감각을 이용해서 실제로 느껴보세요. 어떤 이미지가 떠오르나요? 당신의 큐브가 춤추는 발레리나처럼 한쪽 끝으로 균형을 잡고 서있지는 않나요? 단단한 돌로 된 큐브는 고집불통인 당신처럼 꼼짝 않는 것은 아닌가요?

조크나 동음이의어도 생각해 보세요-상상력은 대단한 유머감각을 가지고 있죠. 한 여인은 자신의 사다리가 왜 쇠로 만들어졌는지 이유를 알 수 없었습니다. 그러다 어느 순간에 친구의 성이 김(金)인 것을 기억해냈답니다.

친구나 연인 또는 가족들에게 당신이 상상한 이미지에서 무엇을 볼 수 있는지 물어보세요. 당신을 잘 아는 사람이 때로는 해결의 실마리를 주기도 합니다. 그러나 전에 우선 그들에게 큐브테스트를 하는 것이 좋으며, 그들이 이미지를 완성하기 전까지는 그 의미를 밝히지 말아야 합니다.

몇 가지의 보기들

우리 모두는 각자 자신만의 상징 언어를 가지고 있지만, 이들은 모두 영혼이라는 공통 언어의 방언이라고 할 수 있습니다. 많은 사람에게 테스트를 해보면 그 다양성에 놀라기도 하지만 한편 반복되는 패턴이 있어 공통의 언어로 묶여지기도 합니다. 융(Jung)이 말한 '집단무의식'과 같은 것이죠. 여기 그 공통 언어의 몇가지 보기가 있습니다.

플라스틱 큐브 플라스틱이라는 단어에서 우리는 '싸구려나 모조품'과 같은 느낌을 가질 수 있습니다. 그러나 상상외로 이것은 무의식의 세계에서 '세상의 소금'과 같은 의미를 가집니다. 만약 당신이 플라스틱 큐브를 상상했다면, 정직하고 자부심이 강한 노동자계층 출신일 수도 있답니다.

한쪽 끝으로만 서 있어서 절대로 그 위에 다른 정육면체를 쌓아올릴 수 없는 모양을 상상했다면, 당신은 이상주의자로 끊임없이 완벽을 추구하며, 일중독자일 수도 있습니다. 보통 이런 사람은 혼자서 일을 한다든지 아니면 지도자 스타일입니다.

공중에 떠있는 큐브 당신은 현실적인 사람이 아니며, 땅에 발을 붙이고 있지 않습니다. 당신은 일상적인 생활보다 개념이나 이상, 꿈을 더 소중하게 생각하죠. 간혹 무지개 빛깔의 큐브를 떠올리는 예술가들이나 투명한 정육면체를 상상하는 과학자들의 큐브가 대개 이러한 모양으로 있기 쉽습니다.

반짝이고 윤이 나는 큐브 눈부시게 반사되는 빛은 사람의 눈을 멀게 하는 야망을 나타냅니다.

크기와 관련된 특징 영화감독들은 세계에서 가장 큰 정육면체를 상상합니다. 정말 편집광적으로 거대합니다. 반면 법률가들은 대개 작은 도형을 그리죠. 법률가들은 스스로를 거대한 체계 속의 한 톱니바퀴로 보려는 반면 영화 제작자들은 하나의 완전한 체계를 창출해내는 거죠.

사다리 만약 사다리가 큐브보다 키가 크다면 당신은 존경할 수 있는 친구나 동료를 좋아한다고 말할 수 있습니다. 반대의 경우 당신은 모임의 우두머리이거나 무엇이든 다른 사람들과 공유하기를 원하지 않습니다. 사다리가 큐브에 기대어져 있다면 당신은 주위 사람들과 애정이나 도움 등을 충분히 교류하고 있습니다. 사다리와 큐브 사이의 거리는 독립심을 나타냅니다. 또 오래된 나무 사다리는 오랜 친구에게 느끼는 진심에서 우러난 애정을 나타내며, 금속으로 된 사다리는 확실성과 실질적인 도움을 강조합니다. 물감이 뿌려져 있는 사다리는 창조적인 공동 작업을 나타냅니다. 사다리가 수직으로 서 있다면 당신이 목표에 도달할 수 있도록 친구들이 도와주는 것이고, 바닥에 뉘어 있다면 같이 쉬고 기댈 수 있는 친구들입니다.

말 말의 성별을 지나치게 따지지는 마세요. 만약 당신의 남자 친구가 암말로 나타났다면, 아마 그는 보살피길 좋아하는 사람일 수 있습니다. 대담하고 자기주장이 강한 여성은 종마로 나타나기도 합니다. 하늘을 날고 있는 말은 당신이 새로운 사랑에 빠져있거나 아니면 당신의 연인을 이상적이라고 생각하는 것입니다.

새로운 데이트 상대에게 큐브 테스트를 해보면 그의 연애 경력과 바람들을 알 수도 있고, 현재 사귀고 있는 파트너에게 이 테스트를 함으로써 관계를 치유하거나 정화해줄 수도 있습니다. 즉 상대방의 눈을 통해 서로의 관계를 재고해보면 성실한 대화와 필요한 변화를 이끌어낼 수 있을 것입니다.

폭풍 재난이 멀리 있나요? 아주 좋네요! 그러나 매우 성공한 사람들은 폭풍을 사랑하고 번개에서 영감을 얻기도 하죠. 큐브, 말, 사다리가 폭풍에 어떻게 반응하는지 지켜보세요. 누가 가장 크게 동요하고, 누가 누구를 보호하나요? 감옥에 갇힌 한 여인은 폭풍을 자신의 큐브 안에다 그렸습니다.

꽃 부모들(또는 부모가 되려는 사람들)은 몇 송이의 꽃을 큐브 가까이서 보호합니다. 부모가 아니거나 다작의 예술가들은 꽃들을 온통 흩뿌려놓습니다. 교사나 경영자, 지도자들은 간혹 꽃들을 경작지 안에서 기르기도 합니다. 그리고 선인장 꽃은 이혼과 같은 어려움을 극복한 뒤 자식이나 사업 등의 창조물이 생기는 것을 의미합니다.

자신의 큐브는 어떻게 변할 수 있을까

많은 사람들이 이 테스트가 한번만 가능한 것인지 또는 자신이 묘사했던 큐브가 영원히 자신을 규정하는 것인지 등에 대해 궁금해 합니다. 물론 한번 큐브를 만들고 나면 처음과 같은 순수한 마음으로 큐브를 만들기는 어렵습니다. 그러나 만약 인생의 다른 시기에 실험을 한다면 완전히 다른 그림이 나올 수도 있습니다. 예를 들어 당신의 말이 변할 수도 있겠죠. 큐브는 당신의 꿈과 마찬가지로 유기적인 것이어서 변할 수 있습니다. 다음 주 혹은 다음 달에 큐브를 다시 그려보고, 만약 그것이 변했다면 당신 자신은 어떻게 변했는지 돌아보세요.

이 테스트가 스스로에 대한 성찰을 더욱 깊게 하고, 친구, 가족, 동료들과의 관계도 재고할 수 있는 기회가 되었기를 바랍니다. 꿈이나 초현실주의 예술과 마찬가지로, 이 작은 요술 거울은 치료의 목적을 가지고 있으며, 그것은 고대 그리스 델피 신전의 신탁에 새겨져 있는 것과 같은 것입니다 : 너 자신을 알라.

IF·가·뽑·은·좋·은·광·고

중세 여성들은 코르셋으로 허리를
숨도 제대로 쉬지 못할만큼 조여댔다.
남자의 손에 허리가 잡힐수 있도록.

LESMORE

SHOES FOR FEMINIST

여성 혁명은 남성을 타도하고 숙청하자는 것이 아니다.
다만 여성 스스로를 찾고 믿고 바로 서자는 것이다.

LESMORE

4월초, 하루 종일 어둑어둑했던 어느 날 우리는 페미니스트저널 IF의 창간을 맞이하여 우리 잡지의 독자가 되리라 믿는
나자유씨를 만났다.
대학로 거리에서 만나 두서없이 이것저것을 물어 보았다.
독자 여러분도 곧 감을 잡을 수 있겠지만 이 나자유씨는 낯설고 추상적인 이미지를 가지고 있다. 그러나 이 잡지의 발간횟수가
늘어갈수록 나자유씨의 윤곽도 선명해지리라 생각한다. 여러분이 보기에 어떠한지, 자신의 모습과 어느만큼
비슷하고 또 얼마만큼 낯선지 비교해보는 것도 재미있겠다. - 편집부

권여선 찍다

IF 독자상

나 자 유氏

여러 차례의 편집회의를 통해
우리는 각자가 생각하고 있는 독자상에 대한
이야기를 나눴다.
그 이미지들을 모아 컴퓨터합성 미인을 찾듯이
우리의 독자상을 조합해냈다.
결국 나자유씨는 IF 식의 합성인간,
즉 가공의 인물인 셈이다.

나이는 나보다 나이 많은 인기연예인이 사라져갈 때, 나두 노땅이 되었구나, 늙었구나 하는 생각이 들어요. 최소한 동갑이라도 되는 스타를 보게 되면 무지 반갑죠. 뭐. 음…그리고 가끔 지금 하는 일 때려 치고 딴 거 알아볼까 해서 구인란을 뒤적이면 걸리는 나이제한, 또 결혼 안한 친구들이 점점 줄어들 때 나이 먹는구나 하는 생각을 하게 되죠. 보통 때는 에잇, 나이 먹는 게 별거냐 그렇게 생각하며 살지요.

결혼은 특별히 결혼하면 좋을 것 같다고 생각하는 건 아니지만 친구 결혼식에 갈 때는 기분이 이상해져요. 처음에는 부모님이 결혼할 사람도 없냐고 구박도 하시고 선도 보고 그

랬는데 요즘엔 별로 말씀이 없으세요. 어떤 땐 오히려 부모님이 "결혼해봐야 골치만 아프지. 혼자서 재미나게 살아라, 결혼하지 말고" 그러기도 하시구요. 지금처럼 같이 놀 친구만 있으면 평생 결혼 안하고 살아도 상관없겠다는 생각을 해요, 하하.

성격은 여자친구들이 많이 따르는 편이에요. 말도 직설적으로 하는 편이고, 좋고 싫은 게 분명한 편이거든요, 제가. 학교 다닐 때는 남자 같은 성격이라는 말도 많이 듣곤 했어요. 그렇지만 제가 또 잘 우는 편이에요. 영화나 책을 보면서 우는 적도 많아요. 잘 웃고. 감정이 풍부한 편이고 섬세한 성격인데

나를 대강만 아는 사람들은 그걸 잘 모르더라구요.

취미는 친구들 만나서 수다 떨고 같이 돌아다니는 거 좋아해요. 우울해져서 잠만 자고 싶을 때는 청소를 하거나 빨래를 하거나 하여간 집을 홀랑 뒤집어버려요. 그렇게 치우고 나면 기분이 한결 개운해지거든요. 저녁때 반바지 차림에 슬리퍼 직직 끌고 동네 만화방에 가는 것도 좋아하지요. 영화보기, FM 음악 듣고 사연 보내기, 만화책 보기, 좋아하는 게 많아요.

흡연이나 주량은 어느 정도 학교 다니면서 담배를 배웠는데 엄마한테 들켜서 엄청 혼났어요. 동네 창피하다는 게 꾸중의 요지인데, 전 그렇게 생각 안 해요. 피우고 싶으면 피우는 거고 안내키면 마는 거지, 그게 뭐 창피할 이유가 되나요? 골초도 아니고, 남 의식하는 것이 싫어서 편한 장소에서만 피워요. 술은 자리가 재밌으면 제법 마시는 편이에요. 맥주나 레몬소주 마시는 것도 좋아하고 가끔은 스카이라운지 같은데 가서 칵테일도 마셔요. 술은 분위기로 마시는 편이에요.

선호하는 의상은 집에 있을 땐 반바지에 민소매 같은 거 입고 딩굴어요. 보통 때는 편하게 입는 편이고, 가끔 쇼킹하게 차려 입고 나가지요. 격식을 차려야 하는 자리가 아니면 캐주얼하게 입는 게 제일 멋진 것 같아요. 유럽 사람처럼요. 개성 있게 입는다는 소리를 종종 듣는 편이구요. 화장 진하게 하고 모델처럼 입는 것도 맘에 안 들고, 아줌마처럼 푹 퍼져서 다니는 스타일도 싫어해요. 편하고 예쁘게 보이는 게 최고로 멋지죠.

월 독서량은 읽을 시간이 별로 없지만, 출퇴근 때 전철에서 읽거나 날 잡아서 읽거나 하지요. 한 달에 한두 권 정도는 읽는 거 같네요. 시내 큰 책방에 가서 이것저것 고르는 거는 좋아해요. 충동구매 하는 편이구요. 일단 사놓으면 맘이 편하잖아요.

신문과 잡지에 대한 관심도는 회사에 여러 가지 신문이 배달되니까 거의 다 읽지요. 신문을 볼 때는 마지막 면부터 보고, 책 소개가 나오는 날을 기다리는 편이에요. 문화면까지 보고 앞으로 넘어 갈 때는 헤드라인만 훑어보고 정치 같은 건 관심이 갈 때만 신경 써서 봐요. 무슨 얘기들을 하는지는 알아야 하니까요.

페미니즘에 대해서는 회사에서 일할 때 여사원들 무시하는 듯한 말을 할 때, 시집간 친구들이 하소연할 때나 뭐 가끔씩 생각해요. 제가 여자라서 특별히 차별받고 산다고 생각 안하지만, 무조건 남자한테 기대는 건 옳지 않다고 생각해요. 자존심이 있죠! 무식한 남자들이 '여자' 운운할 때 화가 나고 밥맛이죠. 〈프라이드 그린 토마토〉에서 바보같이 뚱뚱하던 캐시 베이츠가 나중에 당당하게 변신하는 모습이 근사했어요. 여자들이 사랑 때문에 울고 짜는 드라마를 볼 때 짜증나는 것도 다 페미니즘하고 관계있는 거겠죠?

자신을 위한 투자는 하나 사무실에서 맨날 뒤치다꺼리나 하는 거 같아서요…. 사무실 사람들 모르게 새벽에 외국어학원에 다녀요. 언제 써먹게 될지는 모르지만, 일단 학원에 가면 공부하는 분위기가 좋고, 외국인 강사랑 얘기하는 것도 재미있구요. 언젠가는 짠 하고 실력 발휘할 때가 오면 좋겠구, 뭐 하다못해 해외여행을 할 때도 써먹을 수 있잖아요. 레벨이 오르는 재미도 있고…. 우리 회사에 있는 해외개발팀 같은 데 뽑히면 장래에 대한 것도 구체적으로 되겠지요.

나자유씨는 자신의 인생을 책임질 수 있는 능력이 있는지에 대해 아직 자신 없지만, 쉬운 길을 택해 도망치고 싶지는 않다고 한다. 주체적인 여성이 되기 위한 길을 이모저모로 생각하며 사는 편인데, 다음 달에는 외국어 자격시험을 치를 예정이다. (글/편집부 사진/조여권 모델/김수연)

고 갑 희

대학에서 영문학을 가르치고 있으며
페미니즘 이론에 관심이 있다.
앞으로 여성에 대해 연구하고
여성들과 함께 일하고 싶다.

젊은 여성작가들의 작품에 나타난 남성상

윤효, 전경린, 은희경, 신현림이 본 남성(성)과 권력

　우 리 문단에서 최근 활동 하는 젊은 여성작가들이 그리는 남성상은 어떠한가? 모두 창백하고 거세된 남성들인가? 아니면 여전히 의존하고 의지할 보호자 며 기사들인가? 윤효, 은희경, 전경린, 신현림의 남자들은 얼핏 보아 모두 미미하고 밋밋하다. 그저 그런 샐러리맨이거나 '당신'들이거나 아버지들이거나 맥 빠진 선배들이

다. 따라서 이들에게서 반봉건적 가부장, 직장에서의 억압적인 관리자, 정치에서의 독점적 권력자의 모습을 찾기가 쉽지 않다. 그런데 우리 사회는 아직도 엄연히 가부장적이며, 공적인 영역 어디에고 이런 사회를 누비는 남성들로 가득차 있다.

　이런 점이 어떻게 최근 소설집 『허공의 신부』(윤효), 『타인에게 말 걸기』(은희경), 『염소를 모는 여자』

남자들은 처음에 약하다. 첫사랑. 첫인상. 안전속도위반으로 '미아'를 잡은 허리에 총을 찬 교통경찰은 '처음' 걸린 거라는 그녀의 말에 그만 눈감아준다.

(전경린), 그리고 시집 『세기말의 블루스』(신현림)에 나타나는가?

피상적으로 보면 미미하고 거세된 듯 하지만 이들 작품을 흐르는 근저에 권력과 연루된 남성들이 자리하고 있음을 알 수 있다. 이들은 미세한 부분에서 작용하는 권력을 본다. 이 작가들의 남성상을 오이디푸스의 후예들, 현대의 테크노크라트들, 카리스마를 동경하는 자들, 엉큼하면서도 쓸쓸한 자들, 성을 관리하는 관리자 등으로 구분해볼 수 있겠다.

오이디푸스의 후예들

전경린은 남자의 기원을 아빠의 자리를 뺏으려는 아들에게서 찾는다. 「남자의 기원」에서 30개월 된

전경린

작중화자(미아)의 아들은 더블베드의 엄마의 옆자리를 차지하려고 장난감 칼과 총으로 아빠를 위협한다. "엄마는 내 것"이라고 자기소유임을 주장하면서, "엄마, 난 아빠야"를 속삭인다. 이 아들의 모습은 멀리 그리스 비극의 오이디푸스와 유사하다. 그는 자신도 모르게 아버지를 죽이고 어머니와 한 침대를 쓰게 된다. 모든 남자는 아들이고, 모든 아들은 아빠가 되어 가정과 사회의 권력자가 된다.

작가는 남자의 자궁회귀본능과 어머니에 대한 집착을 연결시킨다. 자궁회귀본능은 연어의 특성에 비유된다. 연어가 알을 낳기 위해 다시 처음의 자리로 돌아오는 것은 남자의 감수성을 건드린다. 화자의 남편과 화자를 갖고 싶어하는 D는 둘 다 연어의 회귀에 관심을 갖는다. 이 연어의 회귀는 '출산'과 '처음'이라는 점에서 연결된다. 남자들은 자궁으로 돌아갈 수도, 그렇다고 어머니에 집착하면서 살 수도 없다. 이 운명은 그들을 고독한 존재로 만든다. 남자들은 "세계를 다 정복한다 해도 결코 갈 수 없는 나라"를 갖고 있다. 알렉산더 대왕, 칭기즈 칸, 진시황, 나폴레옹, 심지어 히틀러도 바로 이 갈 수 없는 나라에 가고 싶었는지도 모른다고 작품의 화자는 추측해본다. 따라서 남자들은 처음에 약하다. 첫사랑, 첫인상, 처녀성, 어머니, 첫눈…. 안전속도위반으로 '미아'를 잡은 허리에 총을 찬 교통경찰은 '처음' 걸린 거라

는 그녀의 말에 그만 눈감아준다. 아들의 장난감 칼과 총은 곧 경찰 흉내로 이어진다. 그리고 전쟁, 정복욕과 연결된다. 아들의 정복욕은 곧 일반적인 남성들의 전쟁에 대한 욕구와 연결된다. 텔레비전 오락 프로그램에서 몸집이 뚱뚱한 백인 남자들이 전쟁 흉내를 낸다. "서바이벌 게임장과 닌자 스쿨에서 남자들이 총과 일본도로 스트레스를 풀고 있다는 해설"이 나온다. 편을 가른 군인 복장의 남자들은 총과 예리한 단도로 가상의 전장 속으로 뛰어든다. 게임은 산악전, 정글전, 밀림전, 시가전, 우주전 등이고 돈을 지불해가며 전쟁흉내를 내는 이들의 꿈속에서는 전쟁이 준비되고 있다. 지구 어디에서나.

아버지 라이어스를 죽이고 그의 자리와 어머니를 차지한 오이디푸스들과 정복자와 현대의 게임을 통한 전쟁흉내를 전경린은 연결시키고 있다. 남편과 D의 소유욕을 아들의 소유욕에서 본다. 가정에서 아버지와 아들의 '자리다툼'은 공적 영역에서 남성들 사이의 자리다툼과 무관하지 않다.

현대의 테크노크라트들

그 어떤 시대의 남자보다 중성적이고 일상적인 현대의 남성들은 거세된 남성들인가? 와이셔츠와 넥타이에 무채색의 정장을 한 남자들. 실내에서만 살아 창백한 얼굴, 파릇하게 깎은 뺨, 근육 없이 마른 몸을 한 사람들. 이들을 윤효는 현대의

남자는 "그의 카리스마는 가장 그럴듯해요" 하면서 "힘이 있는" 마론 브란도의 '힘'을 강조한다.
여자는 "난 힘이 싫어요"라고 답한다. "누르는 힘도 튀어 오르는 힘도" 싫다고 한다. 그래서 여자는 권력을 갖지 않은
젊은 브란도가 좋다고 한다. "모든 사내들은… 대부가 되길 원하죠"라고 남자는 말한다.

테크노크라트들이라 부른다. 정제된 표면 뒤에 억압된 수성과 마성을 지닌 남자들.

「모던타임즈 1996 '유리꽃'」에서 작가 윤효는 현대의 일상적인 남자들 어디에 전쟁에의 정열이 숨어 있을까라고 묻는다. 그리고 곧 혈거시대 수렵도의 사내들과 화이트칼라들이 별 차이 없음을 이내 생각해낸다. 본질적으로 같다는 말이다. "아득히 먼 곳을 보며 팽팽히 활시위를 당기던 전사들"이 역사 속을 달리고 달려 이 현대까지 왔으며 이들은 또 미래를 향해 현대를 살고 있는 것이다. 이들은 현대의 실질적인 권력자들이다. "손에 피 한 방울 묻히지 않고 기호화된 명령만으로 세계를 파편으로 날려버릴 수도 있는" 그런 힘을 지닌 권력자들이다.

일반적으로 모든 남자가 수렵도의 사내들의 모습을 가진 것으로 윤효는 제시한다. 그러기에 여자와는 비교가 되지 않는 권력지향 에너지를 남자들은 갖고 있다. 작중 화자 재희는 현대사회에서 수직상승의 욕망은 남자만의 것이 아님을 말한다. 재희는 자신이 사랑받는 여자가 되기보다는 성공하는 여자가 되고 싶어한다. 그러나 곧 권력의 피라미드에서 여자는 남자와는 경쟁이 되지 않는다는 것을 발견한다. 그녀는 "먹이를 쫓는 일에 있어선 남자와 여자의 에너지는 차원이 다르며, 여자에게 허용된 틈이란 많지 않고, 또 그들이 묵인하는 인격이란 것도 소유물이라는 개념 내의 것임을, 더

욱 이 정예군단들 틈에선 부품 하나에 지나지 않음을" 알아채는 데 그리 많은 시간이 걸리지 않는다.

재희는 자신과 섹스를 나누는 회사 기획실장인 N을 "현대의 육식가"라고 명한다. 어떤 공간에 들어서도 구도를 정확하게 파악하고 냉철하게 계산하고 상대의 계산을 읽어내는 정교한 마각 속에 자신의 의지를 관철시키는 그런 육식가. 그러나 그도 피라미드의 "꼭대기의 한 줌"에 속하지는 못한다. N은 지독한 경쟁 속에서 자유롭지 못하다. 이 현대의 육식가는 자유롭지 못한 것이다. '욕망의 바벨탑'을 쌓기 위해 달리고 또 달린다. 세상 리듬을 한 번 놓치면 따라잡을 수가 없으며 아무도 그를 기다려주지 않는다. "달아날 문도 없고, 방심하며 감정에 젖는다는 건 끝을 각오한다는 거"다. 달리고 있는 자신이, 자신이 아닌 그 누구라고 생각한다.

「모던타임즈 1996 '유리꽃'」은 가슴, 둔부, 자궁을 가진 여자는 '거대한 유리병'이라는 사회에 담긴 꽃이거나 유리로 된 꽃이다. 깨어지고 상처받기 쉬운 유리. 작중화자 재희는 상승욕구를 그냥 포기하고 여자로 돌아가 남자에게 의존하고 아이 낳고 그냥그냥 살고 싶다는 생각을 한다.

전경린이 「남자의 기원」에서 남자의 정복욕이 태어날 때의 자궁이라는 공간의 상실과 어머니를 차지하려는 가족 내의 '자리다툼'에서 시작되는 것임을 제시하고자 하였

다면, 윤효는 「모던타임즈 1996 '유리꽃'」에서 공적인 영역인 사회에서 남자의 '자리다툼'의 생리를 멀리 수렵시대에서부터 이어져오는 어떤 것으로 제시하고자 한다. 이러한 남자들 틈에서 여자는 아들/아버지의 다툼의 대상이 되는 어머니이거나 유리꽃으로 존재한다.

카리스마를 원하는 남성들

최근 젊은 세대들의 설문조사에서 복제를 할 훌륭한 모델로 박정희 전대통령이 2위로 추천되었다고 한다. 과거의 독재 권력자를 다시 영웅화하는 파시스트적인 현상은 무엇을 말하는가? 이것은 결국 현대의 남성들 안에 내재하는 권력욕, 지배욕, 소유욕의 한 표현일 것이

윤효

남자는 남성들이 거세되었다고 파악하고, 여자는 그 힘은 도처에 차고 넘친다고 본다. 가진 자는 조금만
잃어도 모든 것을 잃은 것 같고, 눌린 자는 도처에 있는 누르는 힘을 느끼는 법임을 나타내는 차이라 할 수 있다.

다. 소설 속의 30대들 즉, 80년대에 20대를 지낸 세대들이 그리고 20대들은 카리스마를 동경하고 원한다는 것이다. 이것은 역설적으로 남자들이 상대적으로 카리스마를 잃었기 때문인지 아니면 생리적인 동경인지 애매하다.

윤효의 「담화 하나. 여자와 남자」와 「담화 둘. 커브에 선 사람들」은 카리스마에 대한 생각을 담고 있다. 윤효의 「삼십 세」가 그렇듯이 사유가 형상화되는 것이 아니라 그냥 날 것 으로 제시되고 있다. 이 두 단편은 여자와 남자의 대화를 중심으로 이루어지고 있어 소설이라고 불리기조차 힘든 면을 지니지만 이 형식 자체는 여자와 남자 또는 대화자들의 의식의 차이와 공감대를 말로 제시한다.

윤효는 「담화 둘. 커브에 선 사람들」에서 나름대로 80년대를 정의해 본다. 거기서 '여자'는 남자들의 카리스마 뒤에 숨은 욕망에 대해 말한다. 그리고 여자는 80년대 운동권 남성들이 카리스마에 대한 욕망을 잠재우지 못하기 때문에 땅에 뿌리를 내리지 못하고 부표한다고 말한다.

세상과 자신을 대립적인 것으로 놓고 자신을 순수하다고 믿었던 남자들은 자기 자신을 보지 못했다는 지적이다. 자기 안의 권력에의 의지를 바라보아야 한다고 주장하는 셈이다. 도그마와 이념이 그냥 순수하지만은 않다는 것이다. 여자는 그것이 "자리를 차지하려는" 것,

"명분이야 화려하지만 아이들의 땅뺏기 놀이"와 다를 게 없다고 본다. 그러기에 "카리스마를 꿈꾸던 남자애들은" 이제 90년대의 "새 공간"에서 왜소함을 느낀다는 것이다. 남자는 하찮음과 왜소함을 못 견디는 것을 "수컷의 숙명"이라고 말한다. 남성들의 권력에의 의지를 작중 남자는 "숙명"이라고 말하고 여자는 "음험한 욕망"이라고 말한다. 이념이나 이데올로기가 갖는 사회적인 중요성은 간과하고 그 이면에 존재하는 권력에의 의지만을 강조하여 오히려 젊은 여성작가들은 이념이나 명분을 전부 냉소적으로 보는 경향을 띤다. 이것은 이들이 이념이나 명분에 대한 추구에 가미되었던 남성들의 권력욕을 비판하기 때문이기도 하다.

「담화 하나. 여자와 남자」에서는 잡지와 광고 일을 하는 여자와 남자의 대화를 통해 카리스마에 대한 동경을 여자도 남자도 인정한다. 즉 자신들의 권력욕을 솔직히 인정하는 그런 젊은 여자와 남자가 등장한다. 그러나 이런 공통점 속에서도 여자와 남자는 차이를 보여준다. 여자와 남자는 영화배우와 그들의 이미지들에 관해 대화를 나누면서 마론 브란도에 대해 말한다.

남자는 "그의 카리스마는 가장 그럴듯해요" 하면서 "힘이 있는" 마론 브란도의 '힘'을 강조한다. 여자는 "난 힘이 싫어요"라고 답한다. "누르는 힘도 튀어 오르는 힘도" 싫다고 한다. 그래서 여자는 권력을

갖지 않은 젊은 브란도가 좋다고 한다. "모든 사내들은… 대부가 되길 원하죠"라고 남자는 말한다.

이와 같은 여자와 남자의 차이는 남성들의 입지에 대한 대화에서도 나타난다. 권력에의 의지나 카리스마에 대한 동경을 숙명으로 보는 것과 음험한 욕망으로 보는 것의 차이는 또 한 번 다른 방식으로 「담화 하나. 여자와 남자」에서 제시된다.

작중남자는 남자들이 점차 몰락하고 있다고 한다. 인간이 자연 앞에서 무력했던 시절엔 자연과 대결하는 전사가 바로 자연만큼이나 위대했고, 그래서 오랜 남근숭배사상은 그 증거인데, 현대에 들어서면서 노동이 분업화, 전문화되고 남자들 역시 파편화되어 고용된 임노동자, 돈 버는 가장, 길들여진 남편, 위축된 섹스 파트너가 되어 전인적이지 못하다고 말한다. 그러면서 시급한 것은 "남자들이 거세된 자신의 성을 회복하는"것이라고 말한다. 이에 맞서 여자는 말한다. "회복이라구요? 이미 그것은 도처에 차고 넘치는데 다시 원점으로 되돌아가자는 거예요?" 이와 같이 여자와 남자가 남성들을 보는 것에는 차이가 있다.

남자는 남성들이 거세되었다고 파악하고, 여자는 아직도 여전히 그 힘은 차고 넘친다고 본다. 가진 자는 조금만 잃어도 모든 것을 잃은 것 같고, 눌린자는 도처에 있는 누르는 힘을 느끼는 법임을 나타내는 차이라 할 수 있다.

아버지는 이런 새들을 가두고 길들이려는 입법자인 동시에 새들과 같이 갇혀있어 날아오르고 싶은 존재이기도 하다.
사업도 실패하고 돌아와 소주잔을 기울이는 아버지를 보며 딸은 묻는다. "혹 세상 속엔 그의 자리가 없는 걸까?"라고.
아버지라는 남성은 남성들의 권력구조 속에서 도태된 자다. 그도 하나의 희생자인 셈이다.

엉큼한 당신, 쓸쓸한 당신

이러한 현대의 육식가들은 남편이며, 아버지이며, 연인이기도 하다. 현대의 육식가들은 피라미드의 꼭대기에 가기 위해 수직상승의 솟구치는, 튀어 오르는 힘을 지니고자 한다. 상승하는 데 성공하지 못하면 도태된다. 이것은 엄청난 긴장을 불러일으키고 그 긴장을 여자에게서 풀고자 한다. 「모던타임즈 1996 '유리꽃'」의 N이 그렇다. 그리고 이들은 그래서 잠시 쉬고 싶은 욕망을 늘 가진다. N은 새벽 세시쯤 작중화자를 찾아와 돌발적인 정사를 하고 격하고 다급한 절정에서 "날 받아주겠니, 날 느낄 수 있니?"라고 묻는다. 그리고 대낮에 중심가의 호텔로 그녀를 데리고 가서 폭력적인 섹스를 하기도 한다.

신현림의 시 「당신의 참 쓸쓸한 상상」은 이런 남자의 심사를 잘 드러내고 있다. "더도 말고 보름간만/호텔 룸서비스를 받으며/호사스런 식사를 하겠다고/아이스크림같이 녹아내리도록/그녀 품에 안겨 애무를 받겠다고/뜨거운 함박눈 속 바위처럼/다만 파묻히고 싶다고/더러워진 와이셔츠, 고뇌의 쇠사슬은 죄다 풀어/태풍 부는 해안처럼 울고 싶다고/어쨌거나 지 임자도 있으면서/엉큼한 당신, 쓸쓸한 당신/육신을 벗으려 몸부림치는 육신/어리석고 서글픈 우리네 육신"(『세기말의 블루스』).

"밖에선 눈치보고 갈대처럼 굽신거리"는 남성들이 집에선 "클랙슨 빵빵 누르듯 호통이나 치니 다 불쌍한 동물"이다(신현림, 「너희는 시발을 아느냐」). 그러기에 '샐러리맨만 쉬고 싶은 게 아니'다(「여자 직장을 사표내자」). 신현림의 시는 힘든 세상에서 여자와 남자의 삶이 모두 힘들지만 남자는 "여자직장을 사표내고 싶게 만드는 장본인"이기도 함을 말해준다.

남편이며 또한 자식이 바라보는 아버지들이 젊은 여성작가들의 작품에서 어떻게 그려지고 있는가? 폭군적인 가장이던 아버지들이 죽거나 몰락하는 모습이 윤효의 「새」와 은희경의 「이중주」에서 그려진다. 이 아버지들은 아내인 어머니에게 폭력적이거나 비인간적인 남편들이다.

그러나 또한 불쌍한 존재들이다. 가부장인 아버지와 자본주의 사회의 피라미드에서 도태된 남자라는 두 가지 면을 가진 이 남성들이 가지는 모순지점을 이 두 작품은 잘 보여주고 있다.

「새」에서 아버지는 새처럼 날고 싶은 존재이며 집과 사회를 자신을 가두는 곳으로 파악한다. 이 아버지는 자신의 가정 외의 바깥에 또 다른 하나의 가정을 만들었고, 그 가정도 방기하고 다시 집으로 들어와 꿩을 가두어 기르는 것으로 시간을 보낸다. 그가 돌아온 이후 딸에게 만화가게 출입을 금하고 노트 검사를 행하며 정성껏 색칠해 오린 종이인형을 내다버리라고 명령한다. 취직을 하라는 어머니를 구타하는

그런 아버지다. 아버지가 돌아오자 "집이 더 좁게 느껴지고, 숨도 제대로 쉴 수 없고, 언제 터질지 모르는 폭탄"을 보는 것 같아 소녀인 딸은 불안하기만 하다.

새는 여기서 아버지라는 존재의 모순지점을 잘 보여준다. 아버지는 야성을 가진 꿩을 길들이려는 입법자다. 아버지는 미친 듯이 날아오르고 솟구치는 새들의 날개를 자르는 자다. 날기를 멈추게 하려고 "하늘을 날 때 가장 먼저 바람을 가르는" 날개의 뿌리를 잔인하게 자른다. 하지만 꿩들은 계속 미친 듯이 날기를 시도하고 새장을 벗어나기를 시도한다. 새장을 높이고 "안경"을 씌워주어도 계속 날기를 시도한다. 아버

신현림

지는 이런 새들을 가두고 길들이려는 입법자인 동시에 새들과 같이 갇혀 있어 날아오르고 싶은 존재이기도 하다. 사업도 실패하고 돌아와 소주잔을 기울이는 아버지를 보며 딸은 묻는다. "혹 세상 속엔 그의 자리가 없는 걸까?"라고. 아버지라는 남성은 남성들의 권력구조 속에서 도태된 자다. 그도 하나의 희생자인 셈이다.

「이중주」에 등장하는 어머니(정순)의 남편인 아버지도 마찬가지다. 다른 여자와 바람을 피우고 기생들을 집 안방으로 불러 그 기생들 사이에 앉아 어머니에게 이것저것 가

은희경

져오라고 시켰던 아버지다. 딸을 무척이나 귀여워하지만 딸로서가 아니라 여자로서의 권리를 주장하자 때리는 아버지다. 세대를 달리하지만 「빈처」(은희경)의 남편 또한 전형적이다. 바람을 피우는 것은 아니지만, 늦게 들어오고 가정과 아내에게 등한하다. 그는 남편이라 불리지 않고 아내의 일기장에서 애인이라 불리고 아이들에게 아빠가 되지도 못한다. 이 작품은 샐러리맨과 가부장이라는 남성의 이중적인 입지가 불러오는 문제들을 아내의 시선으로 제시하고 있다.

「그녀의 세 번째 남자」(은희경)는 사랑과 결혼을 동일하게 생각하지 않는 세대의 남자의 모습을 보여준다. 첫 애인인 남자는 화자와 사귀는 중 그녀가 아닌 다른 여자와 결혼한다. 그가 결혼한 뒤에도 그다지 달라지지 않는다. 여전히 그는 그녀를 찾아와서 "연애감정과 섹스를 인출해갔다. 마치 돈이 떨어졌을 때 잔고의 일부를 인출하듯이 당연하게." 그녀는 8년 동안이나 이와 같은 일상을 유지하는 자신을 떠나기 위해 그냥 서울을 벗어나 다른 공간인 영추사라는 절에 간다. 떠나온 뒤 얼마 후 그에게 전화를 걸지만 두 번의 "여보세요?"라고 하는 "단조롭고 부드러운" 그의 억양으로 그의 상태를 짐작한다. "아무런 변화 없이", "잘 흘러가고 있는 그의 일상"에서 그를 빼낼 수 없다고 생각하고 전화를 끊는다. 이와 같이 "밤 시간 아내와 과일접시를 앞에

하고 텔레비전 뉴스를 보다가 전화를 받는 가장"(「그녀의 세 번째 남자」)과 밤 세시에 연인의 침대를 찾아오는 기혼의 직장상사 N은 모두 '엉큼한 당신, 쓸쓸한 당신'들이다.

여성의 성의 관리자들

젊은 여성작가들의 작품에서 남편이든 연인이든 남성들은 여성의 성을 관리하는 관리자로 제시된다. 「남자의 기원」에서 남편은 아내를 "전속 계약한 포주"같다. 남편이 자신을 성적으로 이용하고, 전적으로 자신의 성을 관리하며, 언제든 자유롭게 요구할 수 있는 유일하게 합법적인 존재라고 아내인 '나'는 말한다. 이 작품의 화자인 미아는 안전속도를 위반하는 것과 성적인 위반을 연계시키고, 성적인 위반이 우리 생의 어떤 성공보다도 거대한 자기 성취감을 동반할 수 있다고 생각한다. 이러한 생각은 성이라는 사적인 영역에 바로 남성 권력이 작용한다는 것을 간파했기 때문이라 여겨진다. 남자들은 성적인 측면에서 공격적이며 능동적이다. 이러한 공격성과 능동성은 남성의 정복욕과도 통한다.

성적인 측면에서 공격성은 「남자의 기원」에서 "폭풍"이라는 메타포로 제시된다. 전경린은 남자들은 자기 안에 '폭풍'을 지니고 있는 존재들이라고 한다. 이 폭풍은 남자들의 성적에너지, 성기를 상징하기도 한다. 「남자의 기원」의 남편과 일부일처제를 무시하며 미아에게 접근

하는 D는 양쪽 다 이 "폭풍"을 지니고 있다. 이들은 여성인 미아의 성을 주도하는 입장에 선다. 미아는 남자에게 자신을 '허락한다'는 것은 남자가 '원하는 대로' 되는 것이며, 여자는 가만히 있어도 남자가 모든 행위를 하는 것이라고 생각한다. "포장된 선물처럼 두 팔을 벌리고 가만히 나를 놓는" 것이 남자에게 자신을 허락하는 것이라는 인식은 여성의 수동성과 남성의 능동성 혹은 '공격성'을 표현한다. 여자는 이러한 공격성에 감격하도록 길들여져 있기도 하다.

D와 남편은 "나라를 정복하듯이 한 여자를 정복하려는" 사람들이다. 그들은 자신들이 가진 몸속의 폭풍으로 한 여자를 가질 수 있다고 믿는 부류들이다. D는 평범하다. 그러나 남자로서의 핵심적인 한 부분이 가득 차 끓어 넘친다. "D의 몸속에는 상대를 덮칠 듯한 폭풍이 들어 있다." 이러한 점이 남편이 D를 경계하게 한다. 그리고 여자인 화자가 그를 두려워하면서도 일말의 감동을 느끼는 요인이 된다. 남편의 첫 직장선배인 D는 "일부일처제의 수호자인 남편으로서는" 이해하지 못할 사람이다. 그는 "무표정하고 집요하게 체제를 공격하는 테러리스트"이며, 남편 있는 여자를 가지려 하는 위법적인 욕구를 가진 남자다. 체제를 위반하려는 테러리스트이건 포주인 남편이건 여자에 대한 정복욕은 마찬가지다.

성은 또한 남자의 착각지대를 잘 보여준다. 남자는 여자의 성을 관리하고 정복하면서 여자에게 베푼다는 생각을 한다. 「빈처」의 남편이 좋은 예가 된다. 그는 아내의 일기를 읽고 연민의 정을 표시하는 방법으로 아내의 동의와는 상관없이 일방적인 성을 베푼다. 그는 모처럼 일찍 들어오며 "소작인에게 겉보리 한말을 빌려주며 연신 절을 받고 있는 지주처럼 숫제 거만한 마음까지 드는" 그런 남편이며 아내의 일기장이 가계부일 것이라고 당연히 생각하는 그런 남편이다. 그는 소매 끝이 허옇게 닳아 있고 어깻죽지에서 아들의 젖 토한 냄새가 비릿하게 나는 잠든 아내를 보면서 안쓰럽고 소중한 마음이 생겨 그녀를 가슴에 품고 싶어진다. 그래서 그녀의 잠옷 아랫도리를 벗기고 남편인 그는 그대로 "그녀 속으로 들어"간다. 그 이후 그 일에 대해 아내는 일기에 이렇게 쓰고 있다. "나는 왜 이렇게 쉬운 여자인가. 새벽에 파고드는 그이를 안는데 이상하게 눈물이 핑 돌면서 사는 게 다 안쓰럽기만 하였다. 아침에 그이는 다정하다. 일찍 들어올게, 하더니 정말로 일찍 들어왔다. 나는 그만 감격해서, 저는 당신이 얼마든지 주무르고 어를 수 있는 여자여요, 하듯이 다소곳해져 갖고 그이를 맞았다."

남성은 창백한 화이트칼라이건 근육질이건 성에 있어서는 주도적인 것으로 제시된다. 「모던타임즈 1996 '유리꽃'」의 N 또한 성의 주체가 되며 공격성을 드러낸다. 사디스틱한 행동들을 한다. 넥타이와 혁대를 사용하여 묶는다. "마치 야생 짐승처럼, 적지의 여자를 겁탈하는 허기진 병사처럼" 덮치는 그의 행동들은 현대의 짜여진 권력의 그물망이 낳는 수성인지도 모른다.

윤효는 이 작품에서 여자 또한 이러한 것에 은연중에 길들여져 있음을 제시한다. 은희경은 「그녀의 세 번째 남자」에서 영추사에서 막노동을 하는 남자 또한 성에 관한한 공격적이고 주도적임을 제시한다.

새로운 남자들, 여자들

젊은 여성작가들은 이러한 남자들의 공격적이고 소유적인 성에 대한 대안으로 공격적이지 않은 남성상을 제시하거나 주체적으로 성을 주도하는 여성을 제시한다. 전경린은 「남자의 기원」에서 남편과 D와는 다른 남성상을 제시한다. 그는 '호모적인 자질'이 다분하다고 화자는 생각한다. 앞에서 언급한 "폭풍"을 그는 지니고 있지 않다. 그는 스타일리스트이며, 그의 애정은 코스모폴리탄적이다. 그의 태도는 부드럽고 예민하며, 취향은 엄격하고, 생활은 자유롭고도 사교적이며 단정하다. 그의 인생관은 가볍고 태도는 진지하다. 그는 상당히 "매력적인 남자"이다.

그는 여자가 "안돼요" 하면 안되는 것으로 아는 사람이다. 그래서 다른 남자들이 어떻게 여자와 마지막 순간까지 가는지, 그리고 어떻게 결혼을 하는지 알 수가 없다고 한다. 그는 "평생 섹스할 때마다 일방적으로 성행위를 치러야 한다고 생각하면, 상상만 해도 끔찍해"라고 말한다. 그는 한 여자도 가져본 적이 없고, 가지기를 원하지도 않으며 가질 수 있다고 믿지도 않는다. 오히려 여자를 갖는다는 것을 "자기 침해"로 여긴다. 공격적이 되지 않는다는 것, 이 남성중심 문화에서는 자신이 공격적이 되지 않고 또한 상대의 생을 전폭적으로 떠맡지 않는 결합이란 "호모적으로 더 가능하지 않겠는가"라고 화자는 생각한다. 공식적인 결혼을 한 초야조차도 흡사 강간적인 요소를 띠는 이 문화에서 여자들은 "꾸며진 여성적 아름다움"으로 자신의 욕구를 기만한다. 그들은 "포장된 선물"처럼 열려지기를 기다릴 뿐이다.

전경린은 공격적이지 않은 남자, 동성애의 기질을 가진 남자가 하나의 대안이 될 수 있는 것으로 제시하는 듯하다. 물론 동성애자가 되면 세상을 살아가기가 힘들 것이라고 하면서 전경린의 화자는 그런 가능성을 막아야 되겠다는 오만을 보여주기도 한다. 그러나 윤효에게 동성애는 남성끼리의 폐쇄성의 극점이라고도 본다.

여성성/남성성에 대해 「담화 하나. 여자와 남자」는 의견을 교환한다. 동성애에 대해 말하면서 어차피 인간이란 양성적인 존재고 또 각기 내부에 다른 성을 가지고 있다고 전제한다. "이 세계를 지배하는 공격성, 폭력성, 즉 남성성이 싫다. 더 정확히 그 남성으로서 여성 위에 군림해야 하는 긴장이 싫다. 그래서 차라리 자신이 여성처럼 되어버린다. 어차피 그 맹아는 지니고 있으니까"라고 남자는 말한다.

여자는 남자가 되어본다는 것은 매력적이라고 말한다. 왜냐하면 남자가 된다는 것은 "더 이상 보호받지 않고 보호하는 자가 된다…정말 살아남기 위해 터득한 모든 책략을 던져버리고, 더 이상 밑에 깔리지 않아도 된다…"는 것을 의미하기 때문이다. 그러면서 여자도 "남자 자신조차 버거워하는" 그 남성성은 싫다고 말한다. 기존의 남성성은 거칠음, 권력지향성, 일방통행, 제 욕망에 눈이 멀어 상대를 못 보는 둔감함, 터무니없는 우월감과 뻔뻔스러움으로 정의된다.

윤효와 전경린이 동성애에 대해서 말초적인 단계에서 이야기하고 있는 점은 문제가 되지만 이들이 기존의 남성성을 문제 삼는다는 것은 의미가 있다.

전경린이 여성의 수동성에 대해 비판했다면 은희경은 「먼지 속의 나비」에서 낯선 여성 최선희를 제시한다. 그녀는 소위 '걸레' 같은 여자라고 남자들의 입에 오르내리는 그런 여자이다. 남성화자는 그녀를 "악착같이 바람을 거슬러서 위태로운 비행을 하던 작은 나비"에 비유한다. 남성화자는 선희가 어쩌면 거슬러 가는 것이 아니라 "제 방향"으로 가는 것인지도 모른다고 긍정적으로 인정한다.

그리고 그 뒤는…

젊은 여성작가들은 앞에서 언급한 남성상들-오이디푸스의 후예들, 현대의 테크노크라트들, 카리스마를 동경하는 남성들, 내용상의 일부 다처주의자들, 성의 관리자들-에 대한 대안으로 부드럽고 공격적이지 않고 소유하려 하지 않는 남성을 제시하거나, 성적인 위반을 감행하거나 혹은 성관계의 주체가 되는 여자를 제시한다. 그러나 은희경의「먼지 속의 나비」의 선희 같은 여성상은 다분히 남자를 고스란히 거꾸로 뒤집어 놓은 모습이기도 하여 한계를 드러낸다. 그리고 이런 남성중심의 사회가 만드는 일상으로부터의 탈주를 시도하는『염소를 모는 여자』(전경린)는 상당히 신선하면서도 그 탈주 뒤는 무엇일까라는 질문을 하게 한다.

젊은 여성작가들이 남성성에 대해 천착해보는 것은 상당히 고무적이다. 그리고 남성의 권력이 미세한 영역에까지 미친다는 것을 제시하고자 한 것도 고무적이다. 그러나 실제로 미세한 영역에 대한 천착이 좀 더 전체적인 구조의 틀을 조망하며 제시되었으면 한다. 자본주의와 가부장제가 만나는 지점에 대한 천착이 형상화된 사유로 제시되기를 바란다. 공지영, 공선옥, 신경숙 그리고 송경아, 배수아 등 젊은 여성작가들을 전체로 바라보는 일은 다음으로 미루고 이 글을 마치고자 한다.

여자의 기분을 높여주는 차 - 무쏘

높게 살자, 여자여!

남자를 벗긴다!

〈표현하는 여자가 아름답다〉의 양창순 박사가 파헤친 남자의 심리

· 남자는 왜 섹스 후에 허무해 하는가
· 남자는 왜 여자의 충고에 분노하는가
· 남자는 왜 애정표현에 서툰가
· 남자가 눈물을 흘릴 때
· 말리고 싶은 모성애 – 남자의 엄마가 되겠다고?
· 소설 〈아버지〉는 남자의 복수극이다
· 남자의 훔쳐보기, 아무도 못 말린다
· 남자의 마음은 어떻게 변해 가나
· 뻐딱한 남자에게 끌리는 이유
· 남자의 8가지 유형, 내게 맞는 남자는 어떤 유형일까
· 문제 있는 남자, 피해 가야 할 남자

전국서점
종합베스트셀러

● 양창순(정신과 의사) 지음
신국판 / 320면 / 값 6,500원

남자를 알아야 사랑이 자유롭다

'뜻대로 안 되는' 남자 때문에 고민하는 여성들, '남자다워야 한다'는
무게에 짓눌려 사는 남자들에게 희망과 용기를 주는 책!

전화 / 02)312-5364
팩스 / 02)393-5214

권영조 찍음

고 미 라

시

delete 부엌. hwp

쳐다보기 싫은

싱크대에 떨어지는

내 마지막 땀방울의

비린내나는 하수구 위로

올라오는 행주의 흔적이

물소리와 함께 쏴~

쏟아진다

진절머리나는

싱크대에 묻어있는

음식 찌꺼기 끈적거림에

때가 낀 가스렌지의

먼지 거무튀튀한 흔적이

켜지는 불에 탁!

솟아오른다

뚜껑을 열고 쓰레기통에 콱!

처박는다

delete 집 :/부엌 .exe

rename 과거:/집/부엌 .hwp

덮어씌울까요?

YES! YES! YES! YES!

나의 미쳐가는 모습을 바라보며

혼자서 하던 생각이
차츰
중얼거림이 되고
혼자서 하는 말소리가 되고
무척 논리적인 설명이 되고
바람에게 소리치는
최후진술이 되고…

관심

당신의 자아에 관심있습니다

위선의 도움을 받아야 했던 깊이 숨은 고아처럼

날개짓하며 쓰러지는 당신의 열망에 관심있습니다

당신을 사랑하는 내 마음에 관심있습니다

당신의 거짓말에 관심있습니다

그렇게 새롭게 그렇게 멀리 가고팠던

그 슬픔에 관심있습니다

태연을 가장하고 태연을 원하는

그 단념하는 마음에 관심있습니다

혼자 있는 당신의 느낌에 관심있습니다

인파 속에 출렁이고 기억 속에

눈을 뜨고 여유 있는 웃음 속에 숨어버리는

당신의 자아에 관심있습니다

당신의 함몰하지 않는 푸른빛 발걸음

당신의 엉큼한 고백 당신의 목말라하는 가슴에

붉은 시선이 되어버린

내 관념에 관심있습니다

너에겐 내가 마녀 일지라도

나에게 너는 나그네, 나그네

나그네가 만나는 마녀는 신비의 언어로 말한다 :

아, 해가 떨어졌니? 담배 주위에 달이 떴구나

어서 주섬주섬

여행을 당겨보렴 발랄한 그림자가 허물어진다

어서, 빨리,

지팡이가 너를 감아버리기 전에 숲은 그윽하게 숨막힌다

신비의 언어로 우주의 언어로

마녀는 작은 손가락으로 나그네를 들어올린다

바스락거리는 소리를 내며 나무 위에서

원숭이가 뛰논다

너도 뛰놀고 싶겠지 긴 꼬리에 매달려…

마녀 호주머니에서 삐삐가 요란하게 울린다

잘 가라 나그네, 가끔 미남이 되어 돌아오거라

별들이 쏟아지듯 네 마음 울컥 떨어져내릴지라도

길은 환하고 밝게 뻗을지니…

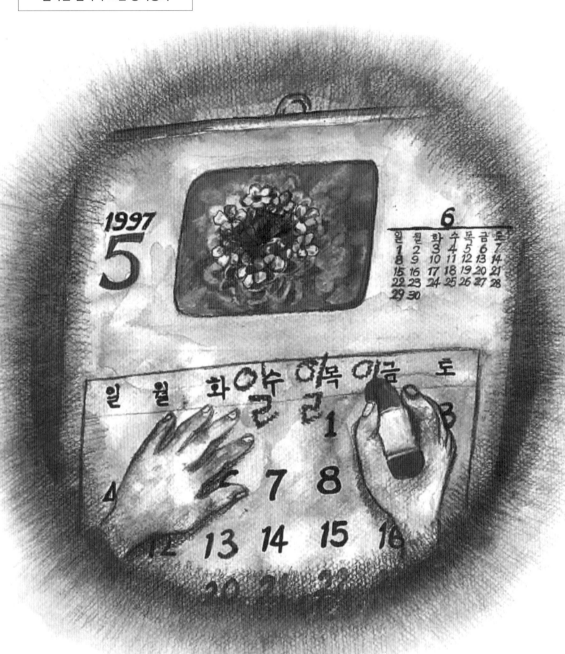

화요일 다음은 **일요일** **일요일**
수요일 다음에도 **일요일**

일요일, 모처럼 엄마와 함께 있는 날. 세진이는 귀 파달라, 책 읽어달라 엄마에게 그동안 못 피운 어리광을 마음껏 피웁니다. 일요일은 평소 여섯 달 된 동생 성진이에 치여 할머니께 어리광도 맘껏 못 피워 눈에 띄게 주눅이 든 네 살배기 세진이가 볼 가득 햇살 품은 해바라기처럼 활짝 피어나는 날이기도 합니다. 엄마는 아이의 바람대로 무릎에 비스듬히 아이를 비껴 안고 살살 살살 귀를 파주다 세진이의 얼굴을 쓰다듬으며 묻습니다.

"세진아, 일요일에 엄마가 함께 놀아주면 좋아?"

"네. 엄마가 놀아줘야 좋아요. 엄마는 성진이가 울어도 업어주지 마세요. 할머니만 성진이 보면 돼요."

"엄마…내일도 일요일이죠?"

엄마는 세진이를 일으켜 세우고 똑바로 눈을 쳐다보며 말합니다.

"아니, 내일은 월요일이야. 엄마 회사 가는 날…."

엄마의 대답은 항상 똑같습니다. 그리곤 뒤이어 눈썹을 치켜 세우며 세진이가 요일을 정확히 아는지 모르는지 확인하곤 합니다.

"자 세진아, 월요일 다음은 무슨 요일이지?"

세진이는 자신 있게 대답합니다.

"화요일!"

화요일은 세진이가 아주 좋아하는 〈긴급구조 119〉 시간이 있는 날입니다. 세진이는 저녁 7시 35분에 그 프로가 나온다는 것까지 외고 있습니다. 또 예고 프로그램을 보기 위해 채널을 아예 9에 고정시킨 채 지냅니다.

"옳지! 그 다음은?"

"일요일!"

세진이에게는 당연한 대답이지만 엄마는 낭패스러운 모양입니다.

뭐든 똑 소리 나게 이치도 잘 깨치는 세진이가 왜 요일 문제만 나오면 이렇게 헤매는지 모르겠다며 엄마는 몇 번 씩 반복합니다.

"아니, 수요일이지. 자 따라해 봐. 화요일 다음에는 수요일!"

"화요일 다음은 수요일!"

"수요일 다음은 목요일. 목요일 다음에는 금요일. 그리고 토요일 그 다음이 일요일이야. 몇 번씩 해도 몰라? 이제 알았어?"

세진이는 오늘에야 비로소 입을 비쭉이며 투덜댑니다.

"에이, 요일을 바꿔야 한다니까. 화요일 다음에는 일요일, 수요일 다음에도 일요일, 목요일 다음에도 일요일! 그래야 돼요요~."

눈을 동그랗게 뜨고 그런 아이를 바라보던 엄마가 아이를 꼭 끌어안아 줍니다. 매일매일 일요일이면

엄마가 뜯어본 편지에는 이런 내용이 들어 있었습니다. 무슨 비밀 얘기를 전하듯 깨알 같고 삐뚤삐뚤 입니다.

엄마 보고십어요
어디 께세요
빨리 오세요

좋겠고 엄마랑 같이 있으면 좋겠다는 세진이의 마음을 비로소 읽은 모양입니다. 하지만 세진이 뜻대로 되지 않는 것이 세상일인 모양입니다. 잠시 동안 세진이를 품에 안고 있던 엄마가 세진이를 바라보며 말합니다.

"세진아, 그래도 엄마는 회사에서 일을 해야 해!"

"왜요?"

"우리 집에 신문이 매일 오지? 엄마가 일을 해야 신문이 나오지."

"그래도 집에 있으면요?"

"사람은 누구나 일을 해야 하는 거야. 봐, 할아버지도 마당 꽃나무들에 물주시고 전기도 고치시고 일 하시잖아. 할머니도 밥하시고 빨래하시고 세진이 성진이도 돌

보고 일하시고, 또 아빠도 열심히 사진 찍고 글쓰고 일하시고, 엄마도 그러니까 일해야 돼. 사람들은 다 일하며 사는 거야."

엄마의 말을 가만히 귀 기울여 듣던 세진이가 소리칩니다.

"나도 일해요! 지금 일하러 가요!"

• • •

월요일. 엄마가 일하러 나가고 나서 세진이는 할머니가 먹여주는 밥을 먹고 세수하고 그림을 한바탕 그렸습니다. 애국가도 4절까지 불렀습니다. 그러고 나니 왠지 심심해집니다. 할머니는 성진이 기저귀 갈아 주러 방에 들어가시고 세진이는 요즘 한창 맛들린 전화 걸기에 나섭니다.

하도 세진이가 전화를 해대는 통에 할머니는 전화기를 높은 곳에 올려두셨습니다. 세진이는 의자를 끌어다 밟고 올라서서 까치발을 하고 무선전화기를 내립니다. 우선 아빠 회사에 전화를 겁니다. 아빠는 대개 회사에 없습니다. 전화를 걸면 아빠 목소리가 아닌 이상한 여자 목소리만 대답합니다.

"여기는 아시아 프레스 인터내셔널입니다. 메모를 남기실 분은 삐- 소리가 난 후 메시지를 남기십시오."

삐-소리 다음에는 무슨 소리가 나나 아무리 들어봐도 아무런 소리가 없습니다. 두 번쯤 아빠 회사에 전화를 걸다 싱거워진 세진이는 전화를 끊고 이번에는 엄마의 회사를 향해 버튼을 똑똑 누릅니다.

"엄마에요?"

다급한 소리로 부르짖습니다. 엄마의 다정한 목소리가 수화기 저편에서 대답합니다.

"그래. 세진이구나."

오늘은 다행입니다. 어떨 때는 이상한 아저씨나 아줌마가 "얘야, 누구 찾니?" 또는 "니네 엄마가 누구니?" 하고 말하거든요. 세진이는 다짜고짜 엄마에게 주문합

니다.

"엄마, 빨리 오세요."

"세진아, 엄마 보고 싶어?"

"응. 나 지금 심심해요."

"심심해? 할머니는 지금 뭐하시는데?"

"성진이한테 가셨어요."

"어떡하지? 엄마는 일해야 돼서 지금 갈 수 없는데."

"에이, 안돼요. 빨리 지금 당장 오세요."

엄마가 무슨 말을 할지 아는 세진이는 자기 말만 남기고선 총알같이 전화를 끊습니다. 하지만 엄마가 지금 올지는 자신이 안 섭니다. 다시 한 번 다져두기 위해 세진이는 엄마에게 전화를 겁니다.

"엄마, 알았죠. 지금 빨리 오세요! 끊어요."

"세진아, 세진아! 잠깐 끊지 말고 엄마랑 얘기-"

다급해진 엄마의 목소리를 뒤로 하고 세진이는 또 전화를 뚝 끊습니다. 자기가 그만큼 당부했으니 지금 와야 되는데 조금 기다려도 엄마는 오지 않습니다. 세진이는 또 수화기를 듭니다.

"엄마, 왜 아직도 안 왔어요. 빨리 오세요!"

그러다가 엄마에게 야단을 맞았습니다.

"세진아, 이렇게 엄마 회사에 전화 자꾸 하는 거 아니야, 그럼 못 써요!"

이번에는 엄마가 먼저 전화를 뚝 끊었습니다. 세진이는 그만 울먹울먹하다 아앙 하고 울음을 터뜨렸습니다.

• • •

수요일. 엄마에게 혼이 난 세진이는 전화를 다시 걸려다 생각을 바꾸었습니다. 세진이가 만질까봐 차단스 위에 올려놓은 편지봉투를 할머니에게 꺼내 달라고 합니다. 받는 사람 난에 '이선희 귀하'라고 쓰고 보내는 사람 난에는 암호 같은 글귀를 써 넣습니다. 또 달력 종이를 오려내 엄마에게 삐뚤삐뚤 글씨로 열심히 편지를 씁니다.

그 달력 종이를 편지봉투에 넣고 테이프로 붙입니다. 테이프는 생각대로 예쁘게 떼어지지 않습니다. 붙여놓으니 어딘가 엉성해 다시 한 번 테이프로 붙이고 또 마음에 안 들어 다시 테이프로 봉합니다. 테이프 붙인 자리가 울퉁불퉁해졌지만 세진이는 그런대로 만족합니다. 엄마가 오면 보여줄 생각입니다. 아참, 우표를 안 그려 넣었습니다. 드디어 완성. 세진이의 만면에 웃음이 번집니다. 편지를 받고 엄마가 어떤 표정을 지을지 벌써 궁금해지는 세진이입니다.

드디어 7시가 넘고 엄마가 딸깍 하고 문을 여는 소리가 들립니다. 세진이는 부산하게 편지를 찾아들고 자신이 만든 우체부 아저씨 모자를 삐딱하게 쓰고 "엄마야" 하며 달려갑니다. 그리곤 엄마가 신발을 벗는 사이 짐짓 점잔을 빼다가 한손을 쑥 내밉니다. 세진이 손에는 하도 만져 여기저기 손때가 내려앉은 편지가 들려 있습니다. 엄마는 놀라는 표정을 지으며 편지를 받아들고 말합니다.

"어머, 세진이가 엄마한테 편지를 다 썼네!"

세진이가 자랑스러운 듯 어깨를 펴고 배를 쑥 내밉니다. "이선희씨 귀하라…. 아이구 글씨도 예쁘네. 어디 보자. 안에 다 내용도 썼나? 뭐가 들긴 들었는데."

"네, 그래요. 엄마한테 편지 썼어요."

"그으래? 엄마가 들어가서 한번 뜯어봐도 될까?"

세진이는 힘 있게 고개를 끄덕입니다.

엄마가 뜯어본 편지에는 이런 내용이 들어 있었습니다. 무슨 비밀 얘기를 전하듯 깨알 같고 삐뚤삐뚤 입니다.

다.

엄마 보고싶어요
어디 께세요
빨리 오세요

엄마는 한참동안 그 편지지를 들여다봅니다. 그리고는 얼굴을 들고 세진이를 바라보며 한자한자 또박또박 소리내어 세진이의 편지를 읽습니다.

그런 엄마의 얼굴에 점점이 보오얀 웃음이 번지고 있습니다. 그리고는 사랑스러워 못견디겠다는 듯 엄마는 세진이의 상기된 볼에 쪽 하고 뽀뽀를 합니다. 그리고 속삭이듯 말합니다.

"세진아, 엄마가 여기에다 답장을 써도 될까?"

"네."

엄마는 세진이가 쓴 편지 밑에다 예쁜 글씨로 이렇게 답해줍니다.

엄마도 세진이가 많이 보고 싶었어요.
빨리 오고 싶었어요. 그래서 막 달려왔어요.

엄마의 편지를 본 세진이는 이상한 기분에 사로잡힙니다. 뭐랄까 꼭 꼬집어 말할 수는 없지만 기쁘고도 어쩐지 자기가 많이 자란 듯한 느낌. 공연히 코끝이 찡해진 세진이가 엄마를 꼭 끌어안는다는 게 그만 엄마 품에 폭 잠기고 맙니다.

이 선 희

「돌사자의 숨소리」로 월간문학 신인상을 받으며 동화작가로는 89년 데뷔했으나 글쓰기를 게을리해 데뷔 8년이 넘는데도 작품집은 단편동화 모음집 『달려라 바퀴야』(동아출판사)밖에 없다. 현재 문화일보 생활부 기자로 일하고 있다.

비디오저널리스트인 남편(안해룡)과의 사이에 세진, 성진 두 아들을 얻고 난 후에는 직장일, 육아를 한꺼번에 감당키 어려워 거의 절필에 가까웠던 상태.

그러다 덜컥 목덜미를 잡혀 다시 글을 쓰면서 모처럼의 활력을 경험하고 있는 중이다. 하지만 기름칠이 안 돼 이미 굳어버린 감수성에다 뻑뻑해진 머리 때문에 글을 뽑아내는 데 애를 먹고 있다. 편하게 쓰기 위해 고심 끝에 가장 가까운 내 생활 이야기를 하나씩 풀어가기로 했다. 내가 잘 아는 것이 결국 가장 강한 것이란 신념인데 앞으로 이야기가 어떻게 진전될지는 자신이 없다. IF 독자들이 지금은 서투르지만 앞으로의 성장을 기대해 애정을 가지고 글을 읽어준다면 조금 더 성숙한 글을 쓸 수 있지 않을까 생각해본다.

에코페미니즘
테마소설

트라우마 X

트라움(Trauim) : 독일어, 꿈
트라우마(Trauma) : 희랍어
《병리》 기계적 폭력에 의한 손상
: 외상에 의한 신체의 내부적 기능 상해
《정신의학》 정신적 상흔
트라우마타(Traumata) : 희랍어, 트라우
마의 복수형

가이아 (佳珥我)

온전성이란 상처 없음이 아니라 치유되었음이라 믿는 에코페미니스트. 새로운 과학.
새로운 문명. 새로운 영성. 새로운 예술은 서로를 북돋는 온전성에서 나온다고 믿는
〈신과학 산책〉의 저자. 낡은 과학. 낡은 문명. 낡은 영성. 낡은 예술의 뻣뻣한 허물이
벗겨져 속살이 드러날 때면 그 속에서 '살았다!'고 환호하는 마녀의 소리를 듣는 초감
각의 소유자.

생명을 살리기보다 죽이기에 몰두하면서 인간은 동물보다 높은 자릴 차지해 왔다.
인간다운 우월함도 생명을 낳아 기르는 여성이 아니라 쉽사리 죽여 없애는 남성이 누려 왔다.

- 시몬느 드 보봐르

그래픽 / 김상욱

파 열음을 일으키며 사내는 잠을 깬다. 주먹만 한 통증 몇 개가 꾸럭꾸럭 서로를 밀치며 명치끝에서 올라온다. 츠르르, 어금니 사이로 소리를 만들어 양 쪽 뺨에 불어보다 기인 숨을 몰아쉬고 벌떡 일어나지만 세상은 고스란히 창 밖에 있다.

창 밖의 지구는 마냥 푸르다.

초여름 새들의 지저귐도 여전히 분주하다. 꿈틀대는 버러지를 두 마리나 부리에 물고도 종다리 한 놈은 또 다른 먹이를 찾아, 비에 젖은 수풀 사이를 뒤지고 다닌다.

땀으로 젖은 사내의 축축한 머리, 아직도 꿈틀거리는 핏줄 속 작은 벌레. 이들을 떨궈보려 다시 한 번 큰 숨을 쉬며 도리질치지만 벌레 대신 떨어지는 금빛 머리털. 밑동이 뽑힌 채 젖꼭지 위에 멈춰 붙는 금빛 웨이브, 한 뼘을 갓 넘는 가느단 곡선은 헨젤과 그레텔이 숲 속에 떨어뜨린 조약돌처럼 악몽의 미로에서 현실 쪽으로 단숨에 그를 데려다 놓는다. 미로 안쪽에 멋대로 흐트러진 한줌의 금빛 곡선. 그 아래 드러난 낯선 어깨에 이불을 덮어주고 그는 욕탕으로 들어간다. 소리가 새지 않게 문을 꽉 닫고 이슬비 같은 물줄기 속에 고개를 박는다.

쏴쏴와쏴 떨어지는 따뜻한 물줄기.

따뜻한 빗속에 서성이며, 밤의 환락은 물론 새벽의 악몽까지 말끔히 씻기기를 오래도록 기다린다. 모락모락 흐르는 연기 사이로, 젖은 몸뚱이가 서있는 거울 속에 언뜻 비치는 아내의 몸. 온몸에 퍼지는 전율, 샤워기의 물을 잠그고 거울 앞으로 다가간다. 놀란 아내가 달아나지 않게 조심스런 걸음을 옮긴다. 뽀얗게 김이 서린 거울 속 깊은 곳을 사내는 찬찬히 들여다본다.

거울 표면 수증기가 작은 물방울이 되면 아내는 거기, 투명한 달팽이 알 속의 고물거리는 배아(胚芽)처럼 그렇게 수줍은 얼굴로 웃고 있지만 조금만 더 굵어지면 일순간에 터져서 흘러내린다. 동그란 어깨와 부드러운 배, 매끄러운 다리가 한 덩이에 섞여 버린다.

잘 영근 청포도 같은 물방울들의 청명함, 그 속에 살아 있는 아내의 몸을 삼키려 그는 은빛 거울을 핥는다.

혓바닥에 고인 아내를 목젖으로 꿀꺽 쓸어 가슴 깊숙이 집어넣지만 갈증만 보태는 수수알 만한 포도송이. 그걸 지우려 샤워기의 물을 세게 틀고 뿜겨져 나오는 물줄기를 거울에 뿌린다. 분출하는 물줄기는 거울에 서렸던 아내를 닦고 아내를 닦아낸 물은 욕탕 바닥을 흥건히 적신다. 거울이 다 녹아 없어지도록 그는 그 속에 남은 사내에게 뜨거운 물줄기를 퍼붓는다.

"전화 왔어."

금발여자가 문을 열자 전화소리가, 쏟아지는 물줄기 틈을 힘겹게 파고든다. 물을 잠근 동양남자는 작은 수건으로 몸을 가리고 바깥으로 나간다. 굵은 물방울이 뚝뚝 뚝 따라 나온다.

"여보세요!"

수화기를 귀에 대는 순간 이중으로 꺾이는 발신음 때문에 한국에서 온 전화임을 그는 바로 알아차린다.

"화장실에 계셨어요?"

"응, 당신이군."

"별일 없으셨어요?"

아내의 음성에 불안을 누르는 기색이 눅눅하다. 포도 알 속에 영글었던 그녀의 촉촉하고 달콤한 살, 그곳에 얼굴을 부비려던 그는 뒤로 한발을 물러선다. 뒷걸음치던 오른쪽 발치에 차여 떼구르 구르는 맥주 깡통. 아킬레스 건에서 시작한 알루미늄 깡통의 찌그러진 느낌이 발목과 종아리를 타고 등줄기까지 올라온다.

"별일은 무슨…."

"정말 아무 일도 없으셨어요?"

"일은 무슨 일. 여기 생활이란 게 다람쥐 쳇바퀴 돌 듯 뻔한데 무슨 일이 있겠어. 당신두 있어 봐서 잘 알잖어."

스튜디오에 널브러진 술잔과 술병들. 어제 저녁 금발 여자가 들고 온 장미꽃들이 숨죽인 아내의 얼굴로 유심히 그를 본다. 작년 여름방학에 이곳을 방문한 아내가 결혼 3주년을 기념하자고 벼룩시장에서 사왔던 유대식 촛대, 아홉 개의 꼭지에 엉겨 붙은 푸른 빛깔의 촛농. 거기서 사내는 얼른 창 밖으로 눈길을 돌린다.

"정말이서요?"

"그럼. 정말이지 않구. 낮엔 학교 가서 실험허구, 저녁 먹구는 숲으루 산보가 당신 생각허구, 논문에 매달려 있다 늦게야 자리에 들어. 아침엔 좀 늦잠 잤구."

"정말 다행이네요."

안도보다 감탄에 가까운 아내 말투에 사내의 머리가 아뜩하다. 가라앉는 숨을 추스르며 아내의 기색을 살핀다.

"다행이라니…무슨 소리야?"

"으음, 오늘 새벽에요. 스산한 꿈을 꿔서 무척 심난했어요."

일곱 시간이 먼저 가는 아내의 새벽은 사내로 말할 것 같으면 어젯밤 금발여자가 들고 온 와인 한 병을 막 비우고 위스키를 따던 그 무렵. 등골이 서늘해지는 걸 간신히 참으며 말을 잇는다.

"꿈이라구?"

"이제 됐어요. 당신한테 별일이 없다면 그리 나쁜 꿈은 아닐 거여요."

여자의 직감이라는 놀라운 능력에 사내는 저으기 동요 한다. 담배에 불을 붙인 채 침대 머리에서, 통화중인 그를 물끄러미 쳐다보는 금발여자의 시선. 그것을 애써 피하며 사내는 조심스레 아내의 심중을 캐묻는다.

"무슨…꿈이었는데?"

"이번 학기에 새로 부임한 한정순선생이라고, 어저께 프랑스 화장품 불매운동 벌인다고 저랑 같이 서명 받으러 다녔거든요??"

"왜?"

"핵실험 때문이에요."

"아아, 그렇군. 불란서 것들. 참 알다가두 모를 종자라니…. 그래서 당신이, 핵폭발하는 꿈이라두 꿨다는 건가?"

"우리한테 언짢은 일이 터지지 않은 걸 보면 그런 연유였겠죠. 이 지역에 또 핵발전소를 짓겠단 결정이 났대요."

"그래서 꿈에…원자력 발전소가 터지기라도 했단 말야? 체르노빌처럼?"

"그랬나 봐요. 정권 바뀔 때마다 떼먹은 돈이 많아서 발전소는 꼭 지어야 한대요. 설계도 그렇고 이번 예정지는 지반도 불안하다는데."

"주민들은 가만 있구?"

"가만있긴요. 밤낮으로 쫓아다녀도 소용이 없는 거죠. 원자력에 대해 우리가 참 몰랐더라고요. 한정순선생님 자료 만드는 일 돕느라 권력과 거대자본의 결탁구조에 대해 많이 배웠어요. 한선생의 해박함과 열정에 반해버린 주민들이 만장일치로 지구 수비대란 별명을 붙여줬어요."

"이젠 한국두 제법 환경의식이 생기는 모양이군?"

"하지만 여긴 뭐, 그런 목소리를 귀하게 여겨주나요. 우리 한선생님, 중요한 일 하고 계신데 아암 보람도 없을까 걱정여요."

"그런데 말야, 당신은…, 아무 데나 쫓아다니며 철없이 따라하지 말어."

"무슨 말씀이세요?"

"조심하라구."

"어머! 지금이 어느 시절인데 그런 말을 해요. 퍼그워쉬 컨퍼런스는 노벨평화상도 받았는데?"

"무슨 컨퍼런스?"

"물리학자 동아리 말여요. 아인슈타인과 러셀이 세웠다는 반핵단체."

"지구의 종말이야 모두가 함께 맞는 거니 억울할 게 없는 거야. 이상주의자한테 속아서 저 혼자 신세 망치는 게 억울한 거지."

"당신은 이제, 비껴갈 다른 길이 없단 말씀이세요?"

"대세를 거스를 순 없단 얘기야. 전교조 때문에도 당신, 겪을 만큼 겪었잖어? 맘 편히 가지라구. 당신은 아인슈타인이 아니니까 제발 몸조심하라구."

"21세기의 아인슈타인, 생명공학자의 사모님인데 제가 몸조심할 일이 뭐 있겠어요?"

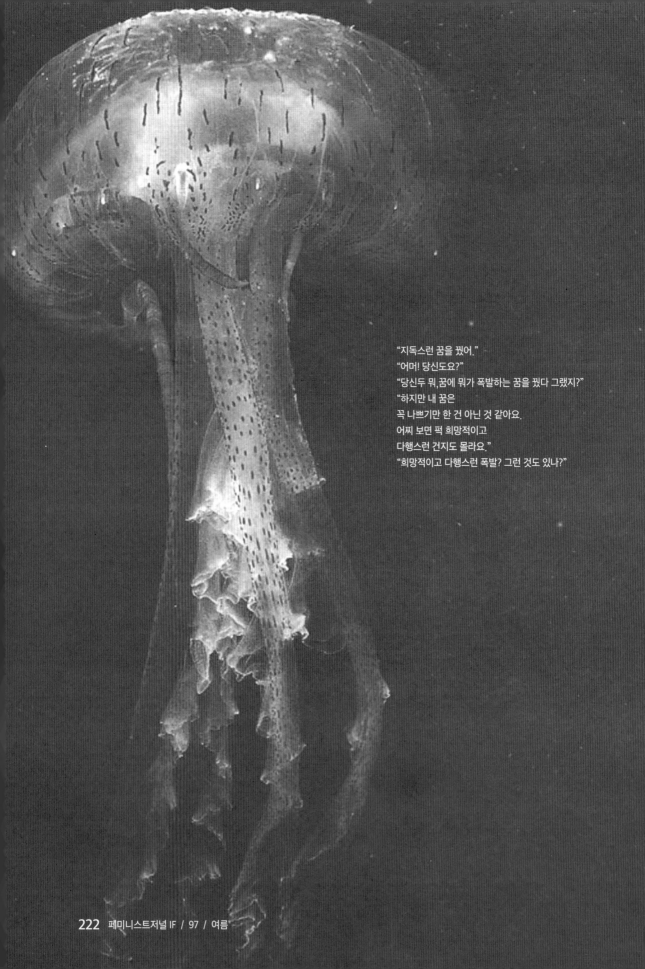

"지독스런 꿈을 꿨어."
"어머! 당신도요?"
"당신두 뭐,꿈에 뭐가 폭발하는 꿈을 꿨다 그랬지?"
"하지만 내 꿈은
꼭 나쁘기만 한 건 아닌 것 같아요.
어찌 보면 퍽 희망적이고
다행스런 건지도 몰라요."
"희망적이고 다행스런 폭발? 그런 것도 있나?"

"환절기에 몸살 안 나게 조심하라구. 진지 잘 드시구 잘 주무시라구, 사랑하는 나의 여왕님…. 쓸데없는 일에 조바심하며 나쁜 꿈꾸지 마시라구."

"알았어요. 당신도 건강에 유의하세요. 사랑해요."

아내의 음성에 찰기가 돈다. 마음을 놓으며 사내는 이제 넉넉한 남편의 자리로 옮겨 앉는다. 그래, 아내는 여러 모로 좋은 것이다. 전남 영광의 중학교에서 교편을 잡고 있는 아내에게 사내는 첫사랑의 선생님을 느끼며 계속해서 모국어로 발음되는 따뜻한 속삭임을 듣고 싶다.

"웬 한숨이 그리 깊어요?"

"지독스런 꿈을 꿨어."

"어머! 당신도요?"

"당신두 뭐, 꿈에 뭐가 폭발하는 꿈을 꿨다 그랬지?"

"하지만 내 꿈은 꼭 나쁘기만 한 건 아닌 것 같아요. 어찌 보면 퍽 희망적이고 다행스런 건지도 몰라요."

"희망적이고 다행스런 폭발? 그런 것도 있나?"

"예. 당신하고 얘길 하고 있으니 그런 느낌이 더 분명해지는 걸요."

"무슨 뜻이야?"

"뭔지 파국을 예감하지만, 예를 들어 감금당한 상태인데 뻥하고 다이너마이트가 터지며 출구를 드러내 보이는 폭발! 그렇게 통쾌한 폭발이요."

"파국은 끝장이라는 뜻이야. 그건 피해야 한다면서."

"그래요. 그건 피해야죠…. 그런데 당신 꿈은 어떤 거였어요?"

"좋지두 않은 꿈인데, 얘기는 해서 뭘 해."

"저…고모님이 나타나신 건 아니었고요?"

"아냐."

"요즘, 그분은 더 이상 안 오셔요?"

"응. 아니, 몇 주 전엔가 한번, 나타나셨더라구."

"세상에! 또 나타나셨단 말여요?"

"이제, 다시는 안 오실 거야."

"그게 무슨 말씀이셔요? 어떤 모습이었는데요?"

"나두 처음엔 당황했는데, 가만 보니까 어린아이 표

정을 짓구 계시더라구."

"어린아이 표정요? 그게 무슨 뜻이어요?"

"응. 근심이 싹 가셔버린 편안한 얼굴. 몸집두 바싹 졸아들어 한줌이나 될까 싶구."

"세상에! 그래 가지고요?"

"내 주위를 비잉빙 돌더니…."

"그런 다음엔요?"

"응. 비잉빙 돌더니 휘얼휠 날아가시더라구."

"나비 같이요?"

"나비 같이라구?"

'나비 같이'라는 말에 사내는 기습을 당한 듯 소스라치고, 그런 반응에 아내는 말울음 같은 소리로 변명을 한다.

"휘얼휠 날아서 가셨다 그랬잖아요오."

"그렇지…. 사뿐히 날아가셨지, 나비처럼."

"전에처럼, 함께 가자고는 안하시고요?"

"아냐. 그냥 사라지시더라구."

"세상에! 그러니까 고모님이 이번엔 별소리 없이 가셨단 말이지요?"

"벨 소리가 아니라 조용허구 평화스레 가시더라구. 그러니까…나비가 아니었구, 그래! 민들레 꽃씨야. 솜털처럼 가볍구 보드라운 민들레 꽃씨 말야! 그 동그랗던 민들레가 폭 허구 터져서 공중 분해되듯. 그래 비누방울 있지? 맞아, 무지개빛을 발하는 투명한 비누방울! 그렇게 동동 떠다니다 표면장력이 약해져 폭 허구 자취를 감추잖아. 그런 모양으루 홀연히 몸을 감추시더라니까."

"그게 언제쯤여요?"

시간이 끝나간다는 경고음에 쫓기며 아내는 다시 한번 급한 소리로 캐묻는다.

"빨리 좀 말해 봐요! 그게 언제쯤이었어요?"

아내는 좀체로 집에서는 전화를 하지 않는다. 시간을 정하기 위해, 아니 생활비의 지출을 정해 놓고 말하기 위해 할인시간을 택해 공중전화에 만 원짜리 전화카드를 찔러 넣는다. 다 써버린 카드를 빼내는 아내의 떱

떠름한 얼굴을 떠올리며 사내는 국가보안법으로 쫓겨 다니다 신호위반에 걸려 벌금을 무는 사람의 어수선한 심정이 된다. 그게 언제쯤이라니… 만원 어치의 통화가 싱겁게 바닥나 버렸는데, 그 동안을 이 여자는, 벌써 한 달도 더 지난 신통찮은 꿈 이야기로 물고 늘어진다. 무슨 트라우마일까? 꿈에 불과한 내용을 아내는 현실보다 더 심각한 소리로 추궁한다. 여자들은 참으로 하잘 것 없는 일에 집착하거나 신경을 곤두세운다. 중심을 비껴가는 것, 그건 여자의 직감이라는 놀라운 능력과 더불어 사태를 파국으로 몰아가지 않도록 그녀들의 본능에 교묘하게 새겨진 절충적 습관인지도 모른다고 사내는 생각한다.

"네 부인이니?"
"어떻게 알았어?"
"여자의 직감."
'여자의 직감'이란 말에 동양남자는 금발여자의 피부처럼 창백한 빛으로 낯이 식는다.

"오늘 점심 무렵엔 해가 난다 그랬으니 잘하면 숲에 가서 일광욕을 할 수 있을 거야. 어서 샤워부터 하자!"
끄무레한 하늘을 향해 훤히 열려있는 커다란 창의 커튼을 닫으며 건장한 금발여자는 동양남자의 왜소한 몸뚱이를 잡아끈다. 어정쩡하게 끌려가는 뒷덜미를 따르릉 울리는 전화소리가 잽싸게 낚아챈다. 욕실 앞에서, 어두운 피부의 남자는 밝은 피부의 여자에게 독일어 특유의 재귀대명사를 쓰는 이상스런 명령문으로 단호한 결심을 전한다.

"너 혼자 씻어!"
"왜? 또 네 부인이야?"
"아마 그럴 거야."
"좋아. 그럼 난 내 방에서 하겠어. 산책 나갈 때 들러!"
자라목을 만든 금발여자는 욕실 문에 걸려 있던 사내의 가운을 걸쳐 입고 주섬주섬 자신의 옷과 열쇠를 챙겨 스튜디오를 떠난다.

"그새 또 화장실에 가 있었어요?"

"응. 공중전화에서 거는 것 같은데 전화가 끊기구 안 오길래 더 이상 카드가 없는가부다 했지. 오늘 일요일인데, 지금 어디야?"
"집 들어가는 길목요. 오늘 일직이었거든. 여보, 그런데 고모님 나타나신 게 대략 언제였어요?"
"꿈 꾼 날짜를 일일이 기억하란 말야?"
"아니, 꼭 들어야 할 사연이 있어서 그래요. 언제였는지 빨리 좀 생각해 보세요."
"참, 나 이거야…. 글쎄, 한 달포 되었을까. 지난달 중순경이니까. 방사선 쏘여서 나비랑 소의 염색체 연결한 결과 갖구…콜로크비움 개강하던 날이니까 둘째 월요일…4월 14일이다. 맞어, 고모님 꿈이 그렇게 홀가분하기는 처음이었어. 당신 알어? 잘하면 나두 돈방석에 앉을지 몰라."
"세상에! 그게 정말여요?"
"남편이 하는 일 잠자코 기다리며 무조건 좀 믿어줄 수 없나?"
"아니 제가 뭐라 그랬는데요?"
"꼭 뭐래서가 아니라, 별 것두 아닌 일루 조바심치구 별 것두 아닌 일루 환호를 하며 붕붕 뜨잖어. 그런게 나한텐 얼마나 부담스러운 줄 알기나 해."
아내만큼 높고 또 들뜬 소리로 맞장구를 치던 사내는, 익숙한 가락과 전에도 수없이 말한 적 있는 이상한 문장에 맥이 빠진다. 그런게 나한텐 얼마나 부담스러운 줄….
"아니, 그게 아니고요!"
"글쎄, 조금만 더 참구 기다려보란 말야. 지난번에 말했지? 뚱뚱해지는 나비 유전자를 소한테 붙여주는 접착제 개발에 성공할 날이 머지 않었다구."
"여보, 지금 무슨 말씀이셔요? 난 고모님 일을 묻고 있는데."
"이 사람, 무슨 소릴 하려구 그래?"
아내는 침을 꿀꺽 삼키고 숨을 가다듬는다.
"당신, 쓸데없는 걱정 그만 좀 해. 글쎄 이번 꿈에

는 고모님이 더할 수 없이 편안한 모습으루 떠나셨다니까."

"그래요. 바로 그거여요. 실은 지난 달 초순에 고모님 생전에 다니셨다는 절을 찾아 갔더랬어요."

"절에를?"

"예. 쌓인 한이 많으셨잖아요. 맞아요, 사월 둘째 일요일이었어요. 하얀 옷이 뻘개질 만큼 황사가 심했더랬어요. 고모님 혼백이 통곡을 하신다는 거여요. 그래서 천도제를 올려드렸어요."

"당신이 무슨 돈이 있어서?"

"삼월 달에 주택부금 만기된 것 찾았어요. 아무리 원자력이 무서워두 지금으로서는 서울 근방에 집 장만하는 거 아득한 일인 걸요, 뭘."

"하지만 당신. 살림허구 나한테 생활비 보내며 그 돈 모으느라구…."

"그래 봤자 고모님 빚, 아직 꽤 남았어요. 나머지는 당신이 처리하세요. 그나저나 다행여요. 어쩜 근데 천도제 올린 날 하고 고모님 나타나신 게 그렇게 딱 들어맞는담. 정말 다행여요."

"집 장만할 밑천을 까먹구 나서두 다행이라니 이 사람은…."

"하지만 이제 당신, 정말 공부에만 전념할 수가 있잖아요. 유학 처음 떠날 때도 선선히 목돈을 마련해주셨던 고모님이 자꾸만 나타나서 앞길 가로막게 난 얼마나 불안하고 죄스러웠는데요. 그런데 여보, 나비가 뚱뚱해지면 제대로 날아다닐 수는 있는 거여요?"

"내가 하는 일은 나비 세포 속에서 살찌는 유전자를 꺼내는 거지. 나비 모두를 비만증 환자루 만들겠다는게 아니라구."

"그러니까 나비한테서 살찌는 유전자를 꺼내 소한테 넣어 준다는 말이잖아요."

"맞았어. 나비는 벌써 통통하게 살집이 붙었거든. 이제 곧 절반만 먹구두 정상보다 한 배 반 이상 살이 찌는 슈퍼 송아지를 만들어 낼 테니 두구 보라구. 축산 혁명

이 일어나는 거야."

"소들이 비만에 걸려도 그거 먹은 사람은 별일 없어요?"

"당신은 거, 쓸데없는 걱정 그만 좀 해. 이거는 호르몬 주입이 아니라 생명공학으로 공글리는 유전자 조작이라구!"

"아, 알았어요."

사내의 소리가 커지면 바로 멈춰서는 아내. 사내는 그녀가 중단시키는 게 입 밖에 내놓는 말뿐인지 아니면 생각 자체인지 궁금할 때가 많다. 착잡한 마음을 사내는 다시 한숨으로 길어낸다.

"모든 게 다 잘되고 있다면서 왜 또 한숨이셔요. 여보, 시간이 별로 없어요. 지금 이천 팔백 원을 통과하고 있거든요, 제 부탁 좀 들어주실래요?"

"뭔데?"

"제 부탁, 꼭 들어준다고 약속할 수 있어요?"

"글쎄. 말해 보라구. 여왕님이 시키시면 뭐든 해야지."

여왕이란 호칭에 아내는 근엄한 말투를 흉내 내지만 간지럼 밥을 먹은 그녀의 숨소리는 사춘기 소녀의 그것처럼 키득거린다.

"저도 실은, 아침에 꾸었던 의미심장한 꿈을 한번 차분히 써볼까 하거든요. 귀찮겠지만 당신도 오늘 아침의 나쁜 꿈을 상세히 기록해서 보내주실 수 있겠어요?"

"그 악몽을 다시 생각하라구?"

"아니. 써보시라고요. 우리 둘 다 단조롭고 뻔한 생활, 이젠 할 얘기도 없잖아요. 안타까울 것도 아쉬울 것도 없는 평행선 긋기, 그렇지만 말여요, 우리 영혼은 도대체 어디서 뭘 하는지 그건 서로에게 너무나 미지의 세계란 말여요. 스스로한테도 마찬가지일지 몰라요. 그러니까 앞으로는 뭔가 좀 특이한 꿈을 꿨다 싶으면 그 얘기를 한번 정성껏 써보자고요. 어때요?"

"나 참, 이거야 원. 요즘 당신…프로이트라두 읽구 있나?"

"아니, 마거릿 미드와 그레고리 베잇슨을 읽었어요."

"마릴린 몬로와 그레고리 팩이라구?"

"영화배우들이 아니라, 인류학자 마거릿 미드와 그녀의 첫 남편이었던 그레고리 베잇슨."

"그런 친구두 있었군."

"그 양반들 얘긴데, 모든 부조리의 근본원인은 인간 심층에 존재하는 무의식의 부조리래요."

"어휴, 못 알아듣겠어. 여왕마마, 뭐 그렇게 어려운 말을…?"

"사회의 악이란 게 모두 우리 안에 있는 파괴적 요소에서 비롯한다 이 말여요."

"그래서 꿈을 기록해야 한단 얘긴가요, 마님? 사회의 악을 추적하기 위해서?"

"그래요. 일단 오늘 아침에 꾸었던 꿈을 써 보셔요. 악몽이었다 고개를 돌리지 말고, 차근차근 기록해서 제게 생일 선물로 보내주셔요. 약속할 수 있죠?"

주저하는 사내에게 아내는 빠른 어조로 확답을 재촉한다.

"이제 백 원밖에 안 남았네. 어서 대답하셔요. 하나, 둘셋!"

"알았어."

꼴깍하며 마지막 돈을 삼키는 기계 소리에, 재수보기로 OX를 치는 공부 안한 학생처럼 더 난감한 쪽에 사내는 O표를 친다. 통화가 끊긴 수화기에선 참을성 없는 신호음이 비명을 지른다. 이 소리를 지구 저 건너편에 사는 아내가 듣지 못해 다행이라 생각하면서 사내는 수화기를 내려놓는다. 지갑을 챙겨 넣고 공중전화 박스를 나와 찬거리를 사러가는 분주한 아내의 모습을 떠올리며 사내는 다시 물줄기 속에 선다.

눅눅해진 머리 여기저기를 두드리는 보드라운 물.

한참을 그렇게 서있다 머리를 뒤로 젖히면 사내의 얼굴은 밋밋한 바위가 된다. 밋밋한 바위가 되어 그렇게 가만히 멈춰있으면 어렸을 적 당산나무 밑에 있던 거북바위가 천천히 기어와 등 밑으로 들어오는 것 같다. 동네 아이들의 함성이 들리면 거북바위에 등을 대고 누운

아이는 벌써, 이마와 볼 그리고 모가지가 간지러워 가슴을 움츠리고 콧잔등에 잔뜩 주름을 잡아 쌜룩거린다. 살금살금 당산나무를 타고 올라온 아이들이 하나 두울 셋에 맞춰 가지를 흔들고 몸을 떨어대면 거북바위를 등에 지고 누운 아이의 얼굴에는 순식간에 후둑후둑 소낙비 같은 빗방울과 조그맣고 단단한 회나무 열매들이 한꺼번에 쏟아져 내렸다. 동산만한 당산나무는 하루를 놀고 집으로 돌아가는 사내아이들을 그렇게 차례차례 씻겨 주었다.

눈까풀 위를 세차게 때리며 튀어나가는 따가운 물줄기.

그 자락을 조금 비껴 사내는 눈을 떴다 감았다 그리고 머리를 든다. 오늘 새벽 사내의 영혼은 어디서 뭘 하고 있었는지 그 미지의 세계로 통하는 비밀의 문을 열기 위해, 아내는 새벽의 악몽을 기억해내라 떼를 쓴다. 사회의 악이란 게 실은 우리 안에 있는 파괴적 요소에서 비롯한다니까, 그 범인의 정체를 알아내야 한다고 여왕마마는 분부하신다. 삼켜버린 꿈을 토해낼지어다.

샤워기의 물은 쉴 새 없이 쏟아진다.

체온보다 조금 더 따뜻한 물이, 어제 밤의 숙취와 방사, 그리고 새벽의 악몽에 곤죽이 된 볼품없는 사내의 몸 여기저기를 골고루 어루만진다. 밀폐된 욕실은 뿌얀 연기에 쌓여 양수 속 태아처럼 사내는 전생으로 가는 길목을 더듬는다. 거기서 그는 새벽에 벗어놓은 제 허물을 다시 만난다. 제사장의 옷을 입은 여왕마마의 발밑에 무릎을 꿇고 읊조린다.

"저녁 무렵이었더이다….

소인은 함께 실험하는 동료들의 기이한 얘기에 귀를 기울이고 있었나이다. 옛날 옛적 마마께서 구해오신 유대 양식의 촛대가 눈에 띠었사온데. 마침 거기 파란색 초 아홉 개가 채워져 있더이다. 열린 창문 사이를 밀고 들어오는 가는 바람에 아홉 개 촛불이 여왕 마마의 은총을 기리듯 영롱한 춤을 추고 있어 소인은 감히 그 황

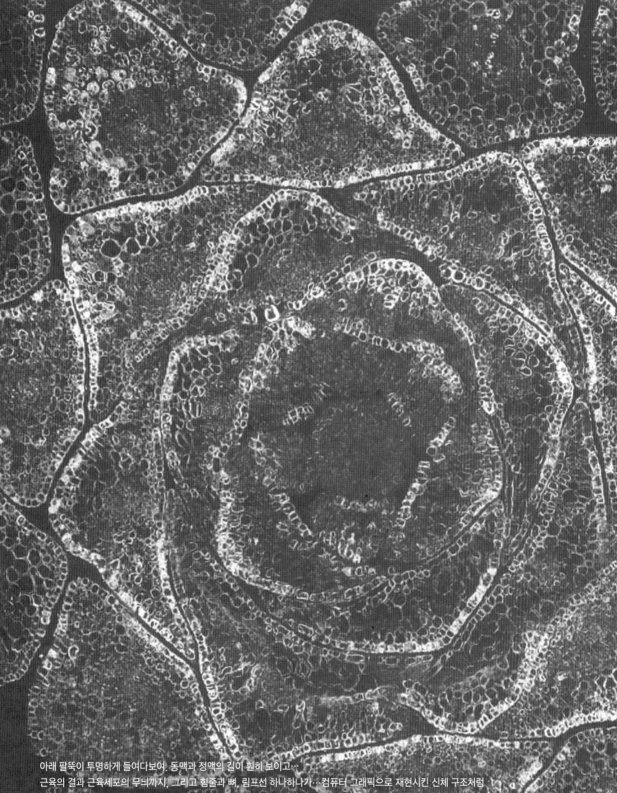

아래 팔뚝이 투명하게 들여다보여. 동맥과 정맥의 길이 훤히 보이고…
근육의 결과 근육세포의 무늬까지. 그리고 힘줄과 뼈, 림프선 하나하나가…컴퓨터 그래픽으로 재현시킨 신체 구조처럼
선명하게 핏줄을 따라 피가 흐르고 림프액 흐르는 것.대사 작용 일어나는 것 전부가…
넋을 놓고 들여다봤지. 붉고 투명한 피가 흐르는 핏줄 속에 그런데…나비 애벌레가,수도 없이 많은 애벌레가 고물고물
기어 다녀. 핏줄 안에 피가 흐르는 압력에…휩쓸리며 다니는 거야. 그러면서 내 몸을, 구석구석 세포들을 마구…먹어대
어떤 놈은 벌써 몸집이 커져 내 몸 밖으로 나오려고 속에서부터 내 살을 갉아먹어.

훌한 춤의 가락에서 시선을 뗄 수가 없었나이다.

어디선가 나비 한마리가 날아들어와 팔랑팔랑 촛불 사이를 선회하더이다. 작은 나비는 주홍빛 광택이 매끄럽게 흐르며 검은 점무늬가 열개 남짓 찍혀 있고 바깥 선두리 부분은 검은 갈색을 띠고 있었사온데. 팔랑이는 날갯짓이 통통한 촛불의 모양새와 흡사하여 그만 아홉 개가 아니라 열 개의 촛불이 흔들리는 것으로 착각을 할 정도였나이다. 촛불 사이를 배회하던 불꽃을 닮은 나비는 생명이 약동하듯 활기차고 고혹적인 춤으로 솟구쳐 소인께 다가오더이다. 그러나 불꽃 사이에서 기력을 소진시켰던 모양으로 소인의 왼쪽 손바닥에 날아와 한참을 맥없이 앉았더이다."

몽롱한 의식은 파랗게 떠는 별 사이 아득한 곳을 지나 차가운 비바람을 맞으며 털썩 스러진다. 주저앉는 의식을 깨우려는 듯 성난 목소리가 환풍기 구멍을 통해 날라든다.

"이것 보라구, 여기는 공동 주택이야! 너희만 사는 게 아냐. 너희들 말이지 밤새 시끄럽게 군 건 참아줬지만 제발 좀 그만해! 멈추라구! 벌써 물이 차가워졌잖아. 제기랄. 아침 내내 더운물을 다 빼 쓰니 물이 싹 식어버린 거야! 어지간하면 그만들 하고 옷 좀 입으시지!"

옆방에 이사 온 폴란드 남자. 하루라도 빨리 적응을 하려 그러는지 그는 말이 되고 말고에 상관없이 죽어라고 독일 말을 떠들어댄다. 서툰 독일 말이 끝나기 전에 더운 물의 수도꼭지를 완전히 잠가버린 이쪽 목욕탕의 사내는 잠시 길을 잃었던 컴컴한 동굴 속을 더듬으며, 이생으로의 길목에서 출구를 찾아 헤매인다.

"소인의 동료들은 핵폐기물 반입과 관련하여 문제가 되고 있는 니더작센의 고어레벤 지역에서 최근 돌연변이를 일으킨 것으로 추정되는 리카에나 플라에아스 나비의 변종에 대한 토론에 빠져 있었는데, 그 내용이 지극히 괴이하고 예사롭지 않아 논란이 끝날 줄을 몰랐더이다."

차갑게 쏟아지는 물줄기 속에서 사내의 턱이 부딪히며 이빨 소리를 내기 시작한다. 얼음덩이에 미끄러져 찬물에 발이 빠지는 펭귄처럼 무언가를 붙들었다 놓치기를 거듭한다. 저만치서 하얗게 웃고 있는 아내, 그를 향해 손을 뻗지만 그녀는 너무나 먼 곳에 있다. 저만치서 기다리는 그녀를 향해 어둡고 긴 길을 가야 하지만, 그보다는 오히려 등 뒤에서 추격하는 두려움에 쫓겨 헐레벌떡 가던 길을 재촉할 뿐이다.

"손바닥에 앉았던 나비는 어디론가 사라지고 대신 회백색의 반짝이는 작은 알이 두개 놓여…있어. 촛불 사이에서 불꽃 춤을 추던 나비가…슬고 간 게 틀림없어. 얘기가 끝나면 손을 물로 씻어야겠다 생각했지만, 토론에 열중인 동료들을 방해하지 않으려 가만히 듣고 있었어. 나비의 알도, 뭐 더럽거나 위험해 보이지 않았으니까….

왼팔의 느낌이 이상했어. 얼얼하고 저린 것 같기도 해서 왼손을 한번 접었다 펴보려 눈앞으로 가져왔더니… 아래 팔뚝이 투명하게 들여다보여. 동맥과 정맥의 길이 훤히 보이고…. 근육의 결과 근육세포의 무늬까지. 그리고 힘줄과 뼈, 림프선 하나하나가…컴퓨터그래픽으로 재현시킨 신체 구조처럼 선명하게…. 핏줄을 따라 피가 흐르고 림프액 흐르는 것, 대사작용 일어나는 것 전부가…. 넋을 놓고 들여다봤지. 붉고 투명한 피가 흐르는 핏줄 속에 그런데…나비 애벌레가, 수도 없이 많은 애벌레가 고물고물 기어 다녀. 핏줄 안에 피가 흐르는 압력에…휩쓸리며 다니는 거야. 그러면서 내 몸을, 구석구석 세포들을 마구…먹어대. 어떤 놈은 벌써 몸집이 커져 내 몸 밖으로 나오려고 속에서부터 내 살을 갉아 먹어.

그리고 벌써…온몸에 퍼져서, 오른쪽 허벅지 안쪽

에 시커먼 구멍을 내며 서너 마리가 살을 뚫고 기어 나와. 난 여기 저기 애벌레가 몸 밖으로 다 나오도록 유도하려 쩔쩔매며, 여기 저기 몸을 막 눌러대며 당황했지만 정신을 잃진 않았어. 그래. 정신을 똑바로 차리고, 어떻게 할지를 계획하는데… 떠오르는 생각은 핏줄을 통해 옮겨 다니는 애벌레가 머릿속, 그러니까 대뇌로 올라와 거기서 뇌를 갉아먹거나 몸 밖으로 나오려 하면 난 꼼짝없이…죽고 말거라. 그래서 머리 쪽으로 가는 혈관의 통로를 막아야겠다. 손가락으로 그 혈관을 꽉 눌러야겠다…그러니까 유일한 길은 내 목을 조르는 수밖에!…. 그럼 결국 나 자신을 죽이는 결과가…. 이런 생각이 들자 나는 완전히 막다른 골목에 이르렀다는 공포에 빠져 신음을 하다 잠에서 깨어났어…."

토막토막 나머지 한숨을 마저 뱉으며 사내는 눈을 뜬다. 찬물의 꼭지도 마저 잠근다. 욕탕은 고요하다. 악을 쓰던 폴란드 남자는 그새 샤워를 끝낸 모양이다. 어렵사리 뱉아낸 악몽의 토혈은 온데간데없이 사라졌다. 빠져 나온 산도를 다시 한 번 지나는 동안 영혼의 때를 다 씻어 버린 것일까? 변장을 하고 외출을 나서는 탐정처럼 그는 조심스레 욕실의 문을 연다. 전화벨이 울리는가 싶더니 찰카닥 하는 소리와 함께 팩스가 작동한다. 단정한 한글은 멀리서 보아도 아내의 것이다. 포글포글 아내의 글씨가 묻어나오는 감열지 앞에 독일 말 메모가 이어져 있다. 욕실에서 어둡고 긴 굴을 통과하며 사내의 꿈을 청소하는 사이 도착한 것임에 틀림없다.

"부인과의 통화를 방해 안하려 내 방으로 먼저 왔음. 점심 때 이모 댁에서 친척들이 모인다고 언니가 전화해서 생각났는데, 오늘이 할머니 생신이야. 함께 가려고 들렀더니 벌써 나갔더구나. 네 논문 도입부하고 제1장 교정 본 것, 우편함에 넣어둘 게. B.B."

금발여자는 이름과 성의 첫 자를 따서 베베라고 자기를 표시하였다. 꿈을 다 청소한 사내는 이제 완전범죄를 꾀하는 지능범처럼 빈틈없는 몸짓으로 주위를 둘러본다. 숨소리를 죽여 가며 필기구 사이에 숨은 가위를 찾아낸다. 그리고 도마뱀의 꼬리를 떼어내듯, 베베라는 글자의 밑동을 오려버린다. 행여 지금 위성을 타고 한국에서 날아오는 포글포글한 아내의 글씨들이 혼탁한 냄새를 맡고 혼비백산 시든 꽃잎처럼 흩어질세라, 두 손을 모아 온기가 남은 감열지를 고이 받든다. 행여라도 마음을 바꿔 오던 길을 돌아갈세라, 단정한 그녀의 글씨를 지켜 본다.

"그리운 당신께.
괜한 부탁을 드린 게 아니었음 해요.
논문 쓰느라 겨를이 없다면 이번 꿈은, 애써 기록하지 마세요. 머리도 식힐 겸 얘기 거리가 잡힐 만하다면, 써보라는 얘기니까요. 절대로 부담 느끼지 말고 당신, 맘 내키는 대로 하세요.
난 요즘, 꿈속에서 벌써 기록의 가치가 있는지 아닌지를 가늠하곤 해요. 그게 꿈인 걸 깨닫는 순간부터요. 그런데 이번 꿈은 예사롭지 않다는 생각이 자꾸 들어요.
아마 담양이나, 그 근처 어디가 아니었는지, 교생실습을 나갔던 학교 뒷산에 대나무 숲이 근사했거든요. 양치류 이파리가 무성한 숲 여기저기에 하얀 죽순이 올라오더라고요. 싱싱한 흙냄새를 맡으며 머리에 수건 두른 여자 몇이서 고사리도 따고 죽순도 캐는 걸 봤어요. 무슨 일인지 난 언제나처럼 분주했고요. 어딘가로 자꾸만 가다보니 저만치 먼 곳에 시커먼 그림자가 꿈틀거리고 있겠지요.
보아선 안 될 것을 봤다고 생각했어요. 한번 보는 것만으로도 시력을 잃는다는 괴물의 옷자락 같았어요. 아무렇게나 늘어나는 옷자락은 아메바처럼 주변의 것들을 집어 삼켰어요. 나무와 새와 벌레 그리고 햇빛까지도 모두 검은 그림자 속으로 빨아 당겨 흔적을 없애는 거여요. 판단이 필요했지요. 침착하고 태연하게, 허나 단나 혼자 남았어요! 뜯어낸 구들장처럼 지구는 새까맣게 타버렸는데, 목숨 붙은 유일한 존재로 내가 혼자 살았어요.
어쩌자고 질긴 목숨이 붙어, 세상 끝을 혼자서 지켜야 하나! 그게 참혹해서 엉엉 울었어요. 걸쳤던 옷도 재가 되어
알몸이나 다름없지만 쳐다볼 이조차 없으니 부끄러울 것도 없더란 거죠. 생명의 찌꺼기, 나는 죽음의 잿더미 위에
다시 엎어져 통곡을 하며 울었어요.

호하게. 난 마음을 바꿔 먹었어요. 가던 길을 서둘러 돌아오기 시작했지요. 소중한 걸 마당에 두고 대문을 활짝연 채 길을 나선 사람 모양, 허겁지겁 왔던 길을 돌아갔어요.

얼마를 가니 마을이 나타났고. 이농(離農)으로 폐허가 된 마을인데 아직 사람의 온기가 느껴지고 대문도한 짝 붙어 있는 집으로 들어갔어요. 뒤안에는 개나리와 진달래, 가막살나무, 노간주나무 그리고 빨래터에는 밑동만 남은 보리수도 있고, 외양간엔 바싹 말라붙은 여물통도 그대로 놓여 있어요. 그런데 거기, 이러나 되었을까요? 팔뚝만한 아기가 거적에 싸여 새근새근 뱃가죽이뛰고 있어요. 세상에 나와 아직 먹은 게 없을지 모른다생각했어요. 그때. 서벅서벅 구둣발로 마른풀을 밟는 기분 나쁜 소리가 났어요. 나는 얼른 아기를 안고 살금살금 부엌으로 들어갔지요.

부엌은 어쩌나 바닥이 깊은지 한번 들어갔다간 평생토록 빠져나올 엄두를 못 낼 만큼 컴컴하고 그 속이 들여다 보이질 않더라고요. 마루 밑에는 땔감으로 쓰던 관목의 가지들이 가득 있어, 난 아기를 안고 얼른 몸을 숨겼지요. 인기척을 느껴선지 아기는 허공을 향해 입질을하다 곧 울음을 터뜨릴 기세였어요. 구둣발 소리는 다가오고요. 어느새 나는 윗도릴 올려 아기한테 젖을 물렸고, 아이는 힘차게 젖을 빨다 잠이 들었죠. 마른나무 사이로 저만치, 부엌 안을 기웃대던 복면을 한 강도떼가아무런 낌새를 채지 못한 채 사라졌어요.

이상한 감동이었어요. 잠재의식 속에 있던 모성 본능이었을까요? 성모 마리아가 된 것 같았죠. 당신 공부라도 마치고, 따로 살 집이라도 마련할 때까지 아이는안 갖기로 해놓고, 이제 서른을 넘긴 지도 일 년이 다가오지만 마음은 여전히 아이 같은데. 난 의젓하게 젖을물리고 엄마 노릇을 하더라고요. 갑자기 부엌에 온기가감돌았어요. 가마솥에선 시래깃국 같은 구수한 냄새가나고 아궁이에는 불붙은 장작개비가 훨훨 타고요. 동굴속 같던 시커먼 공간에 화색이 돌자 모든 게 살아났어

요. 바깥에는 두런두런 사람 소리가 나고요. 그때, 아이가 없어졌다고 펄펄 뛰면서 울부짖는 여인의 비명이 들려왔어요. 들켰다간 창피만 당할 것 같아, 잠든 아이를부엌 마루에 올려놓고 살그머니 빠져나와 줄행랑을 쳐야했어요."

팩스기는 여기까지, 아내의 꿈을 토해놓고 멈춰버린다. 기계는 삐삐거리며 전광판에 메시지를 껌벅거린다.종이가 없다! 그러나 그녀의 꿈은, 반도체에 무사히 도착하였다!

아내는 아이를 원한다. 성장을 멈춰버린 호모 사피엔스 수컷 말고, 꼼틀거리며 무럭무럭 자라는 Y세대의신인류를 자신의 뱃속에 갖고 싶어한다. 34년 된 호모사피엔스 수컷의 성기가 충분한 정충을 만들지 못한다는 사실을 아내는 알지 못한다. 1밀리리터의 정액에 오백만도 넘는 정충이 우글대지만 생명의 싹을 틔우기에는 역부족이다. 현대과학의 정밀한 테크놀로지로 헤아려본 당황스런 결과에 박사과정의 생물공학도는 침묵한다. 그 대신 아이를 피해야 할 중요한 이유로 먹이사슬과 생존 경쟁의 원리 그리고 60억에 육박한 지구의인구를 늘어놓는다. 사내는 서랍에서 감열지 한 뭉치를꺼내 기계에 걸고, 촛대의 꼭지마다 엉겨 붙은 푸른 촛농을 정성스레 뜯어낸다.

"힘껏 달아나는데, 천지가 진동하는 소리가 났어요.터질 게 터진 거지요. 그림자처럼 늘어나던 그 옷자락이 드디어 세상을 모두 삼키고, 한정순선생 말처럼 우주가 시작할 때 일으켰다는 그런 정도의 대폭발을 일으킨게 틀림없다 생각했어요. 번개가 하얗게 하늘을 덮더니,천둥소리와 함께 폭풍이 몰아치며 땅에 박혔던 온갖 게뽑혀나가고. 학교도 감쪽같이 사라졌어요. 운동장만 휭둥그레 남고 말아요. 누군가 거기서 날 기다릴 듯 싶은데, 인기척은 전혀 없고 맨땅에도 불이 붙어 세상이 온통 불길에 휩싸였어요.

어쩐 일인지 난, 처음 있던 대나무 숲에 눈을 꼭 감고 바닥에 엎어져 있더라고요. 한참을 그렇게 있다 가만히 눈을 떴어요. 세상에! 대나무가 울창한 숲이었는데, 초록빛이 하얗게 바래 버렸어요. 죽음의 재로 변한 거여요. 하얀 잿더미가 찬바람에 나부끼고요.

나 혼자 남았어요! 뜯어낸 구들장처럼 지구는 새까맣게 타버렸는데. 목숨 붙은 유일한 존재로 내가 혼자 살았어요. 어쩌자고 질긴 목숨이 붙어, 세상 끝을 혼자서 지켜야 하나! 그게 참혹해서 엉엉 울었어요. 걸쳤던 옷도 재가 되어 알몸이나 다름없지만 쳐다볼 이조차 없으니 부끄러울 것도 없더란 거죠. 생명의 찌꺼기, 나는 죽음의 잿더미 위에 다시 엎어져 통곡을 하며 울었어요. 눈물과 콧물이 범벅이 되도록 흐느껴 울다가, 내가 누운 자리의 잿더미를 파헤치기 시작했지요. 잿더미 속에 혹시라도 뭐가 있을까, 모든 게 사라진 세상의 마지막, 그 다음은 또 뭘지 괜스레 궁금했던 거여요. 상상할 수 있겠어요? 거기서 뭘 봤는지? 조심조심 떠내는 회백색의 가루 밑에 하얀 알이, 생명의 흔적이 틀림없는 조그만 알이 세 개 있어요. 상상할 수 있어요?

망망대해의 떠돌이별이 어느 날, 우주에서 날아온 생명의 발신음을 들었단 말이에요! 지구의 봄소식을 알리는 생명의 알을 내 손바닥에 감히…. 난 알을 부화시켜야 한다는 희망에 부풀었어요. 참깨보다 더 작은 알을 온몸으로 부둥켜안았지요. 손톱으로는 알에서 부화한 새끼가 잘 자랄 수 있게 바싹 타버린 지구 껍데기를 긁어서 부스러뜨렸고요. 눈물과 콧물도 모두 섞었어요. 그토록 간절하고 정성스런 맘으로 품고 있자니 온몸이 땀으로 젖었어요. 한참동안 애를 쓰다 가슴을 들여보니 거기 벌써 고물고물 투명한 벌레가 나와 있어요.

흰개미였어요. 잿빛 마른 땅 위를 기어 다니는 하얀 생명체! 곱게 섞인 흙 가운데로 나는 그들을 인도했어요. 흰개미는 벌써 정교한 굴을 파고 번식을 하며 생명의 수효를 늘려가기 시작했고요. 식구를 불리며 살림을 차린 거란 말여요.

그래요, 여기서부터 생명은 새로운 진화를 밟아가는 게 아니겠어요? 외로운 출발을 목격한 유일한 생존자로 이 다음 천 년 후, 만 년 후, 아니 백만 년 후 다시 세상에 나타날지 모를 또 다른 지성체에게 나는 이 장면을 알려주어야 한다고 중얼거리며 잠에서 깨어났어요."

팩스기의 가는 틈새로 미끄러지듯 안착하는 새로운 진화의 시작. 기계는 만족한 소리로 아내의 꿈이 여기까지임을 통보한다. 달구어진 기계의 열을 식히려 팩스기의 뚜껑을 열자 미처 못 빠져나온 낯익은 글자들이 한 떼의 개미처럼 오글오글 몰려나온다.

"추신 : 반핵단체 자료 있으면 한정순선생님 드리게 좀 보내주세요. 그리고 참, 생명공학 박사님! 흰개미는 단성 생식인가요? 아니면 양성 생식인가요?"

리카에나 플라에아스 나비의 살찌는 유전자…. 그것을 채취하여 축산혁명을 꿈꾸는 박사과정의 생명공학도는 아내의 꿈에 추신한 두 가지 얘기가 불길하다. 한정순선생? 그가 아무래도 아내와 같은 성이 아닌 것 같다는 생각, 그리고 흰개미의 번식과 관련한 성에 대한 질문이 지구의 역사만이 아니라 그레고리와 마거릿의 생각처럼 아내의 무의식에도 부조리에 대한 반란을 선언했을지 모른다는 불안이 비슷한 강도의 엇박으로, 사내의 꿈에 드러난 핏줄 속 고물고물 작은 벌레처럼 신경 세포를 갉아먹기 시작한다.

다음 주말에 돌아오는 아내의 생일, 그는 사내의 꿈을 적은 편지와 반핵 자료 대신 아내가 벼룩시장에서 골라 온 유대식 촛대를 깨끗이 닦아 파란 초 아홉 개와 함께 보내야겠다고 마음먹는다.

이미지 글쓰기

눈(眼)

사진 조여권

송 경 아

71년 서울에서 출생. 94년 『성교가 두 인간의 관계에 미치는 영향에 대한 문학적 고찰 중 사례연구 부
분인용』(여성사), 96년 『책』(민음사)이라는 단편집 두 권, 97년 『아기찾기』(민음사)라는 장편을 냈다.

나는 성질 고약하고 교활하면서도 눈동자에 불길이 타오르는 고양이 한 마리를 가슴에 품고 있는데,
그 고양이가 소설을 써준다. 그런데 문제는 그 고양이가 소설을 쓸 때는 '교활하게도' 내 힘을 빌려서
쓰기 때문에, 고양이는 언제나 활기차게 잘 놀고, 나는 소설을 쓰면 힘이 빠진다. 그 고양이는 타자, 소
외된 자, 틈새에 기생하는 자들을 주인공으로 놓고, 우리가 당연하다고 생각하는 가치들을 타자로 놓
는 소설을 쓰고 싶어한다.
예를 들어? 우리가 당연히 우리 곁에 존재해야만 한다고 생각하는 현실은 덧없는 꿈처럼 그려버리고,
밤에 벌떡 일어나 그런 꿈을 꾸었다는 것 때문에 얼굴 붉히는 꿈은 현실처럼 그려버리는 방법으로. 사
람 세상을 고양이 눈으로 보는 방법으로. 그런 소설은 분명히 사기다. 그러나 소설은 사기를 치는 일
이다. 그런 면에서 그 고양이가 나보다 소설을 더 잘 알고 있는 것 같다.
고양이 만세!

김경희 그림

1

그 애는 놀란 내 눈 앞에서 하얀 밥솥을 열고 밥을 떠먹었다. 그런데 그 밥을 먹는 방식이 너무도 특이했던 것이다. 그 애는 밥공기를 들고, 쓰지 않은 숟가락으로 딱 한번 밥을 퍼서, 새하얀 밥그릇 바닥에 떨어뜨리지 않고 그 밥을 날름 삼켰다. 그리고 밥솥을 닫았다. 그게 끝이었다.

나는 뭐라고 말해야 할까를 궁리했지만, 내 입에서 말이 먼저 튀어나갔다.

"그게 다야?"

우리 집은 그렇다. 밥그릇은 항상 밥을, 넘칠 정도의 밥을 담기 위해 존재한다. 휘딱 먹고 휘딱 나갔다가 다시 들어와 먹는 형들 덕분에, 내가 밥솥을 열면 밥은 언제나 모자라거나 남거나 한다. 모자랄 때는 모자란 대로 배를 움켜쥐지만, 남으면 그 날은 밥을 넘치도록 담고 반찬을 한 가지씩 얹어가며 먹는다. 그게 밥이고 밥그릇이다. 그런데, 저게 뭐야?

"응, 그게 다야."

그애는 태연히 대답하고 밥알이 닿지도 않은, 여전히 하얀 밥그릇을 싱크대 위에 올려놓는다. 내 안에서는 뭔가가 울컥 치밀어 오른다. 하지만 그게 뭔지는 모르겠다. 나는 흥분으로 더듬거리며 말한다.

"다, 닿지도 않은 밥그릇을, 씻어?"

그애는 낄낄거리며 웃는다. 그애가 배를 움켜쥐자 머리카락이 찰랑거린다.

"한번 썼으니까, 더러워."

그애의 하얀 이빨 사이에서 새어나오는 말이 낯설다.

"뭐가 더러워?"

그애는 웃음을 뚝 그치고 정색을 했다.

"세상은 다 더러워. 한 번도 안 쓴 것만 깨끗한 거야. 아무에게도 쓰이지 않은 것만. 난 밥솥의 밥도 새로 지은 게 아니면 손대지 않아. 새로 지은 밥, 한 숟갈. 사실은 밥도 먹기 싫어. 이 더러운 세상에 살기 싫으니까. 하지만…."

나는 그애의 말을 다 듣지 않고 소리친다.

"그럼. 죽어버리지 그러니?"

그애가 나를 응시한다. 그애의 눈이 점차 크게 느껴진다. 크고 푸르게. 눈 속에서 허우적거리며 빠져 죽어버릴 것 같다. 숨이 막히고 정신이 몽롱해진다고 생각할 즈음, 그애의 입이 열린다. 어둠의 동굴같이.

"그래? 그럼. 죽어버릴까…너하고?"

2

나는 바다 위에 서 있어요. 아주 얕은 바다일지도 모르고, 아주 깊은 바다일지도 몰라요. 그 바다 위에 거대한 눈(眼)이 둥실둥실 떠 있어요. 거대한 눈알들, 그 눈알을 밟고 있어요. 검은 동자 위에 지문같이 신발자국이 나고, 찰랑찰랑, 바다가 내 발목을 적실 때마다, 나는 눈알에서 눈알로 건너뛰어요. 핏빛 바다. 그 위에서 천사처럼 뛰노는 나.

3

그는 음습한 지옥의 입으로부터 거대한 핏빛 날개를 펼쳐 날아 올라왔다. 그의 주위에는 돌풍이 일고 사라지지 않는 번개가 소리 없이 번쩍였다. 너무나 오랫동안 지옥에 갇혀 있던 그의 눈은 처음엔 흐릿하다. 아무런 감정도 그 안에 깃들여 있지 않다. 예전처럼 눈이 번쩍이고 날카로워져도 감정은 드러나지 않는다.

그는 눈앞에 펼쳐진 세상을 돌아보았다.

세상은 폐허로 변해 있었다. 옛날에 건물이 있었던 자리, 사람들이 오갔던 거리는 불에 탄 재가 부슬부슬 일어나 있는 흔적으로만 나타났다. 그의 눈에 보이는 세계는 끝없는 폐허의 연속. 불타고 짓밟히고 거멓게 그을린 인간의 흔적이다.

그는 날아올랐다. 그의 시야에 잡히는 것들은 쓰레기와 옛 문명의 자취들로 가득찬 광막한 황야뿐이다. 생명력을 잃어버리고 시들기 시작한 태양은 불타는 눈동자처럼 그를 노려보았다. 그는 계속 날았다. 바람이 귀곡성을 지르며 불모의 세계를 훑고 지나갔다. 몸에 와닿는 공기가 섬뜩하도록 차가왔다. 그는 계속 날아갔다.

하지만, 여전히 아무 것도 보이지 않았다. 가도 가도 끝없는 날갯짓과 적막, 공허가 그를 감쌌다. 높이 날아오를수록 희박한 공기는 그의 목을 부드럽게 졸라왔다. 점점 날이 어두워지면서 칙칙하고 끈끈한 회색이 짙어져 갔다. 어두운 하늘에 별들이 하나둘씩 반짝이기 시작했다. 무서운 고요가 그의 날갯짓을 억눌렀다. 그는 땅 위로 내려왔다. 아무 것도 비출 것 없는 밤하늘에서 별들이 황량하게 빛나는 것이 보였다. 장막이 내린 듯 아무 것도 보여주지 않던 그의 눈에서 비로소 분노와 체념의 빛이 새어나왔다.

이 세계를 지키기 위해 그는 나를 그 오랜 세월 동안 지하에 가두었다.

패망한 세계. 그 자신의 운동과 변화 속에 멸망해버린, 이미 시간에 휩쓸려버린 과거의 세계. 내가 있을 곳이었던 세계. 나의 세계.

다음날, 그는 다시 헤매기 시작했다. 자기가 무엇을 바라는지도 모르고 억누를 수 없는 절망과 갈망에 빠진 채. 그는 세계를 빠짐없이 풀어보기 시작했다. 죽은 돌들이 바람에 날아올라 그의 날개를 해어지도록 때려댔다. 그를 감싼 번개는 이미 그 푸른색이 무의미하게 퇴색하고 있었다. 매일 그는 기진맥진할 때까지 돌아다녔다. 날개가 부르르 떨리고 허탈 속에 한숨이 새어나올 때까지. 그의 눈에 한 줄기 절망이 비칠 때가 그날의 끝이었다.

이레째 되는 날-조물주가 천지창조를 끝내고 쉬었던 날이기도 하다-그가 힘이 빠진 날개를 다시 한 번 움직였을 때, 그는 멀리서 환상처럼 피어오르는 한 줄기 연기를 보았다. 그는 온몸을 부르르 떨었다. 그가 바라던 것이었다. 자신이 아닌 존재. 그의 날개에 힘이 가해졌다. 얼마 안 있어 연기가 피어오르는 지점에 도달했다. 과연 그가 바라던 것이 있었다. 그는 자그만 오두막집의 문을 두들겼다. 힘없는 목소리가 새어나왔다.

"누구시오?"

그는 잠시 난감해하다가 대답했다.

"살아남은 사람입니다. 들어가게 해주세요."

문이 열렸다. 나온 것은 삭정이처럼 마르고 비틀거리는 노인이었다. 문을 연 것도 대단히 힘겨운 일이라는 듯한 신음소리를 내며, 노인은 그를 데리고 안으로 들어

갔다.

오두막집 안은 그럭저럭 깨끗했다. 노인은 노환이 도진 몸을 이끌고도 지금까지 어떻게든 관리를 해온 모양이었다. 그는 지상에 올라온 이래 오랜만에 따뜻한 곳에 몸을 누일 수 있었고, 노인은 몸을 뒤척이고 끙끙 앓으면서도 그에게 좋았던 옛날을 회고했다. 전쟁 이전-그때는 사람이 살았고, 먹을 것도 풍부했다. 전쟁 전에는 몸도 이렇게 아프지 않았다. 노인은 전쟁이라는 소식이 터지자마자 준비했던 비상식량으로 지금까지 연명을 하고 있다. 한 달 정도 된 것 같지만, 모른다, 일 년이 지났는지, 단지 일주일이 지났을 뿐인지. 다른 인간은 본 적이 없다. 그가 처음이다, 등등.

노인은 이틀 뒤에 죽었다. 그는 그 날 노인을 오두막집 속에 묻었다. 오두막집을 노인 위에 무너뜨리고 불을 질렀다. 불이 다 타고 난 후 잡석들을 가져다 그 위에 덮었다. 그러고 나자, 오두막집 터를 주변의 폐허와 분간해낼 수 없었다. 그 자취조차 찾아볼 수 없었다. 그 일이 끝나자 그는 지쳐 정신없이 잠들었다.

그가 깨어났을 때는-이 폐허의 세계에서도 그런 것이 있다면-저녁 무렵이었다. 핏빛 태양이 그를 내려다보는 가운데, 그는 누더기 같은 몰골로 잠에서 깨어났다. 해가 넘어가고 있었다. 해가 느릿느릿 그를 노려보며 넘어가는 순간, 그는 깨달았다.

신은 존재하지 않는다.

"인간은 멸종해버렸을지도 몰라."

"설마…신이 그렇게 하도록 내버려두진 않으셨을 겁니다."

그 말은 너무도 자연스럽게 그의 입에서 튀어나왔다. 노인이 피식 웃었다.

"신이라고? 전쟁이 터지고, 내 눈이 멀었어. 번쩍이는 빛을 보다 멀어버렸지. 내 눈이 먼 후로, 신은 믿지 않아. 악마도 믿지 않아. 믿는 것은 내가 혼자구, 아무 것도 만들어내지 못한다는 거, 그것뿐이야. 젊은이, 자네도 마찬가지야. 자네도 허깨비야. 생명을 다시 만들어내지 못하는 한, 우리는 모두 허깨비일 뿐이야."

그는 아무 말도 하지 않았다.

신은 존재했던 것 같고, 나를 최초의 유혹자로 칭하고 땅 밑에 가두었던 것 같기도 하다. 그러나 이제 신은 존재하지 않는다. 마지막 인간이 허깨비로 변하는 순간, 신은 의미를 잃었고 나는 지옥에서 풀려났다. 나 자신의 무의미를 확인하기 위하여. 얼마나 웃기는 일인가.

그는 소리 내어 웃고 싶었다. 하지만 시간이 없었다. 깨달음과 소멸은 동시에 일어났다. 그에게 의미 있었던 모든 것이 사라짐과 동시에 그도 사라졌다. 그의 소멸에 걸린 시간은 영겁이기도 했고 찰나이기도 했다. 흐릿한 태양의 눈동자가 그가 사라져 가는 것을 지켜보았다.

이윽고 태양은 눈을 감고, 끝과 시작이 없는 어둠이 우주를 채운다.

웃자!

애처가 유형

칸트형 : 순수 바람둥이 비판

링컨형 : 아내의, 아내에 의한, 아내를 위한 나.

케네디형 : 아내가 나에게 무엇을 해줄 것인가를 묻지 말고 내가 아내에게 무엇을 해줄 수 있을 것인가를 생각하라.

데카르트형 : 나는 아내만을 생각한다, 고로 존재한다.

석가모니형 : 천상천하 아내독존.

소크라테스형 : 아내만을 알라.

맥아더형 : 남편은 죽지 않는다. 다만 아내 앞에만 서면 작아질 뿐이다.

여당의원형 : 믿어 달라. 더 이상 새벽 6시에 벌떡 일어나 7분 만에 끝내는 일은 없을 것이다.

축구선수형 : 문전처리 미숙은 영원한 우리의 숙제. 그저 아내의 선처만을 바랄뿐이다.

미팅에 관한 격언 (여성편)

1. 남자를 버려야 천하를 얻는다.

2. 항상 마음을 비워라.

3. 오는 남자 막지 말고 가는 남자 빨리 보내자.

4. 킹카를 우러러 한 점 부끄럼 없기를.

5. 앉은키에 속지마라.

6. 폭탄(못생긴 상대) 없는 미팅은 앙꼬 없는 찐빵이다.

7. 미모는 필수, 내숭은 기본, 성격은 선택.

내 책임 아니야 (9115006)

고구려신문사의 김충호 기자가 망국당의 이죽창 새 대표에게 물었다.

"저, 이죽창 대표님! 대표님께서는 이뚝심씨가 대표로 거론될 때에는 경선에 나갈 사람은 당대표가 되어서는 안 된다고 하시지 않았습니까? 그 생각에는 아직도 변함이 없는지요?"

"난 그 말에 책임 없어요. 제 보좌진이 한 말이라서요."

"예. 그러세요. 며칠 전에 아드님 결혼식장에서 보니까 아주 건장하던데요. 그런데, 어찌해서 군대는 가지 않았나요?"

"난 모르는 일이에요. 그것은 내 아들 문제니까요."

"다 책임이 없고 모르는 일이라고요? 근데 며칠 전에 보니까 부인께서 늦깎이로 임신을 하신 것 같던데⋯. 아이는 언제 태어날까요?"

"난 모르는 일이에요. 그것은 제 아내가 알아서 할 일이에요"

아버지의 소망 (GREENA)

엄마가 열아홉 살 된 딸을 불러놓고 이렇게 말했다.

엄마 : 얘야, 오늘 병원에 갔더니 네 아버지께서 몇 년 사시지 못할 것 같구나.

딸 : 의사 선생님께서 그래요?

엄마 : 응. 아버지께서 네가 결혼해 손주를 볼 때까지 살아있을지 모르겠다고 눈물을 글썽이시는구나.

딸 : 엄마⋯. 저 어쩌다 임신 3개월 됐는데 그냥 낳을까요?

괘씸한 환자 (GREENA)

임종을 앞둔 환자가 의사의 손을 꼭 잡고 말했다.

환자 : 선생님 죽기 전에 참회를 하고 싶습니다. 죄를 숨긴 채 죽고 싶지 않아요.

의사 : 뭐든지 말씀하십쇼.

환자 : 저 사실은 여태까지 선생님을 속였습니다.

의사 : 속이다니요? 그게 무슨 말씀입니까?

의사는 인자한 표정으로 환자의 등을 쓰다듬어 주었다.

환자 : 저를 정성껏 치료해주시는 선생님을 속이고⋯선생님 부인과 그만⋯흑.

의사 : 염려 마십시오. 이미 다 끝

난 일이니까요. 내가 그런 것도 몰랐다면 당신에게 독약을 먹였겠습니까?

남자들의 거짓말 베스트5 (single15)

1. 저 여자? 몰라!
2. 전화했는데, 통화 중이데.
3. 호출기 약이 다 닳았어.
4. 너만 사랑해.
5. 세상에서 네가 가장 예뻐.

비올 때 우산 쓰듯이

미국의 어느 부부는 무려 17명의 아이들을 낳았다.

17번째 아이를 받아낸 산부인과 의사가 산모의 남편을 불러 상담을 했다.

"이제 피임을 해야 한다고 생각되지 않으세요?"

그러자 산모의 남편이 인상을 찡그리며 말했다.

"의사 선생님, 그럴 수는 없습니다. 우리에게 아이를 보내주시는 건 하느님이십니다."

의사가 대꾸했다.

"그건 맞는 말입니다. 하지만 비도 하느님이 주시는 건데 우리는 젖는 게 싫어서 우산을 쓰지 않습니까? 다음부터는 비옷을 입도록 하세요."

창녀촌에서 인기 없는 남자 리스트6

1. YS 형 : 사정 사정만 하고 끝내지를 못한다.
2. DJ 형 : 안한다고 하고는 또다시 올라와서 한다.
3. JP 형 : 방마다 열어보면서 예쁜 여자 전부 나오라고 한다.
4. 이회창 형 : 방에 들어와 옷깃을 여미며 "난 이런 데 올 사람이 아닌데" 하고 되뇐다.
5. 박찬종 형 : 마당 한가운데 모든 창녀들을 모아놓고 가장 깨끗한 여자 나오라고 한다. 그리고 콘돔 세 개를 겹쳐서 한 다음 "난 무균질이야" 한다.
6. 김덕룡 형 : 집에 돌아갔는데 옷에 '흔적'이 남았다. 아내가 "셔츠에 달라붙은 저게 뭐죠?" 하고 묻자, 격분해서 "이건… 음모다!!"

병원 동기동창 (Daramjui)

어떤 노처녀가 있었다. 그녀는 자기가 가슴이 너무 작은 걸 매우 부끄러워하여 병원에 가게 되었다. 고민을 들은 의사가 다음과 같은 제안을 했다.

"유방확대수술을 받아보시지 그래요?"

하지만 그녀에겐 수술을 받을만한 돈이 없었다.

"저…그냥 돈 안들이고 커지는 방법은 없을까요?"

의사는 궁리 끝에 한 가지 묘안을 가르쳐 주었다.

가슴이 커지는 운동이란…, 팔을 굽히고 팔꿈치를 옆구리에 뗐다 붙였다 하는 동작을 반복하는 것.

어쨌든 그 운동을 하면 가슴이 조금씩 커질 것이란 말을 들은 그녀는 행복했다.

계속 그 운동을 하면서 길을 가다가, 마침 자기가 사모하는 이웃집 남자를 만난 것이었다.

그래도 운동을 멈출 수 없는 그녀….

이웃집 남자는 궁금해서 물었다. "왜 그러세요?"

부끄러워하며 그녀 왈, "이렇게 하면 가슴이 커진대서… 까하하하~"

그러니까 이웃집 남자가 반색을 하더니, 개다리 춤을 추면서 다음과 같이 말했다.

"댁도 그 병원 가셨군요, 음하하하하."

BEHIND IF

'재밌잖아' 주술에 걸려

본문이 속살이라면 표지는 단연 얼굴. 표지의 이미지를 만드느라 머리 맞대고 짓이기며 산 넘고 물 건넌 과정은 그 기억만으로도 온몸이 저린다.

여러 시안들의 갑론을박. "우선 제호 if는 어떻게 가지?"

"바람에 긴 머리 날리는 우리의 자유의지 이미지처럼 휘익 날리는 f자는 어떨까?"

"강인한 페미니스트의 이름은 역시 붉은 색의 고딕이 제격이지."

"if의 i는 여성 상징 기호와 닮았으니 그 비슷한 것으로!" 그런데 누군가 외쳤다.

"고추닷! i는 잘 익은 고추의 모양으로!"

"어때 재미있잖아. 우린 장난을 치는 거야."

이 고추가 앞으로 문제가 될 표지사진 이미지, 임산부와 만나면서 바야흐로 우리의 표지는 우주생성의 기본모티브를 이루는 양성(兩性)과 그 만남의 신비로 대세가 이루어질 참이었다.

이프의 출발을 기념하는 자리에서 존경하옵는 사진작가 박영숙님의 사진이 기증되었고 고공촬영된 망망대천(天)과 합성된 만삭의 임산부 토로소는 창간 이미지와 부합되면서 표지사진으로 결정되었다. 고추와 임산부는 되었다 하고 해결되지 않은 마지막 애물은 우리의 강령.

'웃자·뒤집자·놀자'의 글자를 가지고 어떻게 놀아볼 것인가 하는 문제였다.

"우선 뒤집자는 당연히 뒤집어야지."

"그리고 돌담 무너지듯 부숴보면 어떨까? 어때 재밌잖아"

"놀자에는 날개를 달아보는 게 어때?"

"그럼 웃자는?"

여하튼 임산부의 관용적 이미지에 다소 힘을 싣기 위해서 화면을 가로지르는 사선을 앞히고 그 위로 강령이 올라앉는 쪽으로 분위기가 기운다.

그럼 구체적인 작업으로 들어가

"제호의 고추는 일러스트로? 아니면 실물사진으로?"

슈퍼에서 산 빨간 고추에 콧기름도 바르고 옷에 문질러 광도 내고 사진을 찍어 앉혀보았지만 결과는 번번이 우리의 동분서주를 배반하고 말아….

도무지 고추와 고딕 f는 궁합이 아니었고 우리는 다른 서체를 찾느라 열을 내는 수밖에.

그때 고공을 가르는 파열음 하나 "할로윈체닷!"

피가 뚝뚝 흐르는 서슬 퍼런 영문 아이 에프. (아니, 사실 할로윈 축제가 그렇듯 으스스하기보다는 귀여운 쪽이었고 편집장말로는 글자모양의 하관이 빨라 힘이 달린다는 것이었다.)

그런데 경이로왔던 것은 할로윈체 i는 두말할 필요도 없이 조선 고추와 닮아 있었다. 이앓이 같던 화근이 해결되려는 걸까?

또 한 번 '재밌있잖아' 주술에 걸려들면서 이제 이프는 호러의 제호로 결정되는 듯하고 우리의 강령은 부서지고 뒤틀고 놀면서 화면에서 난장을 피우려는 찰라, 비교적 점잖으시고 온전한 사유를 미덕으로 지니신 어르신들의 간곡한 만류로 다시 정신이 수습되면서 표지는 돌아가기도 아득한 원점으로 돌려질 밖에 !

아직도 본문편집으로 머리가 뜨거운 맥킨토시 7200 앞.

얼굴 없는 속살만 만지고 앉아 표지를 해결 못한 냉가슴은 봉사 코끼리 더듬듯 막막한 것을…. -갈마

복 터진 IF, 봉 잡은 IF

장사 안 되는 문화계간지, 한물간 이슈(?) 페미니즘, 주요 구성원이 여성이기 때문에 안 된다는 주위 사람들의 만류에도 막무가내로 이런 큰일을 벌이게 되는데 결정적인 힘이 된 것은 '사람들'이었습니다.

교통 좋고 널찍한 사무실과 집기(서류함, 복사기, 팩스에 멋진 책상들과 회의 탁자, 그리고 응접세트까지)들을 좋은 뜻에 쓰라고 선뜻 넘겨주신 하늘·땅·물·벗·어머니회 여러분들. 우리는 압니다. 그녀들의 조용한 움직임이 바로 IF를 만드는 힘이 되고, 우리사회를 건강하게 하는 뿌리가 된다는 사실을 말입니다. 우리도 그 어머니들처럼 누구에겐가 훌륭한 것을 물려줄 수 있기를 바랍니다. 또 잡지의 ABC를 강의해주신 기쁨조 김영모씨, 우리나라에 여성주의 잡지가 생긴다는 소식을 듣고 독일 여성지 『엠마』를 들고 상기된 표정으로 달려오신 김재희씨, 모두들 목소리 높여 몽상적인 기획 아이디어에 몰두해 있을 때 한쪽에서 조용히 일의 진행방향을 잡아주신 손자희씨, 세상살이에 지치고 많이 배우지 못한 죄로 TV 드라마가 유일한 문화생활인 여성들과는 어떻게 만나야할지 고민하던 김숙진씨, 사무실에 들러서 컵 설거지를 즐겨하며 도맡아주시며 문장의 교정, 교열의 노하우를 알려주신 김세중씨, 수줍고 섬세한 품성을 지녀 늘 시끄럽고 요란한 뭇여성들을 기죽게 만들고 '도시 빌보드 바꾸기'를 촬영하다 교통사고까지 당한 조여권씨(왜 IF에 오는 남성분들은 하나같이 부드럽고 섬세하고 명랑한 성품의 소유자들인지 모르겠습니다), 짜장면 한 그릇을 배달하러 와서도 웃음을 잃지 않고 우스갯소리를 던지는 만리장성의 철가방 총각(유부남인지도 모르겠지만요), 엄청나게 바쁘면서도 또 엄청나게 청탁한 IF 원고를 기껍게 받아 정성스레 원고를 써주신 박혜숙씨. 그림에 대해 얘기하자고 하면 평택서 서울까지 어려운 걸음을 마다하지 않는 김경희씨, 잡지의 재정적인 이모저모를 걱정해주시는 윤명선씨. 무식하기 이를 데 없는 우리에게 한심하다는 내색도 않으시고 인쇄와 출판에 관한 정보를 알려주신 윤승일씨. 종종 사무실에 들러 부드러운 격려와 맛있는 식사를 대접해주셨던 박수헌씨. 가끔 아이스크림과 재미난 이야기를 들고 와 기운을 북돋워준 윤상운씨. 뒷모습만 찍는다는 조건으로 기꺼이 추운 봄날 반팔 티셔츠를 입고 'IF독자상' 사진모델이 되어준 친구 수연이. 모임에 못 오는 걸 매번 미안해하시며 '핸드폰'을 사주겠노라고 약속한 손덕수씨, 결혼기념일에도 집에 못 들어가고 며칠씩 밤샘작업을 해주신 연이문화사의 신전수씨와 신신관씨, 그리고 늘 잡지에 대해 궁금해 하고 관심 가져 주신 많은 분들, 고맙습니다.

그리고 서로 힘을 주고받는 관계를 맺으며 "살아 있어서 참 기쁘다"는 생각을 갖게 해준 페미니스트저널 IF 만세! - 떨마

우리는 돈키호테 게릴라다!

"이거, 빨리 만들어야 되는데…", "만들고 싶어 죽겠는데…", "근데 진짜 우리들이 만들 수 있을까?"

몇몇이 모여 작당을 했었다. 벌써 3년 전쯤에 시작된 일이다. 그러다 결국 사고를 치자고 결심했다. "우리 모두 돈키호테 게릴라다! 신나지 않으면 살지 못하는 '모르핀과' '히로뽕과'다." 취한 김에 한다면 한다! 간다면 간다! 안 되는 일도 되게 한다! 그런데 그 히로뽕의 냄새를 맡고 또 몇몇이 모였다. 겉으로 보기엔 멀쩡한데 역시 그들도 '히로뽕과'다.

우린 사회와 교류하고 싶었다. 언제부턴가 우리사회에선 사람들이 끼리끼리만 놀기 시작했다. 말 안 통하는 사람들하곤 얘기 안 해. 수준 이하야. 재들이 잘못됐어. 내가 옳아.

우린 이런 사고방식이 잘못됐다고 생각했다. 그래도 세상은 말문을 터야한다. 싸움의 방식으로라도 소통해야 한다. 아무리 포스트모던이 좋다지만 "왜 나보다 네가 더 좋은 거니? 난 억울해" 하면서 상대방의 자리를 넘실거려보는 것, 아무리 소귀에 경 읽기일지라도 이것이 바로 대화의 시작이다. 결국은 아무 소용없는 일일지라도 가만히 있으면 뭐하나, 이라도 잡아야지.

그래, 싸우자. 그래서 자꾸만 뭔가 떠들어대자. 그러면 듣는 사람도 생기고, 고민하는 사람도 생기고 자꾸 생각하게 되겠지. 본격적으로 준비가 시작되고부터는 더더욱 많은 사람들이 모였다. 40여명의 필자를 비롯해 사진작가, 일러스트레이터, 만화가, 화가들이 꾸역꾸역. 이제는 유명인이 된 전문 필자, 높은 학력을 갖추신 학자도 많았지만 초보삽화가, 초보만화가, 평범한 주부들도 있었다. 세상에 편집장, 아트디렉터까지 왕초보네! 이들은 한결같이, 그리고 진심으로 이렇게 말해줬다. "정말 신나는 일 하시네요, 이거 정말 잘돼야 할 텐데." 그래, 우린 정말 신났다. 그래서 IF의 스피릿(spirit)을 웃자! 뒤집자! 놀자!로 정했다. 사실 우리만 신나자고 한 건 아니었다. 이젠 우리 여자들이 좀 즐거웠으면 좋겠다고 생각했다. 신나게 웃고, 멋지게 싸우고, 즐겁게 뒤집고, 마음껏 놀아보자. 그러면 얼마나 좋을까.

그렇게 여기까지 왔다. 아직 우리의 뒤집기는 끝나지 않았다. 굳은 몸과 마음이 풀리면 더 많이 놀고, 더 많이 웃고 더 많이 뒤집을 것이다. 우리를 위하여, 그리고 우리만큼 소중한 독자들을 위하여…. 다음 호를 기대하시라! - 통마

페미니스트저널 이프 1997 창간호 소장판

1판 1쇄 발행 2018년 1월 5일

펴낸곳 | 이프북스
펴낸이 | 유숙열
진　행 | 조박선영
교　정 | 권혁란
디자인 | 영롱한 디자인
등　록 | 2017년 4월 25일 제2017-000108
주　소 | 서울 마포구 독막로 18길 5
전　화 | 02-387-3432
팩　스 | 02-3676-1508
사이트 | http://www.onlineif.com
S N S | https://www.facebook.com/feminif
팟캐스트 | http://www.podbbang.com/ch/9490

ISBN 9791196135522 23330
한국어판 출판권 | 이프북스